■ 本书为2023年浙江省哲学社会科学规划后期资助课题成果

课题编号：23HQZZ24YB

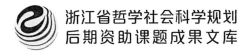

浙江省哲学社会科学规划
后期资助课题成果文库

德国应用科学大学定位的重构及其影响

王兆义 著

ZHEJIANG UNIVERSITY PRESS
浙江大学出版社
·杭州·

图书在版编目（CIP）数据

德国应用科学大学定位的重构及其影响 / 王兆义著.
杭州 ： 浙江大学出版社，2024.6. -- ISBN 978-7-308
-25154-9

Ⅰ. G649.516

中国国家版本馆 CIP 数据核字第 2024D4L421 号

德国应用科学大学定位的重构及其影响

王兆义　著

责任编辑　　诸葛勤
责任校对　　杨诗怡
封面设计　　周　灵
出版发行　　浙江大学出版社
　　　　　　（杭州市天目山路 148 号　邮政编码 310007）
　　　　　　（网址：http://www.zjupress.com）
排　　版　　浙江大千时代文化传媒有限公司
印　　刷　　浙江新华数码印务有限公司
开　　本　　710mm×1000mm　1/16
印　　张　　13
字　　数　　226 千
版 印 次　　2024 年 6 月第 1 版　2024 年 6 月第 1 次印刷
书　　号　　ISBN 978-7-308-25154-9
定　　价　　78.00 元

版权所有　侵权必究　　印装差错　负责调换

浙江大学出版社市场运营中心联系方式：（0571）88925591；http://zjdxcbs.tmall.com

序

陈洪捷

北京大学博雅教授，博士生导师，洪堡学者

　　与德国老牌的大学相比，德国的应用科学大学算是新生事物。从 20 世纪 60 年代算起，德国应用科学大学也只有 60 多年的历史。然而就在这半个多世纪中，应用科学大学发展之快，变化之多，活力之强，让人目不暇接。

　　应用科学大学的前身是属于中等教育层次的工程师学校，当年在高等教育大众化的浪潮中，工程师学校升格成为应用科学大学。这类高校的名称，按照德文的原意，其实是"高等专科学校，高等专业学校"（Fachhochschule），简称 FH。说"高等"，是因为其已进入了高等学校的行列；说"专科"或者"专业"，是因为这类学校学科比较单一，主要是工程类专业。另外，这类高校最初完全是教学型高校，没有科研的任务，不被视为学术性高校。

　　而经过 10 余年的发展，"高等专科学校"不但站稳了脚跟，而且还形成了自己的特色，其注重实践的培养模式受到认可，而且这些学校也开始从事科研活动。这样，以注重实践的培养模式和注重应用研究的"高等专科学校"受到了经济界的欢迎，其毕业生的就业情况也明显好于综合性大学毕业生。

　　进入新世纪之后，"高等专科学校"进入了一个突飞猛进的时期。其学科设置有了很大的扩增，新增了诸如健康护理、食品乃至法律等新兴专业，科研能力和质量大幅度提升，并且与大学联合培养博士生，国际交往日益频繁。在这种背景下，"高等专科学校"这一名称已经远远不足以定义这类高校的内涵。于是，"高等专科学校"借用英文表述 University of Applied Sciences 来为自己正名，从此，"应用科学大学"这一高大上的英语译名就取代了有点土气的旧称"高等专科学校"。

从"高等专科学校"到"应用科学大学"，这不仅仅是名称的改变，其背后的原因是这类新型高等学校本身定位、功能和目标的变化。王兆义博士的这本专著所研究的就是这种高等教育机构定位的转型与重构，以及重构原因和影响。该书细致考察了应用科学大学的历史形成过程、寻找定位的种种路径、新定位所面临的张力，以及定位的重构所带来的影响，深化了我们对于应用科学大学发展逻辑的认识。

作者在该书第 6 章重点对"定位张力"进行了分析。所谓"定位张力"，其实就是应用科学大学随着专业设置的扩展、培养层次的提高和科研能力的提升所面临的高等教育发展中的一般性问题，诸如科研与教学的关系、专业培养和通识知识的关系、教师的角色定位等。作者认为，应用科学大学在应对这些张力的同时，完成了自身的转型，而这种转型给整个德国高等教育体系带来了冲击，或者说，德国高等教育体系也将会因为应用科学大学的转型而呈现出一种新的面貌。

总之，应用科学大学的重新定位，是德国当代高等教育发展中的一个重要事件。作者敏锐地抓住了应用科学大学定位的重构这一主题。这一系统的研究不仅对我们认识应用科学大学本身很有意义，同时对我们理解当代德国高等教育的发展走向也很有价值。

前　言

德国应用科学大学（Fachhochschule，简称 FH）是德国高等教育体系中一个重要的高等学校类型，它承袭了德国数百年以来形成的工程教育理念与职业教育传统。10 多年来，德国应用科学大学发生了若干重大的变化，总体上呈现出新的发展趋势。

德国应用科学大学在不同时空背景下的定位取向相互交织、迭代传递，呈现出从政治到经济、从经济到知识、从知识到教育本体的总体趋势，我们可以用德国应用科学大学定位的重构来概括这个过程中的种种变化。本书拟在大量一手材料的基础之上，采用历史研究和调查访谈相结合的研究方法，以高等教育大众化、高等教育功能分化与技术发展逻辑为理论视角，围绕德国应用科学大学的定位经历了哪些演变阶段（定位历程）、当下呈现出怎样的态势（定位张力）及产生了什么样的影响（重构影响）等问题进行讨论。

研究表明，在德国应用科学大学定位重构的影响下，借由在集体更名、争取博士学位授予权（以下简称"博士授予权"）、开展应用型科研等方面的积极作为，应用科学大学在高等教育场域中充当综合性大学、工业大学的"竞争者"角色，推动德国高等教育系统向着"温和分化"的方向发展，也在一定程度上因应并且形塑知识生产的新模式。与此同时，在应用科学大学内部，长期以来产生影响的职业化传统和新形势下的学术化发展相互牵扯，产生了强大的"定位张力"，表现在学校类型、学校层次、学校使命、教授群体、教学内容、学生身份等多个层面，德国应用科学大学也存在特色丢失、冗余发展等问题。在"定位张力"的传导下，未来发展面临不确定性。最后，针对我国应用型高校的发展现状和发展路径，本书提出了相关的启示和建议。

Preface

University of Applied Sciences (UAS; in German: Fachhochschule) is an important type of university in German higher education system. It inherits the engineering education concept and vocational education tradition formed in Germany for hundreds of years. In the past decade, some significant changes have taken place in these universities in Germany, showing a new development trend on the whole.

The positioning of German University of Applied Sciences in different time and space background is intertwined and iterated, and presents the general trend from politics to economy, from economy to knowledge, from knowledge to education ontology. We can use the "positioning reconstruction" of German University of Applied Sciences to describe all kinds of changes in this process. Based on a large number of first-hand materials, this book adopts the research method of combining historical research with investigation and interview, takes the Massification of Higher Education, the Functional Differentiation of Higher Education and the Logic of Technological Development as the theoretical perspective, and focuses on the discussion of problems such as "what kind of evolution stages did UAS get through in its positioning" (positioning process), "how about its current situation" (positioning tension), and "what kind of influence is caused by the positioning reconstruction" (reconstruction influence).

Research shows that, under the influence of the positioning reconstruction of German University of Applied Sciences, through the active actions of collective renaming, striving for the right to confer doctorates (in German: Promotionsrecht), and developing applied scientific research, the University of Applied Sciences plays a "competitor" role against the Comprehensive University and the Technical University in the field of higher education, which on the one hand promotes the development of German higher education system towards "moderate differentiation", and on the other hand adapts to and even shapes the new mode of knowledge production to a certain extent. At the same time, the University of Applied Sciences in Germany also has some problems, such as the loss of characteristics, redundant development and so on. Under the transmission of positioning tension, its future development is facing uncertainty. In the end, in view of the development status and development path of the Application-oriented University in China, some relevant enlightenment and suggestions are given as a contribution of this book.

目　录

Contents

第1章 绪 论

2019 年 9 月，德国北部老城吕贝克举行了德国应用科学大学 50 周年庆典活动，德国大学校长联席会议（Hochschulrektorenkonferenz）副主席、应用科学大学组发言人哈克扎尔（Khakzar, K.）教授认为，应用科学大学以其多样性、活力、创新力及发展潜力在德国高等教育系统中发挥着"不可想象的重要的"（unglaublich wichtig）作用。德国联邦教育部部长卡尔利泽克（Karliczek, A.）把应用科学大学喻为德国"科学和创新体系的宝石"（BMBF, 2019）。毫无疑问，这颗"宝石"已足够闪亮，在高等教育场域，应用科学大学已经占据了德国高等教育系统的"半壁江山"，并成为其中最具活力的组成部分。截至 2019 年冬季学期，德国已有应用科学大学 219 所，占全部高校总数的 47.8%。而从 1996 年到 2015 年的 20 年间，应用科学大学的数量增长了 58.7%，而同期综合性大学仅仅增加了 2 所[①]。与此同时，应用科学大学虽然为德国培养了大量应用型人才，在实践教学、应用型科研、成果转化以及为区域发展提供创新动力等方面表现卓越，却始终处于"结构性的不利地位"（strukturell benachteiligt）。为了改变"壁龛式"（Nischendasein）的不平等待遇，德国应用科学大学需要在高校更名（Umbenennung）、争取博士授予权（Promotionsrecht）等方面有更多的权利声张（Helbig, 2019）。

事实上，随着应用科学大学发展规模的快速壮大及其在德国高等教育体制中影响力的日益提升，无论是作为德国工程教育模式的重要组成部分，还是作为一种正在崛起的新的高校类型，甚至是被当作职业教育向高等教育过渡的模

---

①根据《2016 年德国教育报告》有关数据整理，见 Autorengruppe Bildungsberichterstattung. *Bildung in Deutschland 2016*[EB/OL]. (2016-07-21)[2018-07-11]. http://www.bildungsbericht.de/de/bildungsberichte-seit-2006/bildungsbericht-2016/pdf-bildungsbericht-2016/bildungsbericht-2016:123-124.

板,德国应用科学大学都正逐渐从"壁龛"走向舞台的中央,吸引着越来越多的关注和讨论。我国学界对它的研究也纷繁芜杂,莫衷一是。所谓"弱水三千,只取一瓢",只有回归高等教育发展的视角,深入应用科学大学的内部,去探究它的溯源和发展路径,方能一窥这颗"宝石"璀璨发光的"成功秘诀"。

1.1 研究背景

德国具有悠久而完整的技术发展史,是近现代工业国家发展的优秀模板。正如一家德国大众汽车博物馆中所呈现的,"让历史变得有形,让记忆被唤醒,让情感栩栩如生"(Stiftung AutoMuseum Volkeswagen, 2020)。长久以来,受到职业教育与技术教育传统的滋养,德国工程教育模式具有独特的系统性和可回溯性。应用科学大学是其进行工程教育的重要环节和关键节点,因此对应用科学大学的发展脉络和定位嬗变进行研究显得很有必要。中德两国同为世界制造业大国,两国的产业覆盖率均居世界各国的前列,两国产业技术的发展路线相近,在教育领域尤其是工程教育层面,有很强的互鉴性。在教育领域,中德教育合作是两国全面战略合作关系的重要支撑。2018 年,两国签署了《关于深化高等教育和职业教育领域合作的联合意向性声明》,在"中国制造 2025"与"工业4.0"的共同框架下开展多个层次的合作。在应用型人才培养方面,中方将深度学习德国在产教融合、校企合作等方面的模式和路径(教育部,2018)。目前来看,以应用科学大学为代表的德国工程人才培养模式既可以为我国打造全体系的应用型人才培养系统提供借鉴,更是推进中德教育、产业深度合作的重要着力点。

1.1.1 国际高等教育发展的新态势

20 世纪八九十年代以来,世界高等教育的发展呈现出了扩张态势,在此过程中,许多新型大学得以迅速发展壮大。学界和社会对教育尤其是高等教育的属性认知也逐渐发生了改变,高等教育已经褪去了"精英化"的标签,而逐渐向"大众化"和"普及化"靠拢,高等教育的功能也在不同类型的高等教育机构中分化体现。在高等教育的人才培养方面,在经济全球化的影响下,产业分工以空前的速率和效率遍布在全球各个产业链的生产节点中,各行各业对具备即插即用式实践能力、能够快速有效解决实际问题的人才需求猛增。以各类应用型大学为代表的新型大学，根植于地方、区域经济特色，积极回应企业与经济界的发展需求，以其独特的发展路径获得了巨大的成功，这一成功模式逐步构建了高等教育的新体系，扩充了高等教育理论研究和实践研究的问题域。在整体规模上，这类学校的发展对世界高等教育普及化的增长率贡献最大，也成为高等教育领域中最为活跃的机构类型；而传统的综合性大学在规模上相对稳定，在发展改革的过程中则相对"平静"。

在德国，应用科学大学是应用型高校的绝对主力军，更是其高等教育体系中独具特色的一环。它发端于 20 世纪 60 年代末，是指在科学知识的基础之上，将其教学和科研的重心置于应用性导向（anwendungsorientiert）的一种学校类型（Berger & Gundling, 2015: 86）。在名称表述上，除了 Fachhochschule，其他如 Hochschule、Hochschule für angewandte Wissenschaften、Technische Hochschule 等，也属于应用科学大学的范畴①，这些学校相应的英文名称统一为 University of Applied Sciences（简称 UAS）。

1.1.2　我国地方应用型本科院校转型的政策模板和实践模式

在我国，地方院校的转型发展是一项由政府教育行政部门主导、广大高校积极参与的政策行为。2011 年，在详细地考察了德国职业教育的系统和组织机构并参观了几所职业院校和应用科学大学后，时任教育部主管领导便责成教育部相应的职能司局就我国部分地方院校向应用型本科院校转型进行专题研讨，并且在很短的时间内形成了一个指导意见文本。该文本主要由几位对德国教育体系有深入了解和研究的专家修订，日后成为 2015 年发布的《教育部、国家发展改革委、财政部关于引导部分地方普通本科高校向应用型转变的指导意见》这一政策文件的蓝本。引导地方本科院校转型则随之成为近 10 年来我国地方院校重大发展趋向，时至今日仍在进行中。无论是在政策调研期间，还是在政策执行过程中，对于院校转型"如何转""转向哪里"等问题的讨论可谓不绝于耳。

此外，在我国诸如"工程教育改革""地方高校转型与发展"等方面的教育改革实践中，德国应用科学大学模式（又称 FH 模式）是一个经常被提及的概念。借鉴德国应用科学大学在应用型人才培养方面的模式和经验，同时结合中

---

①为了避免产生混淆，本书统一以"应用科学大学"（Fachhochschule）来指代这一类型的大学。

国的实际国情，是我国不少高校特别是应用型高校在特色化办学方面作出的尝试。据不完全统计，在高等教育层面，既有"中德联合培养高层次应用型人才试点"等由两国政府主导的、官方性质的项目平台，也有"中德应用技术大学联盟"等半官方性质的院校联合体。在与中国高校建立实质合作项目①的高校中，德国应用科学大学超过一半。

可以说，不论在政策层面还是实践层面，我国地方院校的转型和发展在很大程度上都受到了"德国模式"的启发，并以德国的应用科学大学作为政策和实践的原型和样板。从这个意义上讲，研究德国应用科学大学的定位变化，可以为我国当下高等教育的热点问题——地方本科院校的转型和发展——提供一个借鉴视角，也可以为这种借鉴提供更为翔实、可信的资料。从组织发展的理论角度来看，一个经过组织"内化"的机制显然要比简单地"照搬"这一方式更具生命力。我们可以进一步认为，任何"借鉴"的过程都存在着"内化"的阶段；而在此之前，我们需要对"借鉴"的对象进行深入的研究，即要搞清楚应用型高等教育的"德国模式"究竟是什么。唯如此，我们才可以在"资料适恰性"的基础上探索发展我国应用型高等教育的本土化路径。

1.2　研究问题的提出

对德国应用科学大学在高等教育领域中定位的文本表述经历了一个较为曲折的过程。1968 年，联邦德国文教部部长会议（Kultusministerkonferenz）达成决议，并于次年发布，认定了应用科学大学在"高等教育领域的独特定位"（eigenständige Einrichtung des Bildungswesens im Hochschulbereich）（KMK, 1969）。1976 年，联邦德国颁布的高等教育框架法（Hochschulrahmengesetz）中将应用科学大学纳入其职能范围（HRG, 1976: Kapitel 13），标志着应用科学大学在制度层面上正式被升入了高等教育范畴。1977 年，柏林应用科学大学（TFH Berlin）的提普（Tippe, J.）教授正式成为德国科学委员会（Wissenschaftliche Kommission des Wissenschaftsrat）的代表（Holuscha, 2013: 414），这意味着应

---

①这里指包括学位授予在内的合作项目。根据德国大学校长联席会议 2010 发布的报告，共有 58 所德国高校与中国高校建立实质合作项目，其中综合性大学 27 所，应用科学大学 28 所，艺术及音乐高校 3 所。见 HRK. *Gemeinsame Deutsch-Chinesische Studien- und Promotionsprogramme, Beiträge zur Hochschulpolitik*[R]. Bonn: Hochschulrektorenkonferenz, 2010: 5.

用科学大学从当时的文化部序列（中小学教育事业归文化部负责）抽离出来进入了科研部序列，同时也明确了它的学术自治和教学、科研的自由。经过多年的讨论与呼吁，1998 年，当时的联邦德国大学校长联席会议（HRK）形成"关于应用科学大学在海外之名称"的议案，并成功交由各州文教部部长联席会议议定，将 Fachhochschule 的英文名称定为 University of Applied Sciences。正所谓"必也正名乎"，University 与德语中的 Hochschule 同义，从此，应用科学大学就正式在"官方语言"体系中以"大学"正名了。基于此，有学者就采用了"不同但等值"（andersartig, aber gleichwertig）① 的说法来表述德国应用科学大学与综合性大学在德国高等教育体系中的定位（Gellert, 1991: 3）。

2000 年前后，在博洛尼亚（Bologna）改革的框架下，所有的高校统一颁发学士和硕士的学位证书，应用科学大学和综合性大学在这一层面自然就实现了同等化。作为德国高等教育体系中最有特色的一种机构类型，应用科学大学展现出强大的发展动力。应用科学大学所代表的"应用型"特色与德国经典高等教育理念中"纯粹研究"的理念在不同时代登上了高等教育的舞台，作为专业教育代表的应用科学大学与作为学术教育的综合性大学在德国并行不悖。进入"博洛尼亚进程"（Bologna Prozess）以来，应用科学大学获得了大发展，成为德国高等教育的"成功典型"。另外，近年来许多应用科学大学纷纷改名，并积极争取博士授予权，减轻教授们在教学上的工作量，鼓励并促使他们开展应用型研究。有人将应用科学大学的这种趋势描述为"泛学术化"（Akademisierung），并与综合性大学共同朝着"单一化高校的方向"（Richtung Einheitshochschule）发展（Mukherjee, 2015）。在这个意义上，前述应用科学大学"不同但等值"的定位已经发生了偏移，转变为"相同但不等值"（gleichartig, aber anderswertig）。

通过对比应用科学大学在不同时期发展规模的变化和应用科学大学最新的改革动向，可以看出，沿着"博洛尼亚进程"的时间线，应用科学大学的定位有了明显的变化。那么这种变化背后的逻辑是什么？这种逻辑折射到高等教育理论场域中，如何对其进行诠释？基于此，本书的研究问题建立在对德国应用科学大学历史发展过程追溯和系统整理的基础之上，主要考察德国应用科学大

①据考证，andersartig, aber gleichwertig 的说法实际上最早来源于德皇威廉二世于 1899 年在一份关于建设德国科研性大学的公告中的表述。见 Holuscha, E. *Das Prinzip Fachhochschule-Erflog oder Scheitern*[M]. Münster: Verlagshaus Monsenstein und Vannerdat OHG Münster, 2013: 105-106.

学定位发展阶段及背后呈现出来的张力表征。具体而言，本书的研究问题可以分解为以下两个核心子问题：

第一，德国应用科学大学办学是如何定位的？影响其发生的因素有哪些？

第二，德国应用科学大学的定位变化显示出德国高等教育什么样的发展趋势？对德国高等教育体系产生了哪些影响？

1.3　研究的意义与价值

由于德国应用科学大学定位仍是一个尚未结束的动态过程，因此对于德国应用科学大学定位的研究尚属于一个较新的话题。通过研究德国应用科学大学定位的变化，认识德国高等教育整体变化趋势，并讨论在现代技术、知识发展背景下，高等教育体系内部结构变化的趋势以及推动因素，有助于我们从应用型高等教育视角对德国高等教育形成一个系统性的、可更新的认知框架。

综上所述，作为一项比较教育研究，本书的研究价值主要体现在以下三个方面。

第一，以学术型和应用型组成的双轨制格局本是 19 世纪中期以来世界高等教育的普遍现象。从 20 世纪末开始，在英国率先出现了双轨合并的现象，应用型大学与学术型大学的界限日益模糊，应用型大学的发展范式逐渐因循"学术化"或"学术漂移"的路径向学术型大学靠拢。在德国、美国、中国、俄罗斯都出现了类似的迹象和潮流。我们有理由相信，这些迹象揭示出世界高等教育发展的普遍规律和共同趋势，其背后的理论问题具有普适性重大意义，值得进行深入挖掘。因此，作为新型应用型大学代表的德国应用科学大学为我们观察近年来国际高等教育的发展提供了显性视角和动态资料，是高等教育研究由知识和理论转向技术和实践的重要参照对象。

第二，如前文所述，研究德国应用科学大学定位的发展，将有可能对我国目前不少地方本科院校热衷借鉴的"德国 FH 模式"作出概念上的澄清和理论方面的建构，某种程度上也可以帮助我们更好地认识我国地方院校的转型与发展，并为这批高校的转型和发展的教育实践提供指导和借鉴。

第三，作为中德高等教育合作重要参与方的德国应用科学大学，其发展历程和最新动态对中德高等教育合作（尤其是应用型高等教育合作）的态势研判和趋势展望具有重要的现实意义。

第 2 章　文献述评

本书的研究范畴为高等教育比较，在文献的搜集、阅读方面主要从中文和德文的相关资料库入手。鉴于德国应用科学大学是一个域外的研究对象，因此重点放在德文文献上。本章主要针对中国及德国本土对德国应用科学大学的研究分别进行相关文献图谱的罗列和述评，并对两者进行简要的对比。对于本书主题中"大学定位"的研究述评则将在下一章呈现。

2.1　德国应用科学大学在中国：作为一种模式的提出

Fachhochschule 这个概念刚进入我国时被翻译为"高等专科（专业）学校"（李其龙，1979: 9），从而被等同于我国的大专或高专。这种叫法甚至延续至今（邱艳萍，2014: 145），而许多研究更是将 Fachhochschule 与职业教育联系在一起。近年来，Fachhochschule 的译法逐渐转变为"应用科技大学"（李好好，卡尔维-维尔海姆，2002: 32）、"应用科学大学"（何俐芳，2003: 69），以及"应用技术大学"（孙崇文，2006: 20）。表 2.1 显示了不同时期我国对 Fachhochschule 的不同译法。可以发现，在相当长的时间内，我国学术界对 Fachhochschule 的翻译名称存在混用的情况（以不同浓度的色块表示）。

表 2.1　1979 年以来我国对 **Fachhochschule** 的翻译名称

校名	1979 年	2002 年	2006 年	2007 年	2014 年	2018 年
高等专科（专业）学校						
应用科技大学						
应用技术大学						
应用科学大学						

总体而言，我国对于德国应用科学大学的研究呈现出模式化倾向、多与职业教育相关联这两个主要特点。下面根据这两个特点对中文文献进行综述。

2.1.1　模式化倾向

从现有文献来看，国内对德国应用科学大学的研究集中在译介性、比较性的研究方面，缺乏对其进行深入的历史研究和社会机制研究。徐理勤工作的浙江科技学院（现更名为"浙江科技大学"）是我国较早与德国应用科学大学开展合作的学校之一。1992 年，当时的国家教委就将其确定为"中德联合培养高层次应用型人才"的试点院校。该校较早并且较为系统、集中地介绍了德国应用科学大学的产生背景（徐理勤、竺树声，2001）、改革历程（徐理勤，1998）、改革模式（徐理勤，2002）、教学改革（徐理勤等，2008）、人才培养特色（徐理勤，2005），同时将其与我国应用型人才培养路径进行了系统比较，提出了把"借鉴德国应用型人才培养模式"作为我国地方本科院校办学特色的方案和理念（徐理勤，2008），产生了较大的影响。另一位学者孙进近年来对德国应用科学大学的办学特色（孙进，2011a）、专业设置（孙进，2011b）、校企合作（孙进，2012b）、办学定位（孙进，2013a）等进行了学理性的梳理和分析，明确提出德国应用科学大学的设置和发展是德国高等教育体系多样化和分层化办学定位的体现和要求（孙进，2013a），并首次将教育类型和教育范畴的分析框架纳入了应用科学大学的研究中（孙进，2013b），同时也注意到了应用科学大学的发展与德国高等教育扩张之间的内在逻辑（孙进，2012a）。胡蕾蕾（2010）、冯理政（2010）、袁琳（2011）等人分别从德国应用科学大学的制度特色、办学特色和国际化道路等角度对其进行了研究。龙飞（2015）的研究详细地从德国应用科学大学的历史发展、办学模式、办学特色、保障体系等方面论证了对我国新建本科院校向应用技术型高校转型的启示。

邓泽民、董慧超（2017）关于应用技术大学的丛书是较早出现的成体系研究之一，其中专门对德国应用科学大学进行了分项研究。该研究分为"产生与发展""学制与衔接""法律与治理""专业与课程""教学与研发""学生与师资""招生与就业""校企与教产""学分与学位""投入与经费""质量与评价""启示与借鉴"等 12 个方面，呈现了较为丰富的研究维度。其中，德国应用科学大学的发展历程被分为了"起步探索阶段""快速发展阶段"和"功能拓展阶段"。该丛书的研究视角基于我国国内应用型高校的发展现状提出，并与德国应用科学大学的情况进行一一比对，但是也凸显出该研究结构化倾向比较严重，研究的深度有所不足。

邓、董二人的研究是我国对德国应用科学大学研究总体现状的一个缩影。从总体上看，国内将德国应用科学大学的人才培养模式概括为应用型的"实践导向"和"工程人才培养模式"，在这个"模式"的框架下，结合德国应用科学大学的发展历程中的逻辑来研究国内同类院校的转型目前仍集中在理念的借鉴上，鲜有以个案实证的方式去研究德国应用科学大学对中国地方高校的影响作用机制。囿于研究资料的有限性，大多数的研究主要是建构在上述概念场域的比较和借鉴上，研究内容呈现出同质化、单一性。在"大一统""模式化"的趋势背后，对应用科学大学模式的研究和借鉴呈现出一定程度的"概念迷思"和"概念营销"，可能会落入"同一模式"的"范式陷阱"（王兆义，2017）。

令人期待的是，周海霞（2014）和张源泉等（2016）已经注意到了近年来德国应用科学大学的发展动态，他们将应用科学大学获取博士授予权作为研究对象，去考察德国高等教育体系的变革和德国高等教育理念的嬗变。

2.1.2 多与职业教育相关联

Fachhochschule 这一概念在进入我国初始时被直译为"高等专科（专业）学校"，而当时的许多文献和研究则直接将其等同于我国当时的大专或高专。另外，德国应用科学大学正是从当时的工程师学院等职业教育机构中诞生的，因此在我国对于应用科学大学的研究从一开始就与职业教育有着不可割裂的关系，许多关于我国职业教育发展的研究乃至政策的制定也是基于德国应用科学大学的模板，这样的研究和实践范式一直延续至今。关于这一点，陈正（2014）、王玲（2015）等人的研究具有代表性。事实上，德国应用科学大学自诞生起就已经属于高等教育层次，而职业学校属于职业教育层次，在德国现行教育分流政策的背景下，两者并没有直接的桥接和互通路径。因此，如果以德国应用科学大学的发展历程来启发我国职业院校向应用型大学转型，这在概念上似乎无法达到并行。再者，德国应用科学大学的发展有其特殊的历史成因，与当下我国的国情和职业院校转型时面临的外部环境已有天壤之别，因此，简单地将德国应用科学大学的形成与我国新型应用型大学的建立进行对照，并不符合社会学和历史学的基本逻辑。

反观在德国开展的对职业教育的研究，自 20 世纪 70 年代以后，就出现了以创新项目为形式的典型试验研究，科学监控成为研究形式，具体包括："双元制"（Duales Studium）职业教育体系中的新学习方案研究、职业教育中学习场所的合作研究、职业教育教师继续教育的创新研究、职前职业教育中自我控制的合作学习研究等方面（Rauner, 2014）。由于德国应用科学大学也在推进"双元制"教育模式，目前在德国大约有 1600 个"双元制"专业（Azubiyo, 2018），"双元制"也成为近年来我国职业教育研究领域在讨论德国应用科学大学时的另一个典型特征词。张烨（2009）、刘玉菡（2015），以及黄炳华、刘跃明（2009）的研究是这一类研究的代表。需要注意的是，"双元制"不仅是德国职业学院或应用科学大学独有的课程模式，许多综合性大学也开办了"双元制"专业。上述三者中的"双元制"从本质上来讲并不是一回事，需要区别对待。

2.1.3 文献图谱

根据研究者研究的内容和对象的不同，我国职业教育领域对德国应用科学大学作为整体或是其中的某些方面进行研究，研究可以分为系列研究（研究者将应用科学大学作为研究问题进行了多次研究，且研究的观点有所呼应）、综合研究（对应用科学大学进行系统、综合的研究）、专题研究（就应用科学大学中的某个问题进行研究）。表 2.2 试对前述中文文献进行图谱化的整理和归纳。

表 2.2　中文文献的类型图谱

研究类型	研究内容	研究结论/观点	代表人物
系列研究	产生背景、改革历程、改革模式、教学改革、人才培养特色	"借鉴德国应用型人才培养模式"作为我国应用型人才培养的方案	徐理勤
系列研究	办学特色、专业设置、校企合作	德国高等教育体系多样化和分层化、教育类型和教育范畴的分析框架、德国高等教育扩张	孙进
专题研究	学校制度、办学特色、国际化、发展历史	德国从顶层到地方的制度设计保障了应用科学大学的成功	胡蕾蕾、冯理政、袁琳、龙飞等
综合研究	全方面对应用科学大学进行了介绍	应用科学大学的发展道路带来的启示	邓泽民、董慧超

研究类型	研究内容	研究结论/观点	代表人物
专题研究	应用科学大学获取博士授予权	将应用科学大学的发展动态置于德国高等教育的整体体系中进行考察，理念嬗变	周海霞、张源泉
综合研究	应用科学大学对我国职业教育的启示	将应用科学大学的发展与我国职业院校的发展进行比较	陈正、王玲等
专题研究	应用科学大学中的"双元制"培养模式	"双元制"模式作为应用科学大学的人才培养特色	张烨、刘玉菡，以及黄炳华、刘跃明

2.2 应用科学大学在德国：作为"成功典型"的新型高校

长久以来，在德国高等教育的研究领域，相比于综合性大学，对应用科学大学的研究属于"小众"行为。博歇尔特（Borchert, K）认为，其中的原因主要包括两个方面：一是在教育研究领域长久以来形成的对应用科学大学在高等教育地位上的轻视；二是这些轻视带来的对应用科学大学在研究数据、政策思考方面的不足，从而导致了研究基础的缺乏（Borchert, 1989）。近年来，特别是德国推行"博洛尼亚进程"以来，应用科学大学获得了极大的发展，无论从规模还是深度上，都取得了令人瞩目的发展成效，有人甚至将应用科学大学称为德国在战后"少有的几项教育政策创造之一"（Hagmann, 2003: 31）。应用科学大学改名、要求获取博士授予权等也引起了学术界和社会的广泛讨论，对应用科学大学的研究逐渐成为学术界新的研究热点。从 20 世纪 70 年代德国应用科学大学产生开始，其中 2001—2020 年对应用科学大学的研究较之以往有大幅的增长（见图 2-1）。值得注意的是，2000 年前后恰好是德国开始推进"博洛尼亚进程"的时间节点。

通过文献检索发现，专门对德国应用科学大学进行研究的文献并不多，主要集中在 2000 年前后推进"博洛尼亚进程"以来。大多数对应用科学大学的研究主要可以分为两类：一是将应用科学大学置于德国高等教育体系的总体架构中进行对比研究和分类研究；二是将应用科学大学作为单独的研究对象，对其培养模式、发展路径、最新动态等进行专门的研究。

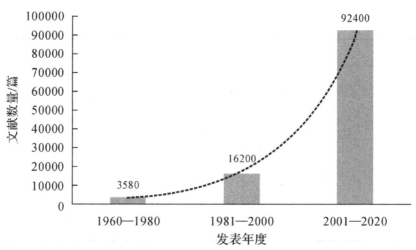

图 2-1　基于 Google Scholar 的有关 Fachhochschule 研究文献的年度分布情况（1960—2020）

2.2.1　将应用科学大学置于德国高等教育体系下进行研究

博歇尔特（Borchert, 1989）将他的研究范围限定在同一个地区（柏林市），对该地区内应用科学大学的毕业生和在校生进行调查，研究他们在就学（Studienaufnahme）、职业持久度（beruflicher Verbleib）和社会认可度（Akzeptanz）等方面的情况。研究发现，同一地区不同学校、不同专业的毕业生在上述几个方面都受到了"前身机构"[①]（Vorgängeeinrichtungen）特色的影响。而巴尔特斯（Baltes, 2010）的研究则更为聚焦，他考察在同一个专业（企业管理）下应用科学大学和综合性大学在人才培养方面的区别。通过案例比对，巴尔特斯将应用科学大学人才培养方式的特点分为专业聚焦（fachfokussiert）、学生导向（studierendenorientiert）、服务于生产实践（an der Geschäftspraxis orientiert）及致力于为企业解决具体问题（an spezialisierten Lösungen für konkrete Fragen aus Unternehmen ausgerichtet）。与此相对应，综合性大学的人才培养则显现出专业交叉（fachübergreifend）、自我激励（eigenmotiverend）、独立自主（selbstständig）、成果导向（leistungsorientiert）、致力于服务研究和促进科学进步（an der Forschungspraxis und am wissenschaftlichen Fortschritt orientiert）等特色，而二者的这些特色又与各自在文化资本上的积累（die Akkumulation der Kapitalarten）紧密关联。上述二

---

　　①主要指应用科学大学的前身学校，如工程师学校（Ingenieurschulen）、职业学校（Berufsakademien）和专科学校（Fachschulen）等。

人的研究的共同之处在于研究方法近似，都是基于调查研究获得的资料。武约姆舍尔（Würmseer, 2010）的研究则主要倚重于概念的论证，他从应用科学大学和综合性大学二者的转型（Wandel）和组织身份（Organisationsidentität）的变化这一核心问题出发，考察其给德国的教育体制带来的影响。他指出，在相当长的时间内，在综合性大学和应用科学大学之间仍然存在着明显的界限（funktionale Grenzlinie）。尽管如此，综合性大学在当下从事科学研究的状态已经与当年洪堡（Von Hulmboldt, W.）描绘的经典大学模式相去甚远。在高等教育大众化、普及化的浪潮下，综合性大学的研究和教学都在相当程度上经历了"去神话化"（enymystifiziert）的过程；与此相对应的是，应用科学大学则将"经济增长和机会均等"（Wirtschaftswachstum und Chancengleichheit）作为自己的行动指南（Bezugsrahmen）。

巴尔特斯和博歇尔特两人的研究都引入了法国哲学家、社会学家布迪厄（Bourdieu, P.）提出的社会理论概念——"生存心态"（Habitus）[①]。巴尔特斯认为，不同类型高校的培养特色是思考范例（Denkmuster）、感知范例（Wahrnehmungsmuster）及行动范例（Handlungsmuster）等多重生存心态共同作用的结果。博歇尔特认为，应用科学大学学生的生存心态与其家庭出身和教育背景有关，并对他们在之后的职业发展产生了影响。从广义上看，教育制度在重塑社会结构和劳动分工（Reproduktion von Sozialstruktur und Arbeitsteilung）方面扮演了极其重要的角色，由此，社会的不平等（Ungleichheit）被进一步加剧，而这种不平等的稳定性（Stabilität）和合法性（Legitimität）也得到了加强（Borchert, 1989: 14）。而武约姆舍尔的研究虽然没有明确说明采用布迪厄的分析概念，但是从其分析框架和分析方法来看，仍然是对应用科学大学与综合性大学各自"生存心态"的延续。

2.2.2 将德国应用科学大学作为单独的研究对象

在将德国应用科学大学作为单独的研究对象方面，艾平斯（Eppings, 2001）主要对应用科学大学是否应当拥有博士授予权进行了论述，他认为不应当向应

---

① Habitus 这一概念是布迪厄建构主义社会理论的核心概念，是指在一定社会历史条件下，在个体意识中被内在化和结构化的社会行为影响（如教育制度等）的总结果，见高宣扬. 论布尔迪厄的"生存心态"概念[J]. 云南大学学报（社会科学版），2008, 7(3): 8-15. 由于 Habitus 与拉丁文 habitudo（习惯）有共同的词根，我国学术界也将其翻译为"惯习"，这里参照高宣扬的观点，将其译为"生存心态"。

用科学大学下放博士授予权，因为这将随即造成应用科学大学特色的"畸变"（Profildeformation），并导致德国高等教育的同质化发展。里提（Litty, 2006）专门研究了应用科学大学的"泛学术化"趋势。他指出，由于学生在应用科学大学内只学习如何运用那些"已出炉"的研究结果（erforschte Erkenntnissen）和研究方法，难以开展独立的研究；而应用科学大学里的教授在科研方面的水平也明显弱于综合性大学，因此，对于应用科学大学而言，"泛学术化"只能带来名义上的"能力提升"，而这种能力对它们来说是"异质的能力"（artfremde Kompetenzen），会带来相应的危害。瓦尔德耶尔（Waldeyer, 2000）则从法律权利的角度提出了相反的观点。他认为，虽然德国在高等教育框架法中没有对应用科学大学与"科学或科研相关"（wissenschaftlich oder wissenschaftsbezogen）的地位进行明确的表述，但是应用科学大学的高等教育属性是毋庸置疑的，而高等教育机构的职能定位则是"传授科学知识和方法"（wissenschaftliche Erkenntnis und Methode zu vermitteln），这就在法律意义上表明了应用科学大学在研究和教学上拥有与综合性大学的同等地位（Waldeyer, 2000: 22）。在学生的培养上，综合性大学的学生并没有在职业的选择上有所限定（einen frei zu wählenden Beruf），而应用科学大学培养的学生只是在"结果事实"上限定为固定的职业（大多为工程师），二者从本质上没有区别，这也不完全是高校造成的差异（Waldeyer, 2000: 95-96）。为了印证这个观点，瓦尔德耶尔还举了一个例子：随着"博洛尼亚进程"的推进，综合性大学和应用科学大学都可以颁发硕士（Master）学位，而之前应用科学大学特有的、区别于综合性大学的"FH 文凭学位"[Diplom（FH）]将被逐渐取消，这从事实上说明了应用科学大学走学术化发展路径的合法性（Waldeyer, 2000: 49）。瓦尔德耶尔的观点代表了德国社会对于应用科学大学发展路径的另一种视角——它不从高等教育的差异性和学术研究的特殊性出发，而是基于政治学范畴的民主和平等观念——博士授予权也好，学术研究也罢，这些都不应当是综合性大学的特权。在关于应用科学大学发展路径的研究中，艾平斯和瓦尔德耶尔的观点是比较有代表性的、相互对立的两种声音。

与上述两位研究者的针锋相对有所不同，更早前的布劳恩（Braun, C.）提出的观点则显得更为理性。他认为，科学技术的发展带来了新的科学领域（neue Wissenschaftsgebiete），像应用科学大学这样的"新型高校"则在教育领域扮演了新知识和新方法的传授者这样一个角色，它的发展轨迹与德国历史上工业学院（Technische Hochschule）向工业大学（Technische Universität）发展的历程非常相似；如今，也正是这些工业大学最担心应用科学大学的"泛学术化"会给高等教育的人才培养（如博士培养）质量带来不良影响（Braun, 1994: 51）。布劳恩通过历史的视角得出结论：迄今为止，高等教育的发展一直以"升格"（Aufstufung）的形式实现，而从未出现过"降格"（Rückstufung）的情况，新兴学校、新式理念一直在其中充当促进高等教育发展的动力源泉（Braun, 1994: 110）。

在对应用科学大学发展趋势的研究上，德国高等教育研究的权威泰西勒（Teichler, 2005）在《高等教育结构变革》一书中对这个问题做了论述。他认为，经过几十年的发展，尤其是进入"博洛尼亚进程"以来，应用科学大学在资源获取、规模扩张、办学条件、人才培养等方面都取得了巨大的成功。然而随着应用科学大学与综合性大学之间的"同质化发展"（Einheitsentwicklung），应用科学大学的发展环境已发生了"根本性的变化"（grundlegende Situationsveränderung），具体表现在以下几个方面：1）应用科学大学学生的家庭出身越来越向综合性大学趋同，其之前在生源社会开放性（soziale Offenheit）方面的优势将有所丢失；2）应用科学大学因规模小、师生比高带来的教学环境优势（Einschätzung des Lehr- und Studienklimas）也随着综合性大学的重视和应用科学大学的规模扩张而日益消减；3）在学制长短上，应用科学大学由原来的3—3.5 年变成了 4 年，这就使得它失去了那些考虑缩短学习时间、早日就业的学生的青睐；4）越来越多的应用科学大学开始将其校名从原来的Fachhochschule 改为 Hochschule（高校），并以英文名称 University of Applied Sciences 作为自己的译名；5）应用科学大学开始越来越多地参与科研；6）不少应用科学大学获得博士授予权（Teichler, 2005: 199-200）。上述变化无一不表明，如果将应用科学大学置于与综合性大学同等的发展环境下，那么它原先获得巨大发展的优势将不复存在。泰西勒将应用科学大学获取博士授予权、参与科研等称作一场"围城效应"（Einstieg in den Austieg），认为其未来的发展将充满巨大的不确定性。

跟随泰西勒的研究脚步，赫露莎（Holuscha, E.）较为详细地研究了德国应用科学大学从诞生到兴起的发展历程，并且以案例研究的路径着重对德国北莱茵-威斯特法伦州（Nordrhein-Westfalen，以下简称北威州）12 所国立（staatlich）应用科学大学成立的过程（Entstehung）、面临的挑战（Herausfoderungen）、取得的成就（Leistungen）、"博洛尼亚进程"带来的影响及发展展望等几个方面进行了深入的调查和访谈，同时以定量和质性研究的方法对研究对象进行了分析（Holuscha，2013）。围绕应用科学大学向综合性大学"趋近式"的发展（Annäherung）是成功还是失败这样一个核心问题，作者引入了迪马乔和鲍威尔（DiMaggio & Powell, 1991）新制度主义（Neo-Institutionalismus）的分析框架，将应用科学大学与综合性大学同形性（Isomorphie und Angleichung）的发展视为获得合法性（Legitimität）的过程——有三种基本的机制（Machanismen）构成了这个过程：强制同形性（Zwang）、模仿同形性（Mimetik）和规范同形性（norminativer Druck）。强制同形一般指依附的组织或社会文化的期待（formelle Regeln oder kuturell etablierte Erwartungen），模仿同形一般指不确定的情况下对其他组织的模仿（Imitation aus Unsicherheit），规范同形则是指职业群体的职业化（Professionalisierung von Berufgruppen）。具体而言，正是社会、学校领导层、学术团体（教授与学生）三方面的压力和动力造成了应用科学大学在过去 40 多年的发展（Holuscha，2013: 24-25）。笔者认为，应用科学大学作为一种理念（Konzept）无疑是成功的，它获得了高度的合法性（Legitimitationsgrad）和巨大的发展；然而失败之处在于，应用科学大学在高等教育体系中的平等对待原则（Gleichberechtigung）没有在社会领域和教育政策领域完全被接受，这导致应用科学大学不断向综合性大学趋近发展以获得社会的认同，"不同但等值"（andersartig,aber gleichwertig）定位原则中的"等值"被过度强调，教育政策的地区差异性被忽视，这可能会造成德国现有高等教育体制的震荡与无序（Holuscha，2013: 375-376）。

2.3 政策文本中的应用科学大学

由于德国是一个联邦制国家，各州对于教育拥有教育立法自主权，因此应该要注意到各州政府对应用科学大学的政策差异，在研究应用科学大学发展历程时尤其要去考证各州在不同时间段对于应用科学大学的政策文件及彼此之间的异同。在学术管理机构的层面上，德国科学委员会及大学校长联席会议发布的有关决议和文件也是了解德国应用科学大学发展历程、定位演变以及最新动态的重要来源。例如，德国科学委员会历年来针对应用科学大学的相关倡议报告（Empfehlungen）就涉及应用科学大学开办新专业（1991）、东西部协同发展

（1993）、博士培养（2002）、发展蓝图（2002）、功能多样化（2010）、在高等教育系统中的角色（2010）等众多方面。纵向来看，例如在关于应用科学大学是否应当获得博士授予权的问题上，科学委员会曾多次决议表示反对，近年来德国大学校长联席会议则对此表现得比较宽容，导致前者对此的态度也发生了转变（Holuscha, 2013: 49）。这种变化显示，德国应用科学大学的定位过程是动态的，同时与外部世界不断产生互动。此外，前文提到对于德国应用科学大学的研究主要由综合性大学的研究者进行，一定程度上他们"把持"了关于德国应用科学大学的学术话语权。为了应对这一状况，让应用科学大学有更多的"发声渠道"，从 2000 年起，德国高校教师联合会（Hochschullehrerbund, HLB）主办了《新型高校》（*Die neue Hochschule*）杂志。该杂志目前每年发行 6 期，主要刊登关于应用科学大学的发展经验、面临的问题、新的思考等文章，如勃兰登堡应用科学大学埃德尔（Edel, 2005）教授就曾以"博洛尼亚进程"下德国实行的"三级学位制"（学士、硕士、博士）对德国的现行学术资质体系——大学授课资格（Habilitation）、博士资格（Promotion）以及国家统一考试和理科文凭文科硕士（Magister）的影响为视角，分析了政治家主导的"博洛尼亚进程"将对德国的教育体制和社会发展带来的消极作用。这些文章虽然研究性不强，但是提供了来自应用科学大学对于相关问题的观察视角，可以帮助我们在分析相关问题时获得更为全面的信息。

2.4　小　结

从现有的文献看，应用科学大学无论是被置于整个德国高等教育体系中进行研究，还是作为单独的研究对象，总会与德国的综合性大学产生联系。第一，这是由应用科学大学在德国高等教育体系中的特殊地位决定的，对其"不同但等值"的定位使得它在现实和理论层面均与综合性大学形成一种相互联系的概念关系；第二，这也与德国高等教育研究的场域不无关系——由于教育学、社会学、政治学等学科只存在于综合性大学，很多来自综合性大学的研究者将其研究的视角或切入点放在了应用科学大学与综合性大学的关系上；第三，应用科学大学近年来向综合性大学的"趋近式"的发展引人注目，使得其成为德国高等教育研究新的热点。

从研究的视角看，对应用科学大学发展的研究主要有历史、文化、社会等几个视角，布迪厄的"文化生存"分析框架和新制度主义理论占据了主要的分析框架，这可能与 20 世纪七八十年代以来在欧美国家社会科学研究领域兴起的以福柯、德里达、布迪厄等为代表的"法国思想热潮"及新制度主义在社会科学研究中的崛起有关。从研究的结论来看，关于德国应用科学大学的定位、发展仍是一个处于争论中的问题。

应用科学大学作为高等教育研究中的一个研究对象，在德国的本土理解中经常被作为一种提供高等教育服务的新机构类型，即新型大学，从而与代表经典大学的综合性大学相对应，大部分的研究主要关注应用科学大学与综合性大学之间的关系，以及应用科学大学在德国高等教育体系中的功能（andersaritig）和地位（gleichwertig）。它以应用性导向的人才培养为主要特色，丰富了高等教育体系的内涵，顺应了经济发展对于专门技术人才的巨大需求，与高等教育大众化互为产物和推手；其轻理念、重实践的教育理念对传统大学理念形成了冲击和挑战。它为社会中下阶层提供了接受高等教育的机会，一定程度上扮演着促进社会公平、挑战学术和知识垄断的角色；但其发展路径仍然依循综合性大学的模式，呈现出"泛学术化"趋势，主要反映出盲目跟进、丢失特色等问题。

第 3 章　研究设计

　　本章将从核心概念、理论视角、研究方法及基本研究框架四个方面建构本书的研究设计。其中，核心概念是指在本书研究视域下的一些基本概念的诠释和限定；研究视角主要呈现本书涉及的基本理论；研究方法是本书在核心主题研究过程中主要采用的方法路径。本章在研究框架中将在回应前述研究问题的基础上，说明本书的研究思路和研究思路。

3.1　核心概念

3.1.1　德国应用科学大学

　　德国应用科学大学被称为德国最年轻的大学，在人才培养方式上主要以实践为导向（praxisorientiert），其教学和科研的目标都是以应用性为导向（anwendungsorientiert）；在课程设置上主要以实现学生就业为主要目标，课程教学通常以小型的研讨课（Seminar）为主，讲座课较少；教授资质的认定标准上除了相应的学术标准外，还需有在企业工作的经验；管理机构的设置通常是小而精悍；在入学资质上学生不一定需要通过高中结业考试（Abitur），他们可以通过多种途径进入应用科学大学学习[①]。

　　德国应用科学大学的德文名称为 Fachhochschule（简称 FH），英文官方名称为 University of Applied Sciences（简称 UAS）。21 世纪初，德国应用科学大学开始了集体更名，此后各地各校的名称不尽相同，许多地方的应用科学大学

　　[①]在德国"分流式"基础教育结构的影响下，应用科学大学的生源主要来自职业高中（Fachoberschule）、高中（Gymnasium）和职业文理高中（Fachgymnasium）；除此之外，学生也可凭借其在相关行业领域内的职业经验申请进入应用科学大学就读。见徐理勤，竺树声. 准确认识德国 Fachhochschule[J]. 德国研究，2001(4): 63-68.

不再保留 Fachhochschule 的名称，对此本书将在后文予以专章讨论。此处需要指出的是，在法律意义上，无论是联邦的高教框架法，还是地方各州的高教法，抑或是 2020 年最新颁布的《关于联邦共和国高等教育机构和其他高等教育机构的基本法律规定》，都仍保留了 Fachhochschule 的名称，作为对应用科学大学这一类型的高校总的指代（KMK, 2020）。

3.1.2　德国的高等教育机构体系

"高等学校"（Hochschule）是德国各类高等教育机构的统称。在这个统称下，高等教育机构根据类型和特色的不同主要又分为综合性大学（Universität，包含工业大学 Technische Universität 在内）、应用科学大学和艺术及音乐类高校（Kunsthochschule, Musikhochschule）三类。综合性大学主要以培养从事科学研究的后备力量为主要任务，强调专业理论知识的系统化，其学生主要通过理论模式获取知识，毕业后通常都有较强的独立工作和科学研究能力；应用科学大学是伴随现代工业经济的飞速发展应运而生的，其教学密切联系实际，其学生主要基于实践过程掌握理论知识和实践知识，因此应用科学大学的毕业生更受企业的欢迎；艺术及音乐类高校则培养专门的艺术、音乐（包括电影）人才（德意志学术交流中心，2017）。在"博洛尼亚进程"推行以后，几乎所有德国高校都引进了国际通用的"学士（Bachelor）—硕士（Master）—博士（Doktor）"三级学位制，以取代传统的"Diplom/Magister—Doktor"二级学位制[①]。

在对高等教育机构的分类上，也有人将博士授予权作为区分高校类型的主要标准（Studieren.de, 2019），将高校分为"具备博士授予权的高校"（Hochschulen mit Promotionsrecht）和"没有博士授予权的高校"（Hochschulen ohne Promotionsrecht）。基本上，前者等同于综合性大学及同类高校，后者等同于应用科学大学，因此博士授予权也被称为综合性大学的"最后堡垒"（Letzte Bastion），有无博士授予权是两者在高等教育类型（学术型或应用型）上的划分标准。但是，随着德国应用科学大学争取博士授予权取得突破，这种基于学科专业的归类方法显然缺乏一些现实说服力。

另外，随着职业教育与高等教育之间界限的模糊，2011 年，联合国教科文

---

① Diplom，常被译为"文凭"，分为综合性大学文凭（Diplom）和应用科学大学文凭（FH Diplom）两类，在学制上相当于理科硕士；Magister，在学制上相当于文科硕士。

组织（United Nations Educational, Scientific and Cultural Organization, UNESCO）
在《国际教育标准分类》（*International Standard Classification of Education,
ISCED*）的修订版中，对"高等教育"进行了重新定义：建立在中等教育基础
之上，在专业化的学科领域提供学习活动，不仅包括了传统意义上的学术教育，
还包含了专业教育和职业教育。职业教育和高等教育统一被纳入了"第三阶段
教育"（UNESCO, 2011）。图 3-1 显示了德国第三阶段教育机构包含的所有学校
类型。

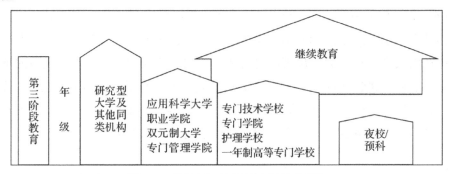

图 3-1　德国第三阶段教育机构类型[①]

总的说来，在高等教育大众化和"博洛尼亚进程"的背景下，德国高等教
育机构之间的类型差异在缩小。随着不同机构功能的分化和扩张，彼此之间的
界限却不再如原本那样清晰。德国应用科学大学在这个趋势中扮演了重要角色。

3.1.3　大学定位

"定位"（positioning）一词源于营销学中的概念，首先是由美国顶级的营
销专家特劳特（Trout, J.）于 1969 年提出的。特劳特指出，"定位"作为一种竞
争策略（Trout, 1969: 53），其目的在于"如何让机构或产品在潜在客户的心中
与众不同"（Ries & Trout, 1981: 35）。为了验证和发展这一概念，特劳特和他的
合作伙伴还提出了定位的"四步工作法"：1）分析竞争环境，清楚自身的优劣
势，获取顾客心中的认知情况；2）找到差异化的概念，明晰自身与外部的界

---

①参考资料及数据来源：1）德国大学校长联席会议 2017 年统计数据：https:// www.hrk.
de/fileadmin/redaktion/hrk/02-Dokumente/02-06-Hochschulsystem/Statistik/2017-05-08_Final_f
uer_Homepage_2017.pdf；2）Hochschulkompass 网站 2017 年德国高校名录：https://www.
hochschulkompass.de/hochschulen.html。

线；3）支持信任状（credentials），这是对自身差异化的支持；4）传播自身的差异化，获得外界尤其是潜在客户的信服（特劳特，里夫金，2016: 104-109）。简言之，定位就是根据自身资源、竞争状况及目标对象的心智状况，选择具有战略优势的差异，在外部认可或认证的情况下，以适恰的表达方式和传播路径达至目标对象的心理认知（项文彪，2003: 114）。

高等教育理论界引入"大学定位"这个概念，实质上是对高等教育大众化阶段下各个高校之间形成的差序竞争格局的一种理论回应。美国学者洛瑞（Lowry, J. R.）和欧文斯（Owens, B. D.）直接借用了特劳特对定位的"四步工作法"，制定了大学定位的流程图，还清晰地呈现出了大学定位的三维结构图：在由大学声誉、大学规模、费用情况构成的三维图像中，不同类型的顶尖大学（常春藤联盟高校）、文理学院、州立大学等都有了自身明确的定位，凭借各自独特的优势在竞争中占得一席之地（见图 3-2）。在某种程度上，这种看似相互竞争的格局倒也形成了不同类型学校之间微妙的平衡。

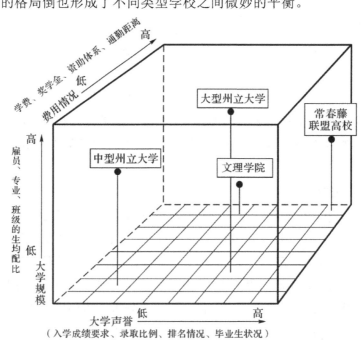

图 3-2 洛瑞和欧文斯关于美国大学的定位构成（Lowry & Owens, 2001: 33）

德语学术界对于大学定位的定义主要基于两种判断：一是大学办学特色的形成（Profilbildung）；二是大学发展的战略性定位（Strategische Positionisierung）。

由此造就关于某种大学类型在高等教育格局中的特殊位置和地位（Kerres, 2006:
119）。对于应用科学大学来说，其定位形成和发展的过程一方面要依循对高等
教育机构发展的"路径依赖"（Pfadabhängigkeit）（Weber et al., 2010: 690），朝
着综合性大学等成熟机构的方向"趋同"（Konvergenz），另一方面也要寻求在
高校使命和高校层次方面的突破和分化（Divergenz）（Preymann & Sterrer, 2018:
69）。如德国高校发展研究中心（Centrum für Hochschulentwicklung, CHE）发布
的《应用科学大学的第三使命》报告就明确提出，应用科学大学要在教学使命
和科研使命的基础之上，将自身"应用型、区域化"的特色蚀刻在"第三使命"
（The Third Mission）上，构建多元、系统化的社会服务体系，从而获得相对
于综合性大学等机构所无法比拟的后发优势（Roessler & Duong, 2015: 225）。

我国对于大学定位较为广泛的说法来自教育部在普通高校本科教学工作水
平评估体系中的释义："大学定位就是根据社会的需要、自身的条件，找准自己
的位置。明确在一定时期学校的目标定位、类型定位、层次定位、学科定位和
服务面向定位。"（刘振天，杨雅文，2003: 90）这种定义实质上主要突出了大
学的办学定位，具有强烈的政策导向和对标操作性。除了办学定位，在其他指
标体系的导向及不同大学的内部，也出现了目标定位（如到某某时候将学校建
设成为什么层次的大学等）、特色定位（如围绕地方经济需求，培养高水平、应
用型、国际化人才等），以及非正式的定位（如"中国最美大学"）等，诸此种
种——不同的定位乃是大学根据不同的外部环境对自身地位的自我声张。

综上，本书言及的"德国应用科学大学定位"意指应用科学大学在德国高
等教育系统中的"身份"（identity）及其同其他高等教育机构的相对关系。前
者指涉建构应用科学大学理念与特质的溯源和发展路径，后者指涉应用科学大
学作为大学这一高等教育机构与其他类型大学之间的关系。从本书分析框架的
操作层面来看，"德国应用科学大学定位"主要包含如下分析要素：1）德国应
用科学大学在类型、层次及使命等方面的发展战略，主要指其在专业性与学术
性两大发展取向间的偏移程度，以及其在高等教育由"低阶"向"高阶"发展
的时空阶段；2）德国应用科学大学教师、学生的身份建构，主要指两个群体在
应用型和综合型两种特色之间的偏移程度；3）德国应用科学大学在教学内容方
面的特色扬弃，主要指其在专业教育与通识教育之间的偏移程度。从研究的视
角来看，本书对德国应用科学大学定位的研究主要基于历史研究和比较研究两
个主要方面。

3.1.4　重　构

重构（Rekonstruktion）是指事物内部经过重新调整或构造，从而获得新的属性或状态的过程，它不仅指涉过程，还包含了这一过程导致的结果。重构必须建立在事物原有的碎片或框架之上。重构这一概念使用范围很广，包括语言学、建筑学、生物学及信息学等领域。在社会学框架下，哈贝马斯（Habermas, 1976: 2）将重构界定为在"理解"（Verstandigung）的前提下达成某种"认同"（Einverstandnis）。同时，重构的结果还应呈现出事物达至应然状态的条件，即具备反思意蕴的"后构"（Nachkonstruktion）。奥地利哲学家施特格米勒（Stegmüller, W.）则对重构的理论要素进行了梳理，即：1）相似性（Similarität），指重构的结果性呈现要与原型有相同的历史背景（konstruktive Tätigkeit und historische Methode miteinander zu verbinden）；2）精度（Präzision），指对原型的描述和重构结果的呈现应该在同一语境系统内，不能出现语义上的分离（ohne dass dabei inhaltliche Bedeutungsverschiebungen entstehen）；3）前后一致性（Konsistenz），指在重构的分析框架下，对原型的重构要与科学陈述之间保持逻辑上的一致性（eines Modells und den wissenschaftlichen Aussagen）（Stegmüller, 1970）。

本书中提及的"重构"主要指德国应用科学大学定位重构的历史过程，以及重构后的定位在当下呈现出的状态，并试图将高等教育系统作为"精度"范围，对上述两个过程的"一致性"进行一定程度的对比，从而找寻二者之间的关联（即"相似性"）和偏移程度，为后文中的"定位张力"构建立论的基础。

3.2　理论视角

德国应用科学大学的形成史和发展史是在高等教育大众化的背景下进行的。作为一种新兴的高等教育机构，德国应用科学大学反映出高等教育功能分化的态势。因此，本书对德国应用科学大学的研究将基于高等教育大众化、高等教育分化等理论。同时，本书还试图从知识社会学和知识生产模式的理论角度去解读德国应用科学大学外部与内部相关要素的作用机制。

3.2.1　高等教育大众化理论

高等教育大众化（Massification of Higher Education）来源于美国著名教育学者特罗（Trow, 1973）于 20 世纪 70 年代对于高等教育发展历史进行讨论的系列文章。他以美国为样本，以欧洲（特别是英国）高等教育为参照系，提出以各国高等教育毛入学率为指标，将高等教育分为"精英高等教育"（Elite Higher Education）、"大众高等教育"（Mass Higher Education）与"普及高等教育"（Universal Access）三个阶段。按照他的理论，当高等教育毛入学率低于 15% 时，高等教育发展处于精英教育阶段，高等教育毛入学率大于 15% 小于 50% 时为大众化阶段，而高等教育毛入学率达到 50% 以上时则为普及教育阶段。高等教育大众化是一种带有预警功能的理论信号，它提示，当某一个国家在某阶段的高等教育毛入学率达到 15% 上下的时候，高等学校的活动会发生较大的变化，包括教育理念的改变、教育功能的延展、人才培养目标和模式的多样化，以及教学方式方法、入学条件和高等教育与社会的相互关系等一系列的变化，在这个层面上，就形成了量变与质变统一的概念。在后来对其理论的扩展和补充中，特罗进一步认为，在高等教育大众化阶段，量的增长与质的变化存在不同的相关性；大众型与精英型高等教育并存；多样化发展与传统教育理念产生冲突；进程是有国别性的（转引自：谢作栩，2001）。

20 世纪 70 年代以前，德国的高等教育毛入学率一直处于 15% 以下。1972 年，正是由于应用科学大学的出现，德国的高等教育毛入学率才达到 15% 以上。直到 2012 年，德国的高等教育毛入学率达到并常年维持在 50% 以上，标志着德国高等教育正式进入普及教育阶段（见图 3-3）。结合特罗的高等教育大众化理论和德国高等教育发展的历史可以看出，德国应用科学大学在德国高等教育从精英化到大众化再到普及化的阶段演变中扮演着决定性的关键角色。特罗关于高等教育扩展理论也被德国学术界用以研究德国高等教育的相关问题，泰西勒、凯姆、吕莫林等著名学者均就此问题专门进行过讨论，而其中尤以柏林洪堡大学教育研究所的沃尔特（Wolter, 2015）教授的研究最为突出。他着重关注高等教育大众化给德国高等教育及就业市场带来的影响，认为教育需求与市场需求之间的相互反馈将会更为直接，劳动力市场将会为学历教育的"奖励"功能（die "Belohnung" akademischer Bildung）提供动力，引发新一轮的学历扩张（高中文凭代替中学文凭，硕士学位代替学士学位，博士学位代替硕士学位）。

高等教育大众化理论是本书立论的重要理论支撑，也是本书对德国应用科学大学定位进行研究的基本时空背景和理论框架。在比较研究的范畴中，笔者将德国作为"样本"的"理想类型"功能加以串联和对照，为本书研究的落脚点提供理论上的适切性。

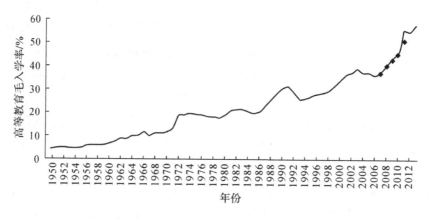

图 3-3 德国高等教育毛入学率历年变化情况（1950—2012）[①]

3.2.2 高等教育分化理论

高等教育分化（differentiation），主要指高等教育功能的分化，又称为高等教育的多样化（diversity），它是高等教育大众化在理论层面的延续和发展。1993年，美国著名的教育改革家克尔（Kerr, C.）等在《高等教育不能回避历史：21世纪的问题》（*Higher Education Cannot Escape History: Issues for the Twenty-first Century*）一书中指出，高等教育大众化和普及化促使高等教育机构必须采取多样化的发展策略，从而推动高等教育系统的分化和重组，建立一个功能分化的新系统（Kerr et al., 1994）。对应社会对人才需求的多样性，克尔按照学术层次对高等教育系统进行划分，不同的层次承担不同的功能：1）高深知识和变化中的知识层次；2）既成的职业能力层次；3）编集的技能层次（克尔，2001: 154）。第一层级的高等教育机构培养可以独立工作、具有指导能力的人才，如科学家、律师、医生等，同时生产新的知识；第二层级的高等教育机构依循已有的知识传统和知识机构，训练可以从事一般专业工作的人才，如工程师、教师等；第三层级的高等教育机构在一定的技能框架下，培训具备专门技能、从事特殊工作的人才，如技术员、文秘等（吴玫，2003: 12）。克尔以美国加利福尼亚州的高等教育规划蓝图作为样例，对上述功能进行了进一步的说明。该州的加州

①根据 Wolter 论文中的相关数据转制，见 Wolter, A. Hochschulexpansion: Wachsende Teilhabe oder Akademisierungswahn?[EB/OL]. (2015-01-29)[2020-03-29]. https://m.bpb.de/gesellschaft/bildung/zukunft-bildung/200104/teilhabe-oder-akademisierungswahn.

大学、加州州立大学以及社区学院共同构成了功能分化的高等教育三层级。

按照克尔的观点，德国的综合性大学、应用科学大学及前述第三阶段教育机构中具备高等教育功能的专业学院，如职业学院（Berufakademie）、高等专科学院（Höhere Fachschule）等共同构成了德国的高等教育功能分化系统。德国高等教育研究的泰斗泰西勒针对德国高等教育系统的独特性提出"多样化模型"（Diversifiziertes Modell）的概念，他认为，多样化是世界上大多数国家高等教育发展的基本格局，在这一格局中，学校类型的差异明显，科研尤其是基础科研集中于少数学校，资源分配也跟随研究项目向少数学校集聚，大多数大学主要以人才培养为主要任务（Teichler, 2005: 132-133）。而德国科学委员会（Wissenschaftsrat, 2010a）随后也于 2010 年专门发布了《关于高等学校多样化发展的建议》（Empfehlungen zur Differenzierung der Hochschulen）等文件，在其中提出了"高等教育多样化的战略"，具体而言包括：1）要打破传统的高校类型的分类壁垒，改变长期以来综合性大学和应用科学大学并行的双轨体制；2）要让高校在新的背景下自我寻求新的定位，即各种高校应当重新在人才培养和科学研究方面找准新的定位；3）要鼓励各种高校进行合作，改变两类高校彼此相对隔绝的状况；4）要为各种高校创造一种新的竞争环境。文件强调，高等教育体系的多样化是为了使高等学校在更高的水平上完成人才培养和科学研究的使命。

高等教育分化理论对于理解德国高等教育的系统具有重要的参考价值。在分化的系统中，各类高等教育机构的功能定位也会相对固定和明确，因此，本书提出的"德国应用科学大学定位变化"这一中心问题在理论上不再孤立与空洞，同时也具备了理论上的研究意义。

3.2.3　知识社会学框架下的知识生产模式理论

知识社会学（Sociology of Knowledge）是研究知识或思想在特定群体、社区及社会中如何产生、传播、运用的学科。它是社会学的分支，主要关注知识发展和社会文化之间的关系（Kneer, 2010: 714）。德国在知识社会学领域有丰富的哲学遗产，康德、黑格尔围绕认识论和辩证法多有论述。20 世纪初，狄尔泰（Dilthey, W.）将当时盛行的康德认识论从形而上转变为对现实知识多样性的认识，并将其对应到科学领域（Lessing, 1983）。到了 1929 年，受舍勒（Scheler, M. F.）和韦伯（Weber, M.）等人影响的曼海姆（Mannheim, K.）正式提出了"知识社会学"（Wissenssoziologie）这样一个分析概念，用以分析知识产生的社会根源（曼海姆，2000：14）。曼海姆关于知识社会的论断传入美国后，在短时间内产生了重要的影响。活跃在美国的德裔学者如伯格（Berger, P. L.）和卢克曼（Luckmann, T.）等人在曼海姆的理论基础上，提出了"新知识社会学"（Neuere Wissenssoziologie），强调处理社会中所有被视为知识的事物最重要的是研究构成社会日常知识的知识社会存量，尝试进入个人生活，理解"现实的社会结构"（Die gesellschaftliche Konstruktion der Wirklichkeit），从而理解社会的本质特征，以及分析社会转型和发展的基本过程（Berger & Luckmann，1972：70）。而社会学家默顿（Merton, R. K.）则将知识社会学重点转向科学社会学（Sociology of Science），主张从科学界的社会关系结构——科学共同体（Scientific Community）的角度关注科学制度的规范和科学制度的运行两个方面（默顿，2009）。默顿及其追随者们尝试采用根据经验的分析方法，逐步建立起了科学社会学的研究领域和基本方法，其中的著作众多，不一而足。

到了 20 世纪后半叶，科学社会学的研究视角逐渐走向融合，开始触及知识生产方式的研究（王骥，2014：17）。1994 年，英国学者吉本斯（Gibbons, M.）等人提出，在全球化背景下，受到技术革新和生产实践方式变化的影响，知识生产模式也在发生改变。在可识别的知识生产模式中，随着人类科学技术水平的提高和生产方式的改进，以理论研究为主要特色的传统知识生产模式（模式Ⅰ）已向基于应用情境的，跨学科、跨行业的，更加强调研究结果的绩效和社会作用的新型知识生产模式（模式Ⅱ）转变。知识生产具有极强的应用指向，围绕问题识别和问题解决展开，所有的研究都在围着某种社会目的进行。科学研究的重心从自由探究逐渐转向问题解决，科学与技术、基础研究与应用研究及学科间的界限愈益模糊，传统的知识生产二分法（dichotomy）"基础—应用"演变为"基础被应用"，"大学科学家"正在演变为"企业家式科学家"（Gibbons et al., 1994：15-16）。

知识社会学和知识生产模式发展也从侧面说明，新的知识供给主体在大学外部不断涌现，作为知识生产中心的传统综合性大学正在丧失其垄断地位，以成果转化为目的的、应用性导向的研究不断显现其重要价值，专门从事面向企业需要、开展应用型研究的人才尤其短缺，作为新型高校的应用科学大学自然要在这些方面登上舞台。知识社会学框架下知识生产模式这一理论视角，将应用科学大学与高校、社会有机地串联起来，便于本书以空间、时间场域的变化为脉络去观察德国应用科学大学定位的演变和发展。同时，知识生产模式的分析框架也与埃茨科瓦茨（Etzkowitz, H.）等人提出的由大学内核、产业内核及政府内核的三方互动组成的"三螺旋"循环分析模型（Triple Helix Model）相呼应（Cai & Etzkowitz, 2020: 5）。

3.2.4 技术发展与高等教育的关系

科学技术的发展是知识量变发展的质变结果，同时，技术的迭代进步也会衍生出知识生产的新方向和新模式，从而对高等教育提出新的要求。在宏观层面上，科学作为一种社会存在，以整个社会作为其存在生长的母体，不断地与社会各部分间进行着交互，这构成了科学发展的外在动力；再从科学的内部看，科学的各构成要素之间相互作用、相互影响，共同推动着科学的发展，这构成了科学发展的内部动力（吴致远，2003）。英国教育学家阿什比（Ashby, E.）以"大学遗传环境论"（Theory of University's Genetic Environment）的框架呈现了技术发展推动下高等教育的发展路径。他认为，大学固有的传统特征以非职业性教育（即学术教育）为宗旨，而学生需求、用人单位的需求及政府需求三方面的力量推动了大学教育向专业化、职业化方向发展（阿什比，1983: 137-139）。

2015 年，联合国教科文组织发布《科学报告：面向 2030》（*Science Report: Towards 2030*）。报告指出，数字革命推进了科学技术发展模式的演进，基于网络（如 Web 2.0）和合作（如 Science 2.0）的科学研究方式开始占据技术创新的主舞台，科学研究的重心已逐渐从纯基础研究转向综合性的"大科学"研究，技术进步的路径朝着节点集成化、可持续的方向发展。在这个背景下，大学逐渐成为全球性玩家，通过数字技术和互联网，大学的教学和科研活动也将更具国际化，跨国的大学合作联盟将初显端倪（Aebischer, 2015）。

德国科学资助者协会（Stifterverband）和涅克斯多夫（Nixdorf, H.）基金会发布的"德国高校晴雨表"（Hochschul-Barometer, 2019）显示，在"工业 4.0"影响下的高等学校已逐步呈现数字化的发展态势。对于应用科学大学来说，虽然教学仍然是它的最重要的使命，但应用型科研和知识成果转化的重要性影响与日俱增，无论是与综合性大学相比，还是应用科学大学之间，根据各自的办学特色和区域优势，每所学校的定位差异拉大（Hochschulprofile bedingt unterschiedlich）。同时，学校的发展更加面向经济界以及企业的需求。在数字化等新的技术发展背景下，应用科学大学在许多领域有了与综合性大学竞争的同步优势，这也从更深层次上改变了应用科学大学的治理生态，无论是在高等教育系统内，还是在其学校内部，都具备了更为积极的改革因素（Von der Heyde et al., 2017）。通过技术发展与高等教育之间的关系这一视角，可以更加清晰地界定德国应用科学大学定位与其外部环境之间的互动模式，尤其可以帮助厘清在德国应用科学大学定位重构的过程中企业和经济界发挥了何种作用，以及它们在德国应用科学大学定位重构后受到了怎样的影响。

3.3　研究方法

3.3.1　历史研究

通过前期的文献可以发现，对德国应用科学大学定位的研究离不开对其萌生和形成的历史进程进行关注，无论是范式的形成还是转变都应涉及德国工程教育的传统。此外，本书尝试将研究框架设定在微观历史文献学的范畴，它是相对于经典的宏观史学提出的。两者的主要区别在于研究对象的不同，即兴趣落在历史上那些具体的、易于观察的、个别的人或事件，要对微观的个体的所有具体情况进行考察，比如一个或几个人[①]，一个村庄或者一个城市[②]等。在研究方法上，微观文献学的研究方法主要有两种方法模式，即提名法（nominative approach）和证据范式（evidential paradigm）。提名法是指通过把名字（名称）作为一个基本的关键词，研究者在档案和资料当中进行搜索和交叉引证，从而围绕这个名称建构自己的论证体系；证据范式主要指通过一些不寻常的细节和事件来进行推测，阐发其在整个历史背景中的意义（于书娟，2007）。因此，本书的历史研究并非史学意义上的史料整理，而是因循德国应用科学大学历史发展的轨迹，以"撰写的历史"（沃勒斯坦，2006: 80）的方式，在历史的语境中整理、归纳出德国应用科学大学定位的演变。

3.3.2　田野调查与访谈

在具体的研究方法上，本书主要采用例证法和对比法支撑文献研究的过程，

---

①如刘云杉对清末乡村私塾先生刘大鹏的研究，见刘云杉. 帝国权力实践下的教师生命形态——一个私塾教师的生活史研究[J]. 中国教育：研究与评论, 2002, 2(2): 143-174.
②如勒华拉杜里（Le Roy Ladurie, E.）对法国南部村庄蒙塔里的人类学研究，见勒华拉杜里. 蒙塔尤[M]. 许明龙，马胜利，译. 北京：商务印书馆, 1997.

研究德国应用科学大学的发展历史和定位脉络；在研究德国应用科学大学的
"定位张力"时，笔者深入 25 所德国应用科学大学和 1 家德国用人单位的现
场，将田野考察、问卷调查和实地访谈结合起来，通过李克特五级量表（Likert
Scale）调查与实地、视频访谈中获取的相应数据，共收回 234 份有效问卷，访
谈 16 人次，整理访谈资料约 3 万字，并以此为论据，对德国应用科学大学内部
的"定位张力"进行研判和印证。

3.4 基本的研究框架

3.4.1 研究思路与步骤

为了更好地探究德国应用科学大学的定位变化，本书将首先从时间上以"博
洛尼亚进程"作为切割面，重点关注"博洛尼亚进程"中（即 2000 年以后）德
国应用科学大学的发展脉络，讨论在"博洛尼亚进程"的影响下德国应用科学
大学的发展发生了哪些值得关注的变化，如何把这些变化与其定位的变化进行
对应。然后，以分析德国应用科学大学的溯源和历史传承为基础，尝试将自己
的研究视角聚焦于德国应用科学大学更名现象（知识性质和知识范围的定位）、
通识教育和争取博士授予权（层次定位）、开展应用型研究（科研定位）等方
面，并通过对"博洛尼亚进程"及"卓越倡议计划"（Exzellenzinitiative，以下
简称"卓越计划"）政策影响的研究，分析德国应用科学大学的外部环境变化。
接下来，以调查和访谈的方式进入德国应用科学大学的内部，观察、分析德国
应用科学大学当下定位发生变化后呈现出的态势，进而讨论德国应用科学大学
定位变化带来的影响。本书的研究结论将归结到高等教育系统、知识生产模式
及技术发展路径等一级因素的变化上来。

本书研究的主题围绕德国应用科学大学的定位演变，以教育史和文献为参
照，对德国应用科学大学的溯源、产生和发展进行展开，从而以"标志事件"的
图景勾勒出德国应用科学大学在不同历史进程中的定位形成和发展史，进而讨
论德国应用科学大学在"博洛尼亚进程"中的发展与其"传统性定位"之间的
张力。研究的核心内容板块主要包括：

1）作为高等教育机构的德国应用科学大学的溯源、形成与发展；
2）德国应用科学大学定位在当下呈现出的态势；
3）德国应用科学大学定位变化产生的影响。

在接下来的研究中,本书将始终遵循从历史溯源的角度关注上述研究框架,并将讨论的落脚点置于更为宏观的问题域:作为新型大学代表的应用科学大学与传统的综合性大学之间存在怎样的张力?高等教育大众化背景下德国高等教育系统的发展态势如何?高等教育机构类型倾向于基于特色的分化还是基于等级的分层?

3.4.2　研究框架

本书的研究围绕德国应用科学大学的定位这一核心问题展开,首先从宏观角度观察作为一个新型高等教育类型的德国应用科学大学在理念和机构上的溯源,再从历史进程的视角以"标志性事件"为路径系统性地整理出德国应用科学大学的定位发展历程,并试图建立起溯源与定位历程二者之间的逻辑关系。在逻辑层面,本书的研究假设是:理念溯源和机构溯源建构了德国应用科学大学在院校特质方面的传统,而德国应用科学大学在定位方面的发展则较其传统出现了"偏移"。而后,本书顺着德国应用科学大学的定位逻辑,深入有关院校的场域内部,通过对师生、管理人员以及用人单位的调查和访谈,检验德国应用科学大学的"定位偏移"和"定位张力",进而在理论层面讨论德国应用科学大学"定位张力"对德国高等教育系统的现实和前景产生的影响。本书的研究设计框架如图 3-4 所示。

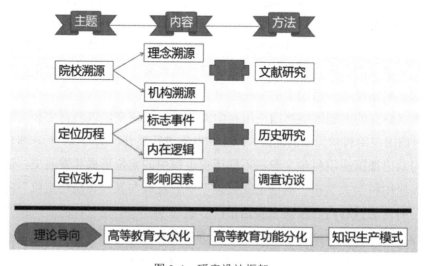

图 3-4　研究设计框架

第4章 德国应用科学大学的溯源

人们通常认为，德国应用科学大学出现于20世纪七八十年代，是名副其实的"新型高校"。但是，这种观点缺乏全局的历史观：应用科学大学不是凭空出现的，而是基于德国教育传统和社会文化发展脉络，顺应时代发展的新需求而自然产生的一种高等教育机构类型。事实上，许多应用科学大学都公开将自己的建校历史回溯到了18—19世纪在德国各地陆续出现的带有明显职业导向并服务于区域行业的各类学校。这些学校往往一开始游离于当地的教育体系之外，但随后纷纷得到了德意志帝国或地方公国的承认。这些学校后来被统称为应用科学大学的"前身机构"，这大大丰富了德国应用科学大学的建校史，也为我们研究德国应用科学大学的溯源提供了新的视角和证据。本章将以教育史的视角分为三个部分，首先从"职业"（Beruf）和"应用"作为应用科学大学的两种教育理念溯源谈起，进而探寻应用科学大学"前身机构"形成的背景，再过渡到德国应用科学大学产生前夕的社会文化背景中来。

4.1 "职业"作为理念的溯源

4.1.1 "职业"的文化脉络

在德语中，"职业"，也就是Beruf一词，其词根是Ruf，动词形式为berufen，古高地德语为beruofen，有"呼唤、召唤"之意，与Berufung（使命、天职）同源。《瓦里希德语词典》将Beruf解释为："内在的天职、使命（innere Bestimmung, Aufgabe）；某种手艺（gewerbliche ausgeübte Tätigkeit）；谋生手段（Erwerb des Lebensunterhaltung）；某种行业的分支（Zugehörigkeit zu einem Erwerbszweig）。"（Wahrig, 1993: 258）它至少具备了精神世界、工作世界及生活世界三个层面的内容。因此，相较于汉语语境或者是英文中的vocation，它

33

不单指一个人安身立命、养家糊口之所为，有更为丰富的精神意蕴。

路德（Luther, M.）在将《新约》翻译为德文的过程中，将拉丁文的 vocatio interna 和 vocatio externa 用德文的 inner Beruf 和 äußer Beruf 指代，用以表示基督教中人的二重身份：一是作为上帝子民的"精神使命"（geistige Berufung）；二是在现实世界中的"外在职业生涯"（weltlicher Stand）。这一表述奠定了"职业"在德国传统文化中的重要地位（Rebmann et al., 1998: 92）。在《新约·哥林多前书》第 7 章第 20 及 24 句中，路德认为"每个人都在他的职业（Beruf）中完成上帝对他的召唤（Ruf）"（Ein jeglicher bleibe in dem Beruf, darin er berufen ist）；而外在的职业身份是为内在的精神使命服务的，没有内在的使命，外在的身份是没有意义的。时至今日，职业在德国代表着生命意义的实现过程，更是感受个人生命历程的重要标志，与"博士"等重要的学术头衔一样，许多人将自己的职业也刻在自己的墓碑上供后人瞻仰、评述（Klopfleisch, 2020）。

而后来者加尔文（Calvin, J.）延续了路德在 Beruf 问题上的论述，并赋予职业和身份更多的神学色彩，将 Beruf 视作"有益于摈弃个人欲望，达致上帝恩典"（zum Verzicht zugunsten Bedürftiger und zur gewissenhaften Verwendung von Gott anvertrauten Güter）的"必修之路"（Verpflichtung）（Rebmann et al., 1998: 93）。在这个意义上，现实世界中的"外在职业生涯"变得更为重要，在资产阶级逐步走向政治和治理舞台中央的新教国家中，普通人的职业和身份有了更多社会学的意义。正如韦伯在《新教伦理与资本主义精神》一书中所言，原来天主教中要求人以苦修的方式获得救赎，逐渐转变为面向世俗、以"职业"上的义务和职责为个体使命，并以世俗成就作为个人超度的标志（张源泉、杨振昇，2014）。

4.1.2 "职业"作为学术理念

随着宗教的世俗化，对职业（当时主要为手工业）的界定以及对从业者的培训逐渐被行业协会所承担，手工业者的队伍也在不断壮大，一定程度上提高了他们的社会影响力。到了 18 世纪，"职业"已被明确界定为："在相关的义务和权利规训下，人类在社会秩序框架（im Rahmen der Sozialordnung）中从事某种长期活动，通常出于谋生（Lebensunterhaltes）目的。"（Brunner & Koselleck, 1972: 490）。进入工业化时代后，韦伯将职业置于更为重要的地位。他认为，职业通过"规范化、专业化以及个体功能的整合"（Spezifizierung, Spezialisierung und Kombination von Leistungen），为个人提供了持续性生养和就业机会（Versorgungs-und Erwerbschance）的基础（Weber, 2002: 80）。韦伯赋予了"职业"在社会经济和政治方面的学术意义，使其成为一个重要的分析视角和分析概念。

当职业通过教育的形式确定其程式、规训后，以职业为导向的教育理念包含了公民对美好生活的想象，促进了社会整体的融合，也成为联系学校教育与生产世界之间的纽带（Intergrative Verknüpfung des schulischen Berechtigungswesens mit der betrieblichen Lehre），并将二者本不相同的逻辑置于同一秩序体系中（Gonon, 2002:196）。接受职业培训者（Auszubildende）具有学生和工作者（Arbeiter）的双重身份，在学校的理论学习之外，还在社会角色的视角下，将相应的行业规训和技能不断内化，形成了群体性的认同（Heinz, 1995: 23）。这种认同对我们认识德国应用科学大学的溯源，以及应用性导向的工程教育在德国的发展有很强的指导作用。

4.1.3 从"职业"到"专业"

"专业"（profession）作为一种资质，西方社会对其的理解存在一定的共识。澳大利亚专业技能委员会（Australian Council of Professions, 2018）将"专业"直接视为一种需要特殊教育训练（specialized educational training）之后才能从事的职业（occupation），他们的主要工作通常是为其他人提供特别的技术咨询与服务（objective counsel and service）。从事这种工作的人被称为专业人士或专业人员（professional），通常会以它为一种职业。随着科学技术的进步，社会分工日渐细致化，许多原来不需要特别训练的职业，变成需要通过特别教育训练之后才能从事，这被称为专业化（professionalization）。

一项"职业"（occupation）被称为"专业"需要满足以下几个条件（Perks, 1993: 2）：

1）成为一项全时（full-time）职业；

2）有高校或一般学校的培训机构（university school or training school）等的出现；

3）地方层面成立地方行会（local association）；

4）国家层面设立专业职业伦理协会（national association of professional

ethics）；

（5）国家层面出台相关专业职业法律（state licensing laws）。

英国教育学家贾维斯（Jarvis, P.）在其于 1983 年出版的《专业教育》（*Professional Education*）一书中指出，专业教育是教育回应社会发展新需求的"变革要素"（changing concept），其目标是培养出"具有胜任力的技术人才"（competent practitioner）。专业教育的出现重构了教学内容中理论与实践的关系，并形成了教学过程中知识（knowledge）、技能（skills）和态度（attitudes）的三元关系，对教学理论和教学方法提出了新的要求（Jarvis, 1983: 84）。

4.1.4 学徒制（Lehrling）：从"职业"到"学业"的教养方式

"学徒制"可以追溯到 13 世纪左右的"行会学徒制"，其雏形甚至要更早。20 世纪 60 年代，德国职业教育系统开启了以校企合作为基础的"双元制"现代学徒制。历史上，"行会学徒制"的产生与中世纪大学的出现是同步的。巴黎大学成立后，巴黎被分为了以商人、手工业者为代表的"大城"、以贵族和教会为代表的"旧城"和以大学师生为代表的"大学"三个区域（何光沪等，2004: 202）。此时的大学恰恰也被称为"学者行会"（张源泉，2017）。在由学者构建的松散联合的治理机构中，大学自诞生起就谋求大学自治与学术自由，这种影响延续至今，即使在应用科学大学这样的新型高校中，也是神圣而不容缺失的话题。"学徒制"对于这种大学传统的延续起到了重要的作用。学生拥有企业学员、高校学生及学徒三重身份，在生产一线接受专有的"师傅"（Meister）指导，在毕业前须通过"匠人考试"（Meisterprüfung），获得由"师傅"颁发的"匠人证书"（Meisterbrief）。在经济社会高度发达的今天，"学徒制"仍然具有吸引力。在教育体制与德国近似的邻国奥地利，目前共有 5 万名应用科学大学在校生，其中就有 3000 人左右拥有学徒身份（Kastner & Eckl, 2017）。

另外，"学徒制"对于当下应用科学大学的师生关系——特别是教授与学生之间的关系也有重要意义。某种程度上，在基于实践和应用性的导向下，教授与学生之间更近于"师傅"和"学徒"的关系，联系更为紧密。由德国康斯坦茨大学高等教育研究小组（AG Hochschulforschung an der Universität Konstanz）于 1983—2013 年开展的学生跟踪调查表明，在教授与学生的指导关系的亲密度方面，应用科学大学要远远优于综合性大学，其中工程科学类专业（Ingenieurwissenschaftliche Fächer）教授与学生的联系则最为密切（Ramm & Multrus, 2013: 44）。

4.2 "应用"作为高等教育功能溯源

从历史上看，高等教育的学术功能（Akademie）具有如下几个重要组成部分：1）场域和空间，包括相对独立的校园和教学场所；2）人员共同体，包括以教学为志业的学者和以获得知识、技能为目的的学生；3）特殊契约，包括学术制度、学术传统等。构成高等教育知识本体的既有学术导向的知识，也包括了应用性导向的职业技能（如神父、医生、律师等职业的知识技能）。由此可见，高等教育的应用功能是其先天自有的，而非后天生发的。下面从理念和机构两个角度讨论这个问题。

4.2.1 德国经典大学理念中的高等教育

哲学家席勒（Schiller, F.）将大学学业中的学生分为两类人：一类是"哲学之才"（Philosophischer Kopf）；另一类是"利禄之徒"（Brotgelehrter）。前者是高等教育知识王国中的真正代表，而后者"为了今后的职业而满足于逐字逐句地储存知识"（陈洪捷，2010: 13），不被以席勒为代表的知识精英所接纳。洪堡继承了席勒在这方面的表述，他在 1810 年发表的《论柏林高等学术机构的内部和外部组织》中提出了现代大学的基本理念，后人将其概括为"研究与教学的统一"（die Einheit von Forschung und Lehre）、"学术独立于政治干预或经济利益"（gesellschaftliche Verwertungsinteressen）和"通过科学教养人才"（Bildung durch Wissenschaft）三项基本内涵（张源泉，2010a）。在人才培养的理念上，洪堡还提出了"全人教育"（Allgemeinbildung）的思想（Klafki, 1993: 28），以发展人的更多可能性为培养目标，并将其与上述现代大学的基本理念加以结合，明确了大学以研究作为探索未知知识领域的职责，形成了德国大学通识教育理念的基本框架。后来者雅斯贝尔斯（Jaspers, K. T.）将洪堡的通识教育思想发展得更为明晰，他认为通识教育以培养"整全的人"（Allgemeinmenschen）来传授整体性知识为主要内容的整体教育，通过"激发学生对真理的'同一性'的求知欲，使学生掌握整体性知识，加强学科之间的融通，促进真理的发展"（雅斯贝尔斯，2007: 104-105）。毫无疑问，这里的知识指的是纯学术的知识，与任何专门知识无关，更遑论面向"应用"的知识了。正如英国著名教育学家克拉克（Clark, B. R.）在后来所做的进一步阐述，洪堡眼中的学术研究不是单单记忆或掌握某种知识，而是一种探索的过程（a process），是一种建构在习得方法（an approach to learning）、心理态度（an attitude of mind）与思维能力（a skill and a capacity to think）之上的"综合形式训练"（formal discipline theory）（Clark, 1984: 33-34）。

4.2.2 工程教育正式化的溯源

工程教育最初的雏形是在劳动与技术活动出现后的原始技术教育，技术几乎与劳动一样，伴随人类历史的发展绵延至今，二者具有相互依赖的关系（包国光，2002: 56）。在初期，人类通过双手劳作，慢慢发展到使用工具，进而到操作简单机械（如杠杆、滚石）。人类出于自身发展的需要，会将劳动经验，特别是工具与机械的制造、使用方法传授给下一代，这就是技术教育的"最初形态"（方鸿志，2009: 38），也可算作工程教育的源头。

随着人类社会的发展，工程技术不断积累，使得工程教育越来越呈现出其独有的特质：工程相关与系统化。工程教育以解决工程中的实际问题为导向；它的形式不再是零散的、多解的经验知识，而往往以图纸和计算等形式系统、精确地呈现。在欧洲，系统化工程教育则可以追溯至古希腊时期以建筑工程师（architekton）为代表的工程技术人才，柏拉图（Plato）在《高尔吉亚篇》（*Gorgias*）中就已经对工匠和工程技术人员之间做了明确的区分。他认为，工程师应掌握一门专业知识，并能在应用知识的过程中对其加以拓展，弄清楚来龙去脉（转引自：Segal, 1962）。到了中世纪，在拉丁文中，首先从 *ingenium*（思想，思维）一词中派生出另一个词 *ingeniator*，用以指代那些"专门制造阵地武器（Stellungswaffe）的专家"（Binding, 2004: 88），而后又通过法语词 ingénieur 传入，变成德语词 Ingenieur，意思逐渐从"军事工程师"转变为表示那些"可以解决工程技术问题的人员"，虽然"职业生涯不确定的"，但是"工程师"作为一种正式的职业被当时的社会所承认（Kaiser & König, 2008: 71-72）。值得注意的是，几乎在同一时代意大利、法国的中世纪大学中，都出现了"自由专业"（profession libérale）这一说法，是指根据适当资格（qualification）以个人身份（à titre personnel）、自行负责（propre responsabilité）、专业独立（de façon professionnellement indépendante）和符合公共利益（qui répond à un intérêt général）的相关职业（CNRTL, 2017）。最主要的三个专业为神职、医学和法律，这三种职业资质的获得需要通过大学学习，因而被称为"学出来的专业"（learned professions）。大学的职能得到进一步的扩展，成为一种社会必需品（包尔生，2009: 111）。

18 世纪，工业革命的火种渐渐从英伦半岛蔓延到了欧洲大陆，技术的革新使得工程教育的地位达到了无可比拟的空前高度。在当时的德意志帝国的萨克森公国中，外号"强力王"（der Starke）选帝侯奥古斯特二世（August II）效仿法国，在炮兵部队中以单独授课的方式分选、培养出一支工程师队伍。这支队伍不仅承担军事任务，也服务于一些民用建筑活动（Beckmann, 1780: 141）。18 世纪中期，一些旨在培养国家技术官员的矿业学校（Bergschule）和矿业学院（Bergakademie）在各地成立，课程涵盖数学、科学、技术基础以及采矿和冶金方面的知识。比如在 1765 年，时任萨克森公国矿务总长（Generalbergkommissar）的海涅茨（Heynitz, F. A. v.）联合弗莱贝格市矿务局局长欧佩尔（Oppel, F. W. v.）向当时公国的选帝侯约翰一世（Johann Nepomuk Maria Joseph Anton Xaver）建言，提议在弗莱贝格市创建一所以地矿学为主要特色的学校，很快就得到了后者的采纳。同年 11 月 21 日，弗莱贝格矿业学院（Bergakademie Freiberg）正式成立了。在弗莱贝格矿业学院创办初期，其培养人才的目标沿袭了当时技术培训学校的传统——为国家培养具备专门采矿、冶金技术背景的官员（Ausbildung von Berg- und Hüttenbeamten），而非普通的技术人才（Wissenschaft vor Ort，2007: 205-208）。1799 年，普鲁士公国仿照法兰西帝国巴黎桥梁和道路学校的模式在柏林成立了柏林建筑学院（Königliche Bauakademie zu Berlin），并在后者的基础上发展出了今天的柏林工业大学。

4.2.3 工程师群体的兴起和专业组织的出现

到了 19 世纪上半叶，当时的德国处于经济社会的转型期。作为后起的资本主义国家，德国的实力得到了极大增强，人口总量从 1825 年的 2800 多万快速增长到 1850 年的 3300 多万，科学技术也进入了蓬勃发展的快车道。快速的发展也带来了许多问题：大批贫困地区的流民涌入城市及其郊区，迫切想要寻得一份安身立命的工作；与此同时，出于扩大市场和产能的需求，大批工厂和企业用大机器生产代替传统的作坊生产。这一情况导致工程人才短缺，即使开出普通工人收入 10 倍的工资，也难以招到合格的工程师（Anonymous, 2022）。为解决这一问题，普鲁士改革派官员博伊特（Beuth, C. P. W.）在柏林创办了"皇家工业学院"（Königliches Gewerbe-Institut）。为了支持该校学生的培训、学习和研究活动，以厄勒（Euler, F.）为首的几位学生于 1846 年成立了一个学徒俱乐部，名为"皇家工业学院生徒协会"（Verein der Zöglinge des Gewerbeinstituts），后改名为"茅舍学术协会"（Akademischen Vereins Hütte e.V.）。在"茅舍学术协会"这样一个松散联合的组织中，成员的需求不再局限于知识传播与交流，而扩散到更为广阔而具体的范畴，如支持工程人才供需流动、推进技术应用与技术社会化、资助技术科学研究、制定技术规则等众多方面，该协会日后也成了柏林工业大学的前身机构之一（王兆义，2022: 33）。

1856年5月，适逢"茅舍学术协会"成立10周年庆，第一批会员大多已成长为著名的工程师和实业家，厄勒本人也接手了吉南特冶铁公司（Gienanthschen Eisenwerk），在社会上的影响力一时无二。在"茅舍学术协会"的长期浸润以及在创办实业的过程中遇到的各种问题，促使厄勒重新思考成立一个具备更多职能的机构。他联合其他会员，总计20人，经过精心策划，在温泉城哈尔茨（Hartz）正式成立"德国工程师协会"。至1895年，德国工程师协会的会员已由成立初期的170多人猛增至10231人，到1900年甚至超过了15000人（Heuser & König, 1981: 559-562）。由于德国工程师协会不仅重视工程知识和传播，还积极保护工程师的权益，专门设置"德国工程师救助基金"（Hilfskasse für deutsche Ingenieure），为那些遭受重大意外的工程师及其家属提供救助，因此受到了广大工程师群体的热烈拥戴，在工程师群体中获得了巨大的影响力。

由于德国工程师协会的会员都是各领域的技术专家和技术翘楚，在这几十年里，他们代表协会推动各类专业机构的设置和成立。例如，1866年由德国工程师协会参与成立的"蒸汽锅炉监测协会"（Dampfkesselüberwachungsverein），后来发展成为享誉全球的"技术检验监督协会"（Technischer Überwachungs-Verein, TÜV），是世界上规模最大、最古老的技术检验机构。1877年，德国工程师协会作为主要的牵头单位起草了德国首部专利法案，其中的"专利撤回"和"强制许可条款"等原则一直延续到了德国现行的专利法中。通过这些行动，德国工程师协会以良好的组织方式帮助工程师们，以打造"技术共同体"的形式进一步聚合在一起，同时，在社会公共事务中，工程师群体成为"非政府式讨论"（non-governmental discussion）的行动主体，并逐渐取代旧式贵族和官僚，成为社会精英（Seckelmann, 2003）。

经过100多年的发展，时至今日，德国已成为一个名副其实的"工程师大国"，仅具备"工程师"称号且从事相关工程职业的人就有110多万（Bundesagentur für Arbeit, 2019: 4）。而工程师协会这一专业组织目前拥有超过13.5万名活跃会员，1.2 万名志愿者，是德国极具影响力的技术与科学注册协会之一，也是世界上最大的技术科学团体之一。德国工程师协会总部设在德国北威州杜塞尔多夫市，在全德拥有 45 个地区分会和 100 多个分支机构。从协会初创时期的发展历程来看，其与工程教育的发展息息相关；从机构属性来看，德国工程师协会脱胎于教育机构，这些教育机构培养出来的技术精英也是工程师协会的领导骨干，其松散联合的机构组织架构与一般性的学术机构高度相似；从机构行动的指向来看，技术知识的传播和技术规则的制定构建了现代技术教育在教学内容（理论学习+实践教学）和组织方式（面向工程实际+企业参与）等方面的基本形态。德国工程师协会与工程教育的发展具有同步性：一方面，它作为重要的参与者推动了工程教育的正式化和组织化；另一方面，工程教育从专业教育向高等教育、普通教育、职业教育等全领域的延伸，使得工程师协会发展所遵循的技术路线更为明晰，同时也进一步提升了工程师协会的社会影响力。

4.2.4 时间线索下的"应用功能"溯源

承上所述，从时间线索上看，工程教育的发端早于学术教育，而教育尤其是高等教育的学术性特质和应用性特质几乎产生于同一时代，随着技术与社会的进步也呈现出同步发展的态势，图 4-1 尝试将二者在不同时代的"标志事件"置于同一条时间线上。可以看出，18 世纪以来，学术性特质和应用性特质的标志溯源事件相互交叉重叠，呈现出同源性特征。许多过往的研究往往将学术和研究作为现代大学的"原始属性"，而忽视了其应用属性，甚至还造成二者的对立。而包尔生（Paulsen, F.）早在 1902 年出版的《德国大学与大学学习》一书中就指出，任何教育机构的产生和发展是由"社会需求催生"的，更是由不断发展的"实践、技术"催生的。大学作为社会公共事业的必需品，在中世纪出现首先就是为了因应"对教师进行专业教育的需求"，而 19 世纪出现的工业大学则是"新兴高等教育机构中最优秀的代表，它们在组织机构和课程机构方面，与古典大学有着更大的相似性"（包尔生，2009: 113）。由此，我们可以基本认定，应用性特质与学术性特质一样，都是大学的"原始属性"，而非"后天形成"的。随着技术在人类社会的发展越来越发挥出主导作用，高等教育学术性和应用性特质的结合就更为紧密，应用科学大学的出现正是这种结合趋势的自然产物。

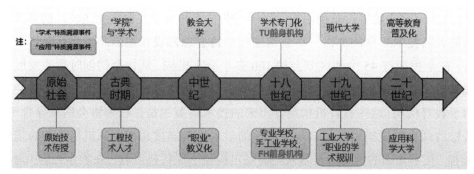

图 4-1　高等教育学术性特质与应用性特质溯源时间线

　　上升至文化与理念的层面，工程教育的发展使得工程师作为一个职业群体获得社会的身份认可。同时，出于学校教育的系统化，工程师群体面临的知识体系和价值体系也逐渐呈现出系统化和可转移化。在工程师群体的内部，一种围绕技术生发的亚文化形态得以出现。久而久之，这种具备德国文化基因的思维方式深入人心，成为德国应对世纪挑战的软实力，这种软实力也帮助他们获得源源不断的核心竞争力——创新能力。它伴随着德国工业化的进程，围绕着技术与机器、企业与生产形成了一整套行为规范和价值认同，引导并支持企业生产和技术改进，同时支配着相关人员的行为，我们可以将其称作技术文化（陈洪捷，2021）。这里提及的技术文化属于一种亚文化形态，它与以往文献中出现的"技术文化"在主体上有所区别，它不再是以"文化形式"为主线的技术文化，而是以"技术范式"为主线的技术文化。技术不仅仅是在生产实际中解决问题的工具，更成为一种生活方式和行为方式，在德国社会中产生了重要影响，由此产生的技术文化进一步影响了德国乃至世界现代文化的内核。在德国工业化进程实现从追赶到领先的"特殊路径"（Sonderweg）中（Hinde, 1998: 934），技术的传播与发展为技术中心向德国转移和驻留提供了种子和秧苗，而技术规则的主导和制定又犹如为这些"种子"的生长量身定制出匹配的种植方案，而营造技术发展的土壤等外部条件则需要工程师协会在前述组织宗旨和使命的基础上实现其功能的拓展。德国工程师协会的教育参与正是回应技术文化时代命题的必然之举。作为技术文化的重要行动者，德国工程师协会以其教育参与实现其教育功能，而文化功能的达成是以教育功能的实现为前提的。从具备学术特质的专业团体到推进技术文化的行动者，德国工程师协会通过具有显著行动导向特征的教育参与，将技术社会中的所有利益共同体紧密联结在一个"交往场域"中

（Wollstein, 2020），建立各方的理解和信任，从而降低信息壁垒和博弈带来的不确定性。这既是对历史的继承，也是技术文化视角下来自时代的呼唤。

4.3 前身学校溯源

4.3.1 古老的"新型学校"

从溯源上看，德国应用科学大学虽然被称为"新型大学"，但事实上，不止一所应用科学大学的前身机构可以追溯到 18—19 世纪。根据德国大学校长联席会议网站公布的数据，有 25 所应用科学大学的建校年份（Grüdungsjahr）都在 1700—1899年之间，如创立于 1710 年的奥格斯堡应用科学大学（Hochschule für angewandte Wissenschaften Augsburg）、创立于 1776 年的施瓦本格明德造型设计应用科学大学（Hochschule für Gestaltung Schwäbisch Gmünd）、创立于 1804 年的魏恩施蒂芬-特里斯多夫应用科学大学（Fachhochschule Weihenstephan-Triesdorf），以及创立于 1808 年的吕贝克应用科学大学（Fachhochschule Lübeck）等（见表 4.1）。鉴于此，奥格斯堡应用科学大学也被称为"最古老的应用科学大学"。

表 4.1　创立于 1700—1899 年的德国应用科学大学及其溯源机构[①]

序号	学校名称	创立年份	学校性质	前身学校和机构的中文与德文名称
1	奥格斯堡应用科学大学	1710	公立	帝国自由城艺术学院 Reichsstädtische Kunstakademie Augsburg
2	施瓦本格明德造型设计应用科学大学	1776	公立	施瓦本绘画学校 Zeichenschule
3	魏恩施蒂芬-特里斯多夫应用科学大学	1804	公立	魏恩施蒂芬公国中央苗圃学校 Kurfürstliche Centralbaumschule Weihenstephan
4	吕贝克应用科学大学	1808	公立	吕贝克航海学校 Navigationsschule
5	科堡应用科学大学	1812	公立	市政建筑学校 Private Schule für bürgerliche Baukunst
6	格奥尔格·阿格里柯拉应用科学大学	1816	私立	波鸿矿业学校 Die Bochumer Bergschule

①根据相关学校官网有关信息编制。

续表

序号	学校名称	创立年份	学校性质	前身学校和机构的中文与德文名称
7	纽伦堡应用科学大学	1823	公立	纽伦堡市立综合技术学校 Das Städtische Polytechnikum
8	艾伯瓦尔德应用科学大学	1830	公立	林业高等学校 Höhere Forst Lehranstalt
9	斯图加特应用科学大学	1832	公立	建筑冬季学校 Winterschule für Bauhandwerker
10	汉堡社会事务及福音应用科学大学	1834	教会	汉堡兄弟会 Brüderanstalt
11	弗雷森纽斯应用科学大学	1848	私立	弗雷森纽斯化学实验室 Das Chemisches Laboratorium Fresenius
12	富特旺根应用科学大学	1850	公立	巴登公爵钟表学校 Großherzogliche Badische Uhrmacherschule Furtwangen
13	罗伊特林根应用科学大学	1855	公立	罗伊特林根纺织学校 Webschule Reutlingen
14	米特韦达应用科学大学	1867	公立	米特韦达技术学校 Technicum in Mittweida,Technikum zu Frankenberg
15	埃斯林根应用科学大学	1868	公立	皇家建筑学校机械学院 Maschinenbauschule an der Königlichen Baugewerkeschule
16	达姆施塔特应用科学大学	1876	公立	达姆施塔特土地与城建学校 Landesbaugewerkschule Darmstadt
17	普福尔茨海姆应用科学大学	1877	公立	普福尔茨海姆公爵艺术职业学校 Die herzogliche Kunstgewerbeschule
18	罗伊特林根神学高等学院	1877	教会	福音派牧师学校 Das Predigerseminar der Evangelischen Gemeinschaft
19	卡尔斯鲁厄应用科学大学	1878	公立	巴登公爵建筑学校 Großherzogliche Badische Baugewerkeschule
20	埃尔斯塔尔神学高等学院	1880	教会	福音与牧师学校 Missions- und Predigerschule
21	弗伦斯堡应用科学大学	1886	公立	丹麦皇家航海学校 Königliche Dänische Navigationsschule
22	多特蒙德应用科学大学	1890	公立	皇家机械工匠学校 Königliche Werkmeisterschule für Maschinenbauer

序号	学校名称	创立年份	学校性质	前身学校和机构的中文与德文名称
23	宾根应用科学大学	1897	公立	宾根技术学校 Rheinische Technikum Bingen
24	茨维考应用科学大学	1897	公立	茨维考工程师学校 Die Ingenieurschule Zwickau
25	曼海姆应用科学大学	1898	公立	曼海姆工程师学校 Ingenieurschule Mannheim

如果以 1969 年"应用科学大学"(Fachhochschule)正式被写进德国"高等教育框架法"为时间节点,在此阶段就已存在的学校有 50 所,约占德国应用科学大学总数(2017 年为 218 所)的 23%左右,这些学校经历了一系列的改制或扩建才被重新命名为"应用科学大学",其余则均为新建院校。这些"前身机构"经过数百年的演进和发展,不但得到了各应用科学大学官方的承认和社会认可,还以各种形态保存在各所应用科学大学的办学特色和院校属性中,使办学历史成为"仍然产生着影响的历史",从而可能对学校定位的形成与发展产生重要的影响(Rüsen、袁剑,2011)。

许多学校的网站上都详细描述了本校的创办史,并越来越重视这些"前身机构"与自身的关系,如果将此置入德国应用科学大学与综合性大学资源竞争的大背景下,不难发现,应用科学大学对其历史的回溯建构在其对自身定位及其要求与综合性大学"同等对待"的声索上。

4.3.2 前世今生——奥格斯堡应用科学大学的溯源

1674 年,神圣罗马帝国已徒有空壳一具,被奥地利哈布斯堡王朝把持,昔日无比荣光的神圣罗马帝国自由城市奥格斯堡(Augsburg)尚未从旷日持久的三十年战争中恢复元气,甚至一度被瑞典军队占据。德意志众邦国的人口锐减了 20%以上(Wilson, 2009: 787),经济和社会发展一蹶不振,德意志民族何去何从不得而知。诗人席勒(Schiller, J. C. F. v.)后来在《三十年战争史》一书中也大放悲声:"德意志?它在哪里?我找不到那块地方。"(席勒,2009: 10)在若干历史时代,德意志民族在遭遇困境时往往通过教育找到解决问题的突破口,这一次也不例外。画家桑德拉特（Sandrart, J. v.）[①] 从意大利旅居后来到奥格斯堡，踌躇满志，决定以举办学校、著书立传的方式为德意志文化艺术的起死回生提供"土壤"（Pflanzstätte）。学校以桑德拉特私人名义成立，只招收少量的学徒和艺术爱好者。1710 年，在桑德拉特的学生穆勒（Müller, J. S.）的努力推动下，学校终于得到官方的承认，并冠名为"帝国自由城艺术学院"（Reichsstädtische Kunstakademie），由奥格斯堡市政官任命首任校长。1806 年，学院被巴伐利亚公国（Königsreich Bayern）收为国有。到了 1870 年前后，学校更名为奥格斯堡皇家工业学校（Königliche Industrie Schule），办有机械、化工与土木 3 个专业，课程总计 38 门。包括旁听生在内，有 66 名学生在校学习，其中就有大名鼎鼎的狄赛尔（Diesel, R.）[②]。而正是这所学校成为如今奥格斯堡应用科学大学（Hochschule Augsburg）的前身，奥格斯堡应用科学大学才能被认为是"历史最悠久"应用科学大学。这样一来，虽然与综合性大学相比——如德国最古老的海德堡大学（Uni Heidelberg, 1386[③]），相差好几个世纪，但是几乎与许多其他德国综合性大学，尤其是工业大学的历史一般无二。

4.3.3　前身学校的内核特征

通过这些前身机构可以发现，许多学校仍然保留了创立初期时的学校性质和特色专业。教会学校一直保留着教会的属性，专业的设置也依循宗教事务随着社会发展而出现的新需求而进行；基本上所有的学校仍然保留着前身学校的专业并以其为自身最重要的特色，如吕贝克应用科学大学在航海领域的人才培

---

①桑德拉特，1606—1688，德国巴洛克艺术历史学家、画家，著有《德意志艺术家列传》（*Teutsche Academie*）一书。见 Reichsstädtische Kunstakademie. Augsburg[EB/OL]. (2019-08-20) [2022-10-10]. https://www.augsburgwiki.de/index.php/AugsburgWiki/Reichsstaedtische Kunstakademie.

②狄赛尔，1858—1913，出生于法国巴黎，是柴油机的发明人，被誉为柴油机之父。德语的"柴油"一词，就是从他的名字而来的。1870 年，为了躲避普法战争带来的战乱，狄赛尔被送到其叔叔任教的奥格斯堡皇家工业学校机械专业就读，并于 1872 年以全校最优异的表现毕业，获得"机械工程师"的职业资质。从 1893 年起，狄赛尔根据"定压膨胀原理"，几经试验与改良，终于设计出世界上第一台单缸四冲程柴油机。这些柴油机被称为"改变人类工业文明进程的伟大发明"。也正是因为他的盛名，该校曾于 20 世纪 50 年代先后以"鲁道夫·狄赛尔土木建造与工程师学校"（Rudolf Diesel Bau- und Ingenieurschule der Stadt Augsburg, 1951）与"鲁道夫·狄赛尔多科技术学院"（Rudolf Diesel Polytechnikum der Stadt Augsburg, 1958）命名。

③这里指建校时间，下同。

养方式在德国乃至欧洲都具有一定的影响。另外值得注意的是，许多学校的前身机构并非从一而终或呈断代孤存的，而是随着时代的发展不断地改名、扩充。例如，前述奥格斯堡应用科学大学的前身机构就有 8 个之多，分别为帝国城市艺术学院（Reichsstädtische Kunstakademie Augsburg, 1710）、皇家综合技术学院（Königliche Polytechnische Schule, 1833）、皇家工业学校（Königliche Industrie Schule, 1870）、奥格斯堡专门职业学校（Gewerbliche Fachschulen der Stadt Augsburg, 1912）、鲁道夫·狄赛尔土木建造与工程师学校（Rudolf Diesel Bau- und Ingenieurschule der Stadt Augsburg, 1951）、鲁道夫·狄赛尔多科技术学院（Rudolf Diesel Polytechnikum der Stadt Augsburg, 1958）、高等艺术及应用图像学校（Werkkunstschule, Höhere Fachschule für angewandte Grafik und Malere, 1961），以及奥格斯堡国立应用科学大学（Staatliche Fachhochschule Augsburg, 1971）。这些前身学校带有不同的时代印记，与所处时代推行的教育改革密切相关。从 18 世纪初为了促进采矿业发展而出现的培养专业技术与管理人才的专业学校，到 19 世纪末为了适应机器大生产而出现的"双元制"人才培养模式的雏形，再到 20 世纪 60 年代为了应对大工业生产流程的需要而出现的应用科学大学初创体，在不同的时代，这些前身学校均呈现出这一特征。除了这些时代印记，这些学校从诞生起就一直将基于属地区域和培养应用型人才作为自身的内核特征，也恰恰是这两项内核特征，方才建立了今天的应用科学大学和它们的前身学校之间的历史关联。

4.4　应用科学大学诞生的社会文化背景

尽管应用科学大学在德国的出现有其历史的必然，但它诞生于独特的社会文化背景之中。20 世纪 60 年代，美苏争霸中两种政治体制和意识形态的碰撞正酣，在西方社会，教育领域也掀起了一股猛烈的革新之风，传统大学的精英地位受到了极大的挑战。在德国，经济发展遇到了瓶颈，出现了生产过剩的危机。一方面，综合性大学的毕业生在就业市场中的求职机会锐减，"毕业即失业"的状况层出不穷，泰西勒将这类人称为"学术无产阶级"（das akademische Proletariat）（Teichler, 1974: 200）；另一方面，技术工人严重短缺，教育供给与需求处于严重失衡的状态，这也立刻引起了经济界和教育界的警醒。

4.4.1 "斯普特尼克 1 号"与"德国教育的灾难"

20 世纪 50 年代中后期，随着苏联内部赫鲁晓夫掌权并提出"和平共处""和平竞赛"和"和平过渡"的"三和政策"，美苏冷战进入了相对缓和期。以"北约"为首的西方社会也开始逐渐增进对苏联社会的了解，关注的焦点也从军事和政治方面扩散到文化、教育等多个领域。1957 年 10 月 4 日，苏联在事先未预告的情况下突然宣布成功向太空发射了人类历史上第一颗人造卫星，命名为"斯普特尼克 1 号"（*Sputnik 1*，俄语原文为"同路人"之意）。这一事件震惊了整个西方社会，被称为"斯普特尼克休克"（Sputnikschock），并引发了对其教育理念、教育结构的深刻反思。在美国，当时的艾森豪威尔（Eisenhower, D. D.）政府立刻认识到了原先"重科学，轻技术"的教育政策的不足[①]，立刻对教育政策采取了相应的调整，扶持工程教育在美国的发展，包括给国家科学基金会（National Science Foundation）增加 3 倍的预算（达到 1.34 亿美元）、提供 2 万个奖学金名额、推进师资培训以及资助建设新型院校等（Stine, 2009）。

当时的联邦德国，面对民主德国的"老大哥"苏联所取得的惊人成绩，在震惊之余更增添了几分不甘。"斯普特尼克 1 号"在太空中发出的无休止的"哔哔"信号声，通过收音机的频段进入千家万户，始终回响在许多联邦德国人的心头。20 世纪 60 年代，在联邦德国内部开展了关于教育方针的大讨论。1964年，德国哲学家、海德堡大学神学院教授皮西特（Picht, G.）在《基督与世界》（*Christ und Welt*）杂志上发表以《德国教育的灾难》为代表的系列文章，痛陈德国教育的种种弊病，如对教师的培养不够、缺乏应对社会最新发展需求人才培养等等，更深刻地指出教育理念的落后源于社会治理中对教育的认知不足（Unser sozialpolitisches Bewußtsein ist womöglich noch rückständiger als unser Bildungswesen），德国的教育急需着眼长久的宏观规划（Picht, 1964: 7-8）。皮西特的论述在德国社会引发了巨大的反响，也得到了联邦德国政坛的积极回应，甚至还引发了民主德国在这个问题上的讨论。1965 年，时任民主德国社会统一党（Sozialistische Einheitspartei Deutschlands, SED）中央委员会科学部主任的霍尼希（Hörnig, J.）出版了《民主德国社会主义建设中的若干问题》一书，指出促进

---

①当时的报告显示，苏联彼时工程师的数量达到了美国的 2 到 3 倍，见 Creagh, E. Nixon Seemed More Concerned over Sputnik Than President. Hrsg.: Rome News-Tribune[EB/OL]. (1957-10-17) [2020-05-11]. https://surveillancevalley.com/content/citations/ed-creagh-nixon-seemed-more-concerned-over-sputnik-than-president-associated-press-17-october-1957.pdf.

科学技术快速发展的要务是"加速培养有资质的高校毕业生"（Lambrecht, 2007: 475）。这一观点暗合了皮西特对联邦德国教育状况及未来发展使命的判断，也为民主德国采用苏联多科技术学校的模式培养应用型人才打下了政策基调。

4.4.2 "达伦道尔夫计划"

1965 年，作为对皮西特观点的回应，著名的左翼社会学家达伦道尔夫（Dahrendorf, R.）先是以随笔的形式在《时代》（*Zeit*）杂志上发表系列文章，而后于 1966 年结集成册，出版了《教育是公民权：积极教育政策的呼吁》一书（Wrase, 2019）。达伦道尔夫认为，随着社会的进步，个体权力逐渐走向社会治理舞台的中央，德国古典大学理念中的"寂寞、自由、科学"（Einsamkeit Freiheit und Wissenschaft）等元素受到了来自现实的挑战，"培养科学人才"不再等同于洪堡笔下的"通过科学教养人才"（Bildung durch Wissenschaft），高等学校要将自己的中心任务定位到培养更多的专业人才上来，高等教育机构应当积极面对其扩展（Bildungsexpansion）的现状（Dahrendorf, 1968: 113）。因此，要在结构层面（Gliederung）上对德国高等教育的体制进行"彻底改革"（radikale Reform），这一呼吁得到了联邦和地方层面以及学界和教育界的积极回应（Nugent, 2004: 81-82）。1967 年，身为巴登-符腾堡州（Baden-Württemberg）改革委员会主席的达伦道尔夫以其为蓝本起草了相应的改革方案，而该州文化部便以达氏姓名冠名并正式发布，称为《达伦道尔夫计划》（*Dahrendorf-Plan*）。该计划主张教育是公民的权利，国家应该实施积极的教育政策，通过教育普及化使更多学生在短时间内获得更优秀的学历。《达伦道尔夫计划》成为联邦德国政府进行教育体制改革的基础性建议书，同时也成为德国国家层面的整体教育方案。更值得注意的是，《达伦道尔夫计划》第一次提出将工程师学校及其他同等类型学校纳入高等教育系统，将其称作"应用科学大学"（Fachhochschule）。而作为综合性大学与应用科学大学之间的衔接机构，"综合高校"（Gesamthochschule）也被列入《达伦道尔夫计划》中，成为关键的政策角色之一（Holuscha, 2013: 77）。《达伦道尔夫计划》受到了联邦德国各州的普遍关注，并逐步成为联邦德国此时高等教育改革的"标准文本"，在柏林、黑森州（Hessen）及北威州等地率先开启了改革尝试。

4.4.3 学生运动——"结束权威统治和依附关系"

受到英美国家左翼思潮运动的影响，20 世纪 60 年代在德国同样也爆发了以反核和性解放为代表的大规模学生运动（Studentenbewegung）。大学生们纷纷自发停课，走上街头，表达自己的政治诉求。学生们的抗议和游行也得到了当时许多教授的支持，于是学生运动很快就蔓延到了高等教育改革的议题上。1962 年，联邦德国的德国社会民主党（Sozialdemokratische Partei Deutschlands, SPD）的青年组织德国社会主义学生联盟（Sozialistische Deutsche Studentenbund, SDS）发布了一份德国高等教育调查报告，针对德国高等教育的种种弊病进行了猛烈抨击。内容主要包括：1）高等教育已退化为"实际的技能培训"（bloße Ausbildung von Know-how）；2）高校的校务委员会（Hochschulgremien）已成为"寡头机构"（oligarchische Ordinarien），没有学生参与发声；3）学校（院）的规制（Institutsdisziplin）仅仅服务于经济和产业界的需求；4）大学课堂沦为"录取即止、思想固化"（Aufnahme fertig bearbeiteter Denkresultate）的思想坟场，学生仅仅是为了获得从事学术活动的"资格证书"（Berechtigungsschein）。他们举着各式大字标语，高呼"结束（大学中的）权威统治和依附关系"（Aufhebung aller sachfremden Herrschaftspositionen und Abhängigkeitsverhältnisse），要求加强大学内部的民主自治（Gilcher-Holtey, 2001: 20-22）。

随着学生运动的不断深入，各地相应出现了响应和串联，学生运动开始由综合性大学向其他学校扩散。从 1966 年 4 月开始，北威州的一些学校，如高等经济专业学院（Höhere Wirtschaftsfachschule）和工程师学校（Ingenieurschule）的学生及教师也加入了游行和抗议的队伍。他们除了表达对前述学生运动的支持外，还提出了自己的诉求。内容主要包括：1）提高入学条件（Anhebung der Eingangsvoraussetzungen）；2）将上述几类学校明确归入高等学校序列（Eindeutige Zuordnung zum Hochschulbereich）；3）同等学术性（Rechtfähigkeit der Akademie）；4）同等大学生身份（Rechtfähigkeit der Studentenschaft）（Mayer, 1996: 117）。这些学生在抗议时采取了务实灵活的策略，始终与教师站在同一阵线，提出共同愿景。他们巧妙地运用媒体等公共资源，将自己的个体诉求与所在学校的发展诉求进行充分结合，并以相对平和的方式表述出来。在当时平权思维[①] 激进无

---

①英国著名社会学家吉登斯（Giddens, A.）在《全球时代的欧洲》（*Europe in the Global Age*）一书中将其称为"社会公正"（social justice）或"新平等主义"（new egalitarianism），指代尽可能促进平等与不断提高经济发展动力相结合的政策导向。见吉登斯. 全球时代的欧洲[M]. 潘华凌，译. 上海：上海译文出版社，2015: 2, 237. 本书沿用吉登斯的意蕴，统称为"平权思维"。

比的社会氛围中，他们快就获得了社会大众的广泛支持，进而得到政府部门的积极回应。在某种程度上，相较于综合性大学学生中提出的种种"高出天际"的诉求，以工程师学校为代表的学生诉求则更为具体和实际，而且始终立足在可达致、可解决的现实问题上；尽管前者的呼声很大、规模空前，但德国高等教育改革却最先开始于应用科学大学的提出、设立和定位上，而改革最直接的"受益者"就是这些学生——他们获得了同等大学生身份，在工作中待遇得到了很大提高——最为重要的是，借此，这一具备特定专业技能的工程人才群体，得以在社会改革、社会运动的进程中占据不可或缺的显著位置。

更为重要的是，尽管学生运动仍然将马克思、巴枯宁（Bakunin, M. A.）等早期无产阶级革命理论者的文本作为行动纲领，但充当运动主体力量的不再是传统的产业无产阶级，而是作为全新社会力量出现的青年学生。他们身上集中承载着资本主义积累整合发展后的使命和希望，随着知识经济的不断成长，他们逐渐被推向了社会的中心，其中的许多人后来成为主流社会和精英治理的中坚（许平，2008），对高等教育的平权发展以及西方社会当代价值观的形塑产生了深远而又关键的影响。德国哲学家吕伯（Lübbe, H.）将这场学生运动称为引发德国高等教育体制改革的"神话"（Mythos）。那些原本传统模式下对大学治理有决定性影响力的大学教授（Ordentliche Professoren），在社会政治中的单独号召力反而下降了，而越来越借助于"集体大学"（Gruppenuniversität）的形式发声（Führ & Furck, 1998: 17-18）。平权思维也为应用科学大学日后要求获得博士授予权、开展科研等方面的"同等发展权"持续提供社会道义上的伦理支持。

4.5 小 结

对德国应用科学大学从理念到机构的溯源显示，德国应用科学大学在日后的产生与发展有其深厚的历史逻辑。从理念上看，德国应用科学大学根植于职业教育和工程教育的肇端，是二者发展到特定历史时期的必然产物；从机构上看，德国应用科学大学与德国的工业大学同源同步，很早就具备并进一步形塑了高等教育的属性。同时，应用科学大学从溯源开始就已经呈现出独特的内核属性。如果说工业大学及其前身机构主要是为培养当时国家层面所需的上层技术官员，那么应用科学大学的前身往往是面向更广阔的普罗大众，面向本区域内的经济社会发展需求，培养专门的中层技术人才。在特殊的历史情境和社会文化氛围的催化下，应用科学大学在德国可谓是"呼之欲出"，带有强烈的"解决方案"之色彩。随着社会治理从精英化向平权化过渡，中产阶级的地位日益提升，高等教育逐渐进入大众化和普及化的进程。应用科学大学的出现顺应了历史发展的潮流，在教育系统层面上很好地衔接了高等教育和职业教育，在社会治理层面上打通了精英治理和中层平权之间的通道。

以本章的结论作为研究德国应用科学大学的认识论基础，可以更准确地认识和了解德国应用科学大学产生后其定位的发展和演变。应用科学大学想过渡到"新型大学"（Neue Hochschule）的发展诉求，以及与综合性大学"平等对待"的政策诉求等种种标志性事件层出不穷，其中并不尽是风云诡谲的资源竞争和市场竞争，抑或对高等教育"传统"的挑战，而是富有历史维度底气的"声索"和"伸张"。也正是这些溯源机构的持续、不断迭代发展，才使得德国应用科学大学有了真正历史意义上的"根"（Wurzel），并帮助其在发展和演进的过程中建构/重构作为高等教育机构的属性和价值观反思（Ideologiekritik），甚至是哈贝马斯笔下的"自我反省"（Selbstreflexion）。可见，对德国应用科学大学背后蕴含的社会属性和文化属性进行溯源寻根式的分析，其中承载的知识社会学价值同样不可或缺①。

---

①哈贝马斯在其 1968 年出版的著作《认识与兴趣》（*Erkenntnis und Interesse*）中，将不同类型的"旨趣"（Interesse）作为人类知识的构成因素，分别为：经验—分析的科学、历史—解释的科学、社会—批判性的科学，这一观点同样被借用在了应用科学大学作为社会现象的研究中，见 Pahl, J. P. & Ranke, H. Von der Höheren Fachschule zur Fachhochschule[J]. *Entstehung und Etablierung einer Institution, die: hochschule*, 2019(1): 80-93.

第 5 章　德国应用科学大学办学定位的发展历程

德国应用科学大学的规模发展及其办学定位的形成和演变是在世界范围内高等教育大众化、普及化的背景下进行的。在宏观意义上，它沿着高等教育的发展逻辑和制度安排的主线，逐步走入高等教育的场域，并不断向综合性大学、工业大学等其他高等教育机构趋近发展。在微观层面，在上述的发展主线上，串联出一系列的"标志性事件"。这些"标志性事件"可以帮助我们更加清晰地认识德国应用科学大学定位的发展脉络和历程。本章将首先对德国应用科学大学办学定位发展的基本历程作简要概况，而再逐一呈现定位发展过程中的"标志性事件"，进而勾勒出这些"事件"彼此之间的逻辑关系，以及它们如何形塑德国应用科学大学定位的发展趋势。

5.1　基本历程概要

进入 20 世纪后，传统意义上在德国只有高等教育和职业教育。学生经过 4 年在小学的学习后，在 10 岁左右就开始了分流。在一般情况下，进入综合性大学学习的条件是通过文理综合考试。其他所有的职业资质方面的培训都来自职业教育领域。在过去，综合性大学和应用科学大学之间是相互独立的，而且没有过渡机制。随着工业化程度的提高，以及向服务业和信息社会的过渡，职业教育与继续教育领域的理论教学需求日益提升。为了保持国际竞争力，在 20 世纪 20 年代，德国经济界采取了培养有资质的产业工人的举措。这一举措在二战结束后得到了进一步的增强，这些产业工人在一定理论培训的基础上能够快速、有效地解决生产中出现的实际问题。在这个背景之下，德国就陆续出现了国家层面扶持的工程师学校（Ingenieurschule）、职业学院（Berufsakademie）和专科学校（Fachschule）。

到了 20 世纪六七十年代，联邦德国"经济奇迹"（Wirtschaftswunder）进入尾声，1966—1967 年还首次出现了战后生产过剩的危机，因此转变单边高速的经济增长方式，寻求社会改革成了当时社会的主题。在现实层面，社会对专业技术人才的需求继续激增，工业界在生产流程上的统一标准的需求逐渐转嫁到了人才培养模式上，要求学校能以一种标准化的、迅速提高学生解决实际问题能力的教学方式大规模地培养合格人才。而上述的各类学校无论从培养层次、培养质量和培养规模上都已无法满足社会的实际需求。1969 年，联邦德国各州政府颁布了相应的应用科学大学法（Fachhochschulgesetze），为应用科学大学的兴盛提供了制度保障。从 1972 年开始，以上述三类学校为基础，许多学校转型为应用科学大学；此外，联邦德国政府还资助新建了一批应用科学大学。

应用科学大学相应成立之后，对其在高等教育领域的定位也经历了一个较为曲折的过程。1968 年，联邦德国文教部部长会议达成决议并于次年发布，认定了应用科学大学在高等教育领域的独特定位（eigenständige Einrichtung des Bildungswesens im Hochschulbereich）（KMK, 1969）。在 1971 年的 10 月至 12 月，各州纷纷颁布了各自的"专业高等学校法"，这样，在德国便出现了一种法律意义上的新型高等教育机构。第一批建立的专业高等学校大约有 40 所。1972 年，当时的联邦德国大学校长联席会议决议，将 Fachhochschule 的英文名称定为 University of Applied Sciences，以便在国际上显示其高等学校的身份（Westdeutsche Rektorenkonferenz, 2017）。1976 年，联邦德国颁布的高等教育框架法中将应用科学大学纳入其职能范围（HRG, 1976），标志着应用科学大学在制度层面上正式被升入了高等教育范畴。1977 年，柏林应用科学大学的提普教授正式成为德国科学委员会的代表，意味着应用科学大学从当时的文化部序列（中小学教育事业归文化部负责）抽离出来进入了科研部序列，同时也明确了它的学术自治和教学、科研的自由（Holuscha, 2013: 414）。从那时起，"不同但等值"就常常用于表述德国应用科学大学与综合性大学在德国高等教育体系中的定位（Gellert, 1991）。

应用科学大学正式出现后，从总体上看它的发展历程基本可以分为四个阶段：1）早期阶段，在世界高等教育大发展的背景下，应用科学大学开始在德国通过由上而下的政策贯彻率先在经济发达地区成批次大量出现。2）扩展阶段，在前续政策的激励下德国应用科学大学开始由发达地区向欠发达地区扩散，同时专业规模和门类也不断扩充。在 20 世纪 80 年代末，由于受到两德统一这一重大突发政治事件的影响，原民主德国地区的以苏联模式为参照的多科技学学院（Polytechnische Schule）在极短时间内转制成了应用科学大学。3）博洛尼亚改革后的分化阶段，由于欧洲学分转换系统（ECTS）的引入和学位认定制度的统一，德国综合性大学与应用科学大学之间原有的 Diplom 及 Diplom（FH）差异逐渐被统一的三级学位制取代。一些规模较大、办学水平较高的应用科学大学开始向综合性大学看齐，走上学术化、国际化的发展道路。4）"新型大学"（Neue Hochschule）的深化阶段，在全球化背景下，德国应用科学大学的发展由个体特色发展转变为集中的"权益声索"，德国应用科学大学以"新型大学"自居，通过争夺博士授予权、集体更名等手段，要求与综合性大学同等对待，实现与其在资源、生源方面的同步竞争。

在发展规模上，如果对德国应用科学大学（包括其前身机构）在不同年代的规模发展进行数量上的统计和整理（如表 5.1 所示），就可以看出德国应用科学大学的大发展时期与其发展历程基本对应，主要有三段大发展时期：1）1970 年前后，主要是原有的工程师学校（Ingenieurschule）、职业学院（Berufsakademie）和专科学校（Fachschule）升格，以及新建而成的大批公立（staatlich）应用科学大学；2）1990 年两德统一期间，若干原民主德国地区的多科技学院转制为应用科学大学；3）进入 21 世纪以后，"博洛尼亚进程"正式进入实施阶段，大批的私立（privat）应用科学大学纷纷得以成立。"博洛尼亚进程"在很大程度上主导了应用科学大学的第三次大发展，其原因一方面是德国政府放松了长久以来"国家力量办高等教育"的政策传统，另一方面更为重要——民间资本看到了"博洛尼亚进程"背后的欧洲一体化带来的巨大机会和良好前景。在这个时期，私立应用科学大学数量出现了暴增。

那么，德国应用科学大学是如何在短短几十年内实现如此快速的规模发展的呢？显然仅仅从德国当下的高等教育制度安排很难一见端倪，我们需要以更宏大的历史视角去端详德国应用科学大学的形成史和发展史。而在历史的宏大叙事中，那些重大的标志性事件往往在其中发出最洪亮的声响。正如古罗马历史学家波里比由斯（Polybius）在《历史》一书中所言，"只有将各个（重大）事件与总体之间的联系解释出来，才有可能认识其全貌"（转引自：斯塔夫里阿诺斯，1999: 51）。因此，本书接下来将试图整理出德国应用科学大学发展中的标志性事件，并通过微观的笔触将其置于高等教育发展史的整体来考察，以期帮助我们更深入细致地认识应用科学大学定位嬗变的全貌。

表 5.1　不同时期德国应用科学大学（简称 FH）发展规模① 　　　（单位：所）

年代	公立 FH	私立 FH	教会 FH	合计
1710—1799	2	0	0	2
1800—1899	18	2	3	23
1900—1970	12	8	5	25
1971—1980	33	3	6	42
1981—1990	1	2	0	3
1991—2000	31	19	3	53
2001—2010	7	41	1	49
2011—2016	1	20	0	21
合计	105	95	18	218

5.2　应用科学大学定位发展中的标志性事件

5.2.1　"综合高校"——"卡塞尔模式"

在众多跃跃欲试的地方中，黑森州开启最早的尝试。1969 年，州政府牵头成立了跨部门的"卡塞尔大学工作组"（Arbeitskreis Universität Kassel）②，目的是在卡塞尔市建设一所"集成式综合高校"（eine integrierte Gesamthochschule）。1971 年 10 月 26 日，首批招生的 2913 名学生正式开学，并将同地区的"艺术人才学校"（Hochschule für bildende Künste）、"卡塞尔 / 魏岑豪森工程师学院"（Ingenieurschulen in Kassel und Witzenhausen）、"高级经济专科学校"（Höhere Wirtschaftsfachschule）与"学校及社会教育培训处"（die pädagogischen und sozialpädagogischen Ausbildungsstätten）等四所学校或机构成建制划入该校（Universität Kassel, 2020）。在"卡塞尔模式"（Kasseler Modell）中，学生可

① 根据德国大学校长联席会议 2017 年的统计数据（https://www.hrk.de/fileadmin/redaktion/hrk/02-Dokumente/02-06-Hochschulsystem/Statistik/2017-05-08_Final_fuer_Homepage_2017.pdf）及各学校网站有关信息整理。
② 1970 年经黑森州文教部部长弗雷德伯格（Friedeburg, L. v.）批准，工作组改名为"卡塞尔综合高校项目组"（Projektgruppe Gesamthochschule Kassel）。

以通过"普通高校入学资格（考试）"（Abitur）和"应用科学大学入学资格（考试）"（Fachhochschulreife）中的任意一种途径申请进入该校学习。

"分层学位制"（gestufte Abschlüsse）和"项目培养制"（Projektstudium）是"卡塞尔模式"的两大核心要素（Kluge et al., 1981: 26）。"分层学位制"是指经过 7—9 学期的理论学习和实践学习后，学生可以获得一个等同于学士学位的"第一阶文凭"（Diplom Ⅰ）；而后再经过 3 个学期的"专深学习"（Vertiefungsstudium），学生可以获得等同于硕士学位的"第二阶文凭"（Diplom Ⅱ）。而在"项目培养制"下，学生不再像从前在综合性大学中一样，教授教什么就得学什么，而是以专业知识构成的不同项目课程模块（Projekte）[①]为依据，从"课程池"中选择相应的课程，完成规定的学分即可毕业、获得学位（如图 5-1 所示）。

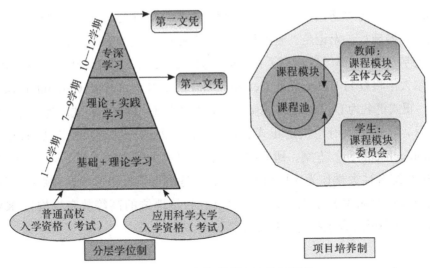

图 5-1 "卡塞尔模式"的基本要素

①课程模块中的具体课程由教师组成"课程模块全体大会"（Projektplenum）决定，而学生则组成"课程模块委员会"（Projektrat），对课程模块的财政分配有决定权。

作为一项系统性的教育体制改革，"综合高校"方案得到了北威州、巴伐利亚州（Bayern）等地方政府的响应，在"卡塞尔模式"基础之上，还发展出了"Y-模式"（Y-Modell）、"连续模式"（Konsekutivmodell）等，各州情况不一而足，但基本方案的框架则大同小异，不再一一赘述。从表面看来，"综合高校"方案是由一批教育学家和社会学家倡议的，充分考虑到了社会发展的现实状况，执行细节也不可谓不全面。然而，在高校内部，该方案由于极大地挑战了教授的权威（特别是教学上的权威），还是受到了来自教授等群体的强大阻力。另外，在培养理念上，该方案并没有脱离综合性大学"重理论、轻实践"传统理念的影响，以至于"第一阶文凭"逐渐演化为一个"学术短学制"（wissenschaftliches Kurzstudium）的"怪胎"，从而又回到了"德国教育的灾难"的老问题上。在推行 10 余年后，"综合高校"方案受到了广泛的批评，有人称其为一项"政策托词"（politisches Alibi），其政策效果日渐式微（Klüver，1983: 16）。随着"博洛尼亚进程"在德国得到有效推进，三级学位制在所有德国大学普遍施行，无论是"应用科学大学专业文凭"[Diplom（FH）]还是前述"分层学位制"，都已经没有了存在的必要。2002 年，值其 30 周年校庆之际，卡塞尔大学将校名 Universität Gesamthochschule Kassel 中的 Gesamthochschule 去掉，正式更名为 Universität Kassel，标志着"卡塞尔模式"正式成为历史。2003 年 1 月，北威州政府也决定正式放弃"综合性大学—综合高校"（Universität-Gesamthochschulen）方案，所有相关高校全部归为综合性大学。原先的政策尝试——将综合性大学作为应用型人才培养任务的承担机构——是"换汤不换药"式的失败；而应用科学大学，作为"具有独特地位的高等教育机构"（KMK，1969），似乎更适合承担这一历史使命。

5.2.2 "双元学制"——"斯图加特模式"

随着战后欧洲经济的快速复苏，德国的工业化不断推进，创造了以产业繁荣和快速发展为主要特点的"经济奇迹"（Wirtschaftswunder）。这个过程中，拥有深厚传统的职业教育也发挥了不可小觑的作用，职业教育的场域和体系逐渐成为手工业行会、工业协会等实业团队之间权力角逐的对象，公权力逐渐在学校教育体系中得到放大，职业教育事务也呈现出国家化趋势（张源泉，2017）。在与企业、行业的合作框架下，国家成为学校的权力代表，通过整体立法（如职业教育法等国家法）的形式，对企业参与学校培养的主体地位进行导向性的规范，共同构成了"双元制"教育体系①。

在克拉克的高等教育"三角协调"模式（triangular coordination model）的分析框架中，知识作为逻辑起点，构建了以"工作""信念"和"权力"为主要范畴的高等教育逻辑体系（克拉克，2001: 159-160）。在这一体系的表层，市场、学术和政府成了上述三者的代理实体。威廉姆斯（Williams, G. L.）在此基础上将"三角协调"模式进一步细化为六个细部模式（Williams, 1995），其中的模式二为政府作为监督者，模式三为政府作为促进者，而高校与市场则通过"双元学制"构成供给平衡。以此为原点分析政府、市场、高校三者之间的平衡和张力，可以比较清晰地印证上述"双元学制"下的制度边界，如图 5-2 所示。

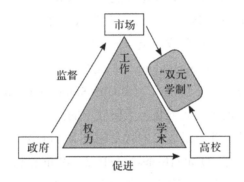

图 5-2　克拉克与威廉姆斯的"三角协调"框架下的"双元学制"

---

①"双元制"的制度化和法律化在德国经历了长期的过程，伴随这个过程的发展，才逐渐形成了所谓"双元制"教育体系。1969 年，联邦德国政府出台《联邦职业教育法》（Berufsbildungsgesetz，简称 BBiG）规定企业应履行教学、支付教育经费等义务。1996 年，联邦德国政府出台《联邦职业教育促进法》（Gesetz zur Förderung der beruflichen Aufstiegsfortbildung，简称 AFBG），进一步明确了企业在"双元制"教育中的职责、权利和义务，以及对促进"双元制"发展的具体的措施。2005 年，政府将《联邦职业教育法》与《职业教育促进法》合并修订，颁布新的《联邦职业教育法》，将教育企业和职业学校在职业教育上的合作定义为常规任务。在法律、法规的约束下，国家、企业和全社会对企业参与人才培养的责任已经形成共识。2019 年，在《联邦职业教育法》施行 50 周年之际，政府再次对其进行了全面修订，并于 2020 年 1 月 1 日将其正式实施。除去相关法条结构性的修订之外，新修内容主要集中在对"双元制"培养方式的进一步规定上，包括对"双元制"职业教育学习者生活待遇保障和其他权益保障、职业教育内部的融通性、"双元制"职业教育体系国际化等方面.见张凯,刘立新. 加强法律体系建设,推进职业教育现代化——德国 2019 年《职业教育法》修订案述评[J]. 中国职业技术教育，2020(4): 5-15.

"双元制"教育模式是德国职业教育最显著的特色，主要是指企业培训和学校教育相结合的一种职业教育的模式，也被称为现代学徒制。它的核心内容是：以职业动力为核心的课程设置、强调校企合作的办学模式、强调双元双师的师资配备。"双元制"教育起源于德国，发展、兴盛于德国，早在1794年，普鲁士就明确规定学徒结业时必须接受行会（IHK）进行的知识水平测试。1900年前后，时任慕尼黑教育局局长的凯兴斯坦纳（Kerschensteiner, G.）发起了劳动学校运动（Arbeitsschulbewegung），将当时的"书本学校"改为"劳作学校"（Arbeitsschule）。他认为，公立性质的学校应具备三个任务：1）职业教育或为职业教育做准备；2）职业教育的伦理化；3）职业所行使的团体的伦理化（彭正梅，2011: 117）。可以说，凯兴斯坦纳的观点构成了最原始的双元职业教育理论。德国是职业教育的强国，其"双元制"人才培养模式闻名遐迩。综合来看，德国的"双元制"可以分成三类：一是讨论得最多的"职业教育中的双元制"（Dusles System in Berufsausbildung）；二是"双元制大学"（Duale Hochschule）；三是"高等教育中的双元学制模式"（Duales Studium in Hochschulbildung）。对"双元制"职业教育模式的研究是三类研究中的重点内容，在此不再赘言。而关于"双元制"大学，其中最著名的就是创办于2009年、总部设在斯图加特的巴登-符腾堡双元制大学（Duale Hochschule Baden-Württemberg）。值得注意的是，在德国大学校长联席会议对高等学校的分类中，这种模式的学校是德国高等教育改革背景下的新成员，与师范大学一起作为"其他类型高校"（Hochschulen eigenen Typs）存在于德国高等学校的序列中。从溯源上看，"双元制"可以被视作德国高等教育系统向职业教育系统借鉴的"舶来品"，因此许多人常常将其与第二类中的"双元制"大学混淆。事实上，"双元学制"在德国大学存在已久。"双元学制"的历史要远远早于"双元制"大学的历史，最早出现于1972年。当时的符腾堡管理与经济学院（Württembergische Verwaltungs- und Wirtschaftsakademie）与中内卡河畔工业与手工业行会（Industrie- und Handelskammer Mittlerer Neckar），以及博世公司（Robert Bosch GmbH）、戴姆勒奔驰公司（Daimler Benz AG）等企业合作开辟的企业管理人才培养模式，时称"斯图加特模式"（Stuttgarter Modell）。1974年，这一模式得以扩大，斯图加特职业学院（Berufsakademie Stuttgart）成立，"职业学院"这一跨越职业教育和高等教育的机构类型存续至今（Württembergische Verwaltungs- und Wirtschafts-Akademier, 2020）。经过几十年的发展，截至2016年，德国的综合性大学和应用科学大学共开设"双元学制

专业”1592 个，约占专业总数的 10%，参与的企业有 47458 家，学生数达到
100739 人（Statista, 2019）。

德国应用科学大学开展"双元学制"的形式要素与职业教育中的"双元制"
类似，主要包括四个核心内容：一是企业与学校签订协议，成为学校双元培养的
合作伙伴；二是学生不是向学校而是向企业申请学习机会，企业对学生进行选拔；
三是学生与企业是雇佣关系，在读期间有工资收入；四是培养的过程采取"理
论+实践"的双元轮动模式，理论课程的构建围绕实践中的具体需求和具体问题
构建，一般每三个月就要轮动一次。在应用科学大学的内部，开展"双元制"的
必要条件是模块化教学（Modularisierung）[1]的课程模式；唯有模块化的课程才
能使学校在不影响学生在企业实训的前提下，达成专业能力框架下的培养目标，
才能使学生有可能在灵活的时间安排下，进行个性化的选课和学业安排，从而最
大限度地减轻学生的学习压力，确保专业的"可学性"（Studierbarkeit）[2]。

"双元制"模式受到了德国悠久的行会传统和德意志文化中"双重自由观"
的影响，更在一定程度上建构了国家、企业和学校三者之间的关系。在"双元
制"模式中，始终也存在着国家干预和企业自治之间的张力和博弈（周丽华、李
守福，2004）。近年来，甚至还出现了以行会为办学主体的、融合职业学校
（Berufskolleg）、生产车间（Handwerksbetrieb）、技工学校（Meisterschule）及
应用科学大学的"三元学制"模式（Triales Studium）。这种模式更为灵活，职
业导向性更强（Wegweiser duales studium, 2020）。对于应用科学大学来说，"双
元学制"是企业参与高等学校人才培养的绝佳途径，大大加强了应用科学大学
与企业之间的联系，更对其人才培养保持着职业导向特征产生了深远而又持续
的影响。作为德国教育体制中的一项重大创举，"双元学制"很好地回应了技术
经济发展的新需求和知识生产模式变革带来的影响，解决了高等教育体系与职
业教育体系之间的融通问题，如图 5-3 所示。

---

[1]关于模块化教学的概念可参见 Bohn, A., Kreykenbohm, G. & Moser, M. et al.
*Modularisierung in Hochschulen. Handzeichung zur Modularisierung und Einführung von
Bachelor- und Masterstudiengängen. Erste Erfahrungen und Empfehlungen aus dem BLK-
Programm „Modularisierung"*[M]. Bonn: Bund-Länder-Kommission für Bildungsplanung und
zur Forschungsförderung, 2002: 4-18.

[2]"可学性"是德国工程教育专业认证指标体系中的核心概念，详见王兆义，徐理勤. 制
度移植背景下国际工程教育专业认证的效用分析——基于 Z 校参加德国 ACQUIN 专业认证
的实践[J]. 高等工程教育研究，2019(5): 61-67.

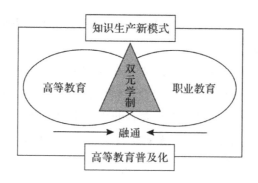

图 5-3　德国应用科学大学"双元学制"的制度创新结构

5.2.3　欧洲一体化——"博洛尼亚进程"

作为欧洲大陆的重要国家，德国始终在欧洲一体化的进程中扮演着重要角色。"博洛尼亚进程"就是欧洲一体化在教育领域的具体方案和路线图。如前所述，"博洛尼亚进程"对德国应用科学大学的规模发展具有决定性影响，它为应用科学大学的学术化发展提供了外部制度环境，进而引发了应用科学大学要求改变发展思路、打造"新型高校"的内部诉求。在一个统一的欧洲下，高等教育的发展越来越具备市场导向，不仅仅传统的"大学模式"受到挑战，以质量、效率、认证为特征的新制度主义已经慢慢深入人心，包括应用科学大学在内的德国高校，它们的着眼点不再仅仅是德国本土，而将目光投向欧洲，投向世界，获得了更为广阔的发展空间。

（一）从军事结盟到政治同盟

二战结束后，随着欧洲经济社会的快速发展，各国之间的联系日益紧密，几百年来让许多人魂牵梦萦的"统一欧洲梦"变得清晰起来。1948 年 4 月，法国、英国、比利时、荷兰与卢森堡大公国在比利时的卢森堡组建战后欧洲的军事与防务同盟"西部联盟"（Westunion）。1954 年，随着德国加入，《巴黎条约》（Pariser Verträge）得以重新签订，进一步明确了各成员的义务和权责，同盟名称也更名为"西欧联盟"（Westeuropäische Union，简称 WEU）。随着世界局势的缓和及经济发展的现实需要，结盟的性质从军事与安全同盟逐渐转入更为具体的经济和产业领域。到了 1957 年，联邦德国、法国等欧洲六国在"欧洲煤钢共同体"（Europäische Gemeinschaft für Kohle und Stahl，简称 EGKS）的原有基础上，进一步让渡各自的主权，缔结了包括关税同盟、经济一体化在内的《罗马条约》（Römische Verträge），开启了欧洲一体化的进程。10 年后，在《罗马条约》的整体框架下，《欧共体合并条约》（EG-Fusionsvertrag）宣布"欧洲共同体"（Europäische Gemeinschaften）正式成立，为欧洲一体化提供了法理依据。随着苏联的解体和"冷战"的结束，建设一个"真正统一"的欧洲被提上了议事日程，成为许多欧洲国家政治与社会发展的主轴。随着 1992 年《马斯里赫特条约》（Vertrag von Maastricht）、1997 年《阿姆斯特丹条约》（Vertrag von Amsterdam）及 2001 年《尼斯条约》（Vertrag von Nizza）的陆续签订，不但致力推动欧洲统一的国家阵营越来越大，而且为欧共体向欧盟的过渡和升级建造了"三大组织性支柱"（Drei Säulen der Europäischen Union）：欧洲共同体、欧洲共同外交与安全政策（Gemeinsame Außen- und Sicherheitspolitik，简称 GASP）、欧洲司法和内政领域合作（Zusammenarbeit im Bereich Justiz und Inneres，简称 ZJI）。2007 年，以德法为首的 27 国在葡萄牙首都里斯本签订《里斯本条约》（Vertrag von Lissabon），决定于 2009 年 12 月正式生效，这标志着欧盟政治化议程的正式完成，一个现代意义上一体化的欧洲终于在地缘与国际政治的舞台上正式亮相。图 5-4 直观地呈现了欧洲政治一体化的时间轴。

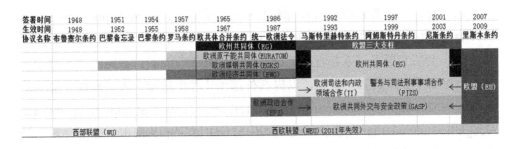

图 5-4　欧洲政治一体化时间轴

（二）欧盟框架下教育一体化进程

在教育层面，1986 年，《统一欧洲法令》（Einheitliche Europäische Akte）的颁布可被视作欧洲教育一体化的正式大规模推进，各成员在教育培训项目方面的合作不再局限于在经济的单一层面，也扩大到社会法治、道德规训、公民素质以及政策治理等众多方面（杨天平、金如意，2009）。此后，多项旨在促进欧洲境内教育合作与交流的重要计划得以制定和实施，如 1987 年的"伊拉斯谟计划"（Erasmus Programme）和"科麦特计划"（COMETT Programme），1989 年的"欧洲青年计划"（Youth for Europe Programme）。这些计划的顺利实施成功推动了欧洲一体化在教育层面的规模发展和体系化建设。1993 年，《马斯特里赫特条约》（Vertrag von Maastricht）为欧共体建立政治联盟（共同外交和安全政策、欧洲公民身份）和经济与货币联盟（欧元作为统一货币、欧洲中央银行体系）确立了目标与步骤（Kreis, 2017: 164），同时将教育领域内的认同与建构政策作为欧盟的主要职责之一，在所有类型和层次的学校中引入了"欧洲维度"（Europäische Dimensionen）的概念（王小海、刘凤结，2014），"欧洲教育"（Europabildung）日渐成为学校教育的重要内容（European Commission, 2020），从而将高等教育领域的合作推向了真正意义上的一体化轨道。1997 年 4 月 8—11 日，欧洲理事会（European Commission）与联合国教科文组织在里斯本共同推出了《关于欧洲地区高等教育资格承认公约》（Convention on the Recognition of Qualifications Concerning Higher Education in the European Region, Lisbon Recognition Convention），简称《里斯本公约》（Lisbon Recognition Convention）[①]。此公约对欧洲地区相关国家的高等教育具有法律约束力，明确了欧洲地区的大学文凭和资格互认的问题，是奠定"博洛尼亚进程"的基础文件。1998 年 5 月，法、德、意、英四国的教育部部长在法国索邦大学（Sorbonne Université）召开会议，讨论如何加速推动高等教育改革、教师与学生相互流动及学制改革工作，会后签署了《索邦宣言》（Sorbonne Declaration），承诺将"致力于建设一个可相互参照的共同框架，以提高外部承认和促进学生流动和职业能力为目标"（encouraging a common frame of reference, aimed at improving external recognition and facilitating student mobility as well as employability），并"努力创设一个欧洲高等教育区"（harmonising the architecture of the European Higher Education system），即提出了欧洲高等教育区的设想（Sorbonne Joint Declaration, 2010），为欧洲国家高等教育系统发展设立了一个明确而宏伟的目标，也符合以德、法两国为代表的欧洲老牌大学重塑中世纪辉煌的愿望，在各国中间引

---

①注意，《里斯本公约》不同于《里斯本条约》，后者于 2007 年 12 月 13 日由欧盟各国首脑在里斯本签署，随后交由各成员国批准。各国批准后，条约于 2009 年 12 月生效。《里斯本公约》主要以《欧洲宪法条约》为蓝本，涉及移民、司法、警务、教育等 40 多个领域，旨在为欧盟机构改革铺平道路，进一步推动欧洲一体化。

起了强烈的反响。一时间风生水起，群情激越。在此基础上，欧洲高等教育发展进入了新的维度和新的历史时期，《博洛尼亚宣言》（Bologna Declaration）随之诞生。

（三）"博洛尼亚进程"及其目标设定

承上所述，经由各参与国尤其是法、德、英各国的共同持续推进，"博洛尼亚进程"缘起和实施都显得顺理成章。它起源于 1999 年欧洲理事会倡导签订的《博洛尼亚宣言》——当时以德国、法国为首的 29 个欧洲国家在意大利的博洛尼亚签订的欧洲高等教育改革计划，主要为了实现以下几个目标：1）提升欧洲相关国家（以下简称"欧洲"）高校的学位在欧洲内部以及欧洲以外区域的互认度（transferability of degrees）；2）服务于建立一个统一的"欧洲高等教育区"（European Higher Education Area）的目标；3）重构欧洲高校的学士—硕士—博士的学位制度；4）解决欧洲国家出现的某些社会问题，如性别不平等、社会分层差异化等（Ministerial Conference Bologna, 1999）。此后每两年一次的教育及文化部部长峰会每次都对"博洛尼亚进程"的实施进行总结和修正，并不时有新的成员国加入。随着在战后欧洲事务中地位的崛起，德国一直是欧洲一体化进程的积极推动者——既是博洛尼亚协议的首批签约国之一，也是"博洛尼亚进程"的发起国，在相关政策的制定阶段就已深度参与。"博洛尼亚进程"在德国几乎毫无保留地得到了推进和实施，只用了不到 10 年的时间就完成了学位制度等方面的改革目标。基于此，德国应用科学大学的学位从原先的 Diplom（FH）变成与综合性大学同等无二的 Bachelor，成为直接的受益者。学位制度的统一，也为应用科学大学向综合性大学的"趋近式"发展奠定了基础。

（四）"博洛尼亚进程"在德国的争议：迷思和歧路？

"博洛尼亚进程"从 2000 年开始在欧洲各国陆续推进，由于各国原有的高等教育体制大相径庭，改革的进程"由羊肠小道进入了死胡同"（Auf schmaler Spur in die Sackgasse），在一些国家中遇到了不少阻力（Dreisbach, 2017）。在德国，尽管联邦政府矢志不渝地进行大刀阔斧的改革，但由于德国各联邦州拥有教育制度自主权，加上许多高校对于"博洛尼亚进程"采取了一种谨慎保守的态度，使得"博洛尼亚进程"的推进异常艰难、缓慢。作为一场从理论模式到标准化制度在教育领域的大转型，德国洪堡大学的施瑞尔教授（Schriewer, J.）

将"博洛尼亚进程"视作"假想模式的建立"（施瑞尔，2007）。各国对这一看似统一的模式有各自的解读和理解，各种政策的落地过程始终是一个基于假想模式的"情景重构"，无论是政治计划本身还是其实施层面都是一种松散的结合，效果如何尚未可知。学术界和高等教育管理界也围绕着"博洛尼亚进程"这个问题展开了旷日持久的讨论，讨论的焦点在于德国是否要放弃原先的学制和学位体制来适应"博洛尼亚进程"的新要求①。以德国"工业大学联盟"（TU9）为首的大学校长们认为，德国原有的学位制度是基于质量设计，在没有经过细致研究的情况下，放弃原有的制度特色是不可接受的，也是对德国高等教育的一种伤害（TU9–German Institutes of Technology，2010）。有人甚至提出，要对"博洛尼亚进程"这项改革本身进行改革，以保留原先的诸如"工程师文凭"（Diplom Ing.）这样的学位制度（Kaul，2017）。

相比之前 8—10 学期持续性的培养模式，在"358"（指进入大学后获得相应学位所需的学制时间总和：学士 3 年、硕士 5 年、博士 8 年）的三级学位体制下，6 学期的学士阶段将对德国高校现行的教学法提出新的要求。同时，随着最低学位的下移②，将使以副教授（Assistenzprofessur）资质取代大学授课资格（Habilitation）的政策目标变得不现实。

以 2000 年为例，德国博士资格（Promotion）获得人数与高校毕业生的总数（Diplom、MA 等）之比约为 1∶8（25780∶213977）；而在美国，从 1982 年到 2001 年这个比例几乎没有发生大的变化，维持在 1∶8 到 1∶11（指博士学位人数∶硕士学位人数），而如果将学术学位人数算入分母的话，这个比例则会发生重大的变化（美国硕士学位获得人数只占到毕业生总数的 24%—28%）。在"博洛尼亚进程"的框架下，德国硕士学位获得将不超过高校毕业生总数的 30%，这将造成总体毕业生学术水平的下降，从而导致德国高等教育产出效益的降低。通过比较德国和美国获得学位（硕士及博士）人数占国民总数的比例发现，2000年前后，德国高等教育学位中的硕士比例为 1/386，博士比例为 1/3200，获得水平要高于美国（Edel，2005）。出于经济发展的需要，美国会通过吸收其他国

---

①在"博洛尼亚进程"之前的相当长时间里，德国高等教育的学位体制主要是 Diplom（文凭）—Doktor（博士）的两级制，学制要求则是 Diplom 5 年，Doktor 4—5 年。"博洛尼亚进程"在德国最重大的改革之一，就是要逐步取消原来的 Diplom、Diplom（FH）等学位形式，改为统一的 Bachelor，增加 Master 学位。

②指原来德国最低的学位相当于硕士，而"博洛尼亚进程"将使最低学位变为学士。

家人才的方法来弥补这个不足。而如果德国硕士的比例下降到毕业生总数的30%，在国民总数不变的情况下，硕士比例将下降到 1/1300，博士比例将下降到 1/10000，这显然远远不能满足德国经济发展的需要，更与德国长久以来形成的学术传统不符。20 年来的发展显示，虽然"建设欧洲大学圈"（Aufbau eines europäischen Hochschulraums）的观念已深入人心，但很多方面的政策目标达成情况仍浮于表面（Weeg, 2019）。受到欧洲难民潮、欧债危机、英国脱欧、疫情等多种外部因素的影响，欧盟内部团结的根基受到了严重破坏，那个曾经近在眼前、清晰可触的"统一的欧洲"又开始摇摇欲坠起来，人们又不得不重新反思国际化，本来就进展受阻的"博洛尼亚进程"似乎有了停滞不前甚至倒退的迹象。

从德国应用科学大学在"博洛尼亚进程"前的发展历程来看，联邦政府和各州政府的政策影响主导了应用科学大学的发展，政府以推动高等教育改革来获得经济发展动力的强烈意愿在应用科学大学的成立、设置过程中得到了清晰的呈现，也取得了相当好的绩效，彼时原联邦德国各州应用科学大学的办学路径呈现出统一的特色，如区域化、与政府和企业联系紧密、教学人员具有行业实践经验等。在实施"博洛尼亚进程"之初，政府也同样体现了自己的强烈意图。但随着"博洛尼亚进程"的实施，20 多年过去了，应用科学大学的发展态势开始更多地呈现出个性化的特征。有的学校积极推进"泛综合大学化"的转型，如积极申请博士授予权、修改学校名称、积极参与科研和技术合作、推进国际化等；而有的学校则力图保持应用科学大学的特色和传统优势，一些教授和校长对前一类学校所做的改名、申请博士授予权等方面的努力嗤之以鼻，认为这种做法无疑会使应用科学大学逐渐丢失自身的特色。可以观察到的是，在各个学校转型的过程中，政府尤其是联邦政府的作用和影响日益减弱，而越来越多地受到学校自身的传统、本区域内产业发展进程以及学校领导和教学精英（教授）等因素的影响。一言以蔽之，应用科学大学在实施"博洛尼亚进程"后，获得了快速的发展，在诸多方面取得了突破；但这种集中、爆发、同质化的发展已经背离了它长久以来呈现出来的惯有模式。这种变化值得我们从历史、制度、文化等纬度对此进行深入的观察。

5.2.4　私立应用科学大学的大发展

20 世纪 90 年代以来，随着欧洲高等教育一体化、"博洛尼亚进程"，以及德国高等教育管理体制改革的推动，应用科学大学获得了长足的发展，其中最具活力的就是私立应用科学大学。在 21 世纪的前 20 年内，德国综合性大学仅仅增加了 2 所，而应用科学大学则增加了 69 所，其中私立应用科学大学增加了 66 所，几乎每年都有私立学校撤销或新建。可以说，私立应用科学大学是当下德国高等教育体制中最活跃的改革性因素。图 5-5 显示了历年来德国私立应用科学大学的建设情况。

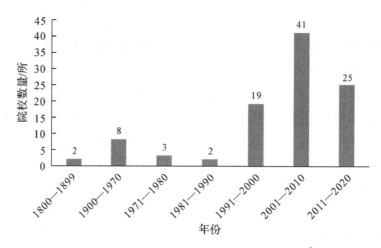

图 5-5　历年新建德国私立应用科学大学数量①

截至 2019 年，德国共有 394 所高校（包括 216 所应用科学大学），其中公立高校 240 所，私立高校 115 所，教会学校 39 所，私立高校中大多为应用科学大学（95 所）。私立大学尤其是私立应用科学大学的发展在一定程度上改变了德国长期以来形成的由国家举办高等教育的传统态势，为其高等教育的多样化和平衡发展打下了基础。除此之外，从 2020 年开始，德国巴伐利亚州已经开始酝酿通过修改州高教法（Novellierung des bayerischen Hochschulrechts）的方式对辖内高校进行一揽子改革。其中，一个重要的内容就是接轨英美等国家的做法，赋予高校更多的企业法人地位（Neue Anreize für die unternehmerische Betätigung der

①根据德国大学校长联席会议 2017—2019 年统计数据及有关院校网站信息制作。

Hochschulen），放宽对公立大学的财政、师资等方面的限制，为它们提供更多的自治空间，同时高校也应在资金筹措方面承担更多的责任空间。这种做法被该州科学与艺术部部长希尔布勒（Sibler, B.）誉为"德国境内独一无二的系统变革"（eine deutschlandweit einmaligen Systemwandel）的改革计划（Bayerisches Staatsministerium für Wissenschaft und Kunst, 2020）。改革计划一问世，就受到了高度的关注和激烈的讨论，反对者甚至不顾疫情的影响，上街游行抗议。有人将其称为德国高等教育的"私有化"（privatisieren）或"企业化"大加攻讦，认为其破坏了德国高等教育的优良传统（Süß, 2020）。无论最终的结果如何，应用科学大学在德国高等教育私有化改革方面极有可能是首先涉及的高校类型。从公立、私立及教会三种类型的应用科学大学的比例可以看出，私立应用科学大学已经占到了应用科学大学总数的近一半，在规模上与公立应用科学大学可谓平分秋色。私立应用科学大学的迅速成长，以及公立应用科学大学的私有化改革，有可能成为德国高等教育体制改革的又一重要动向（见图 5-6）。

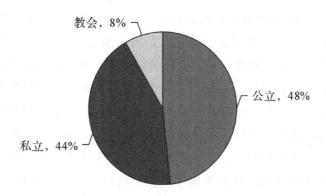

图 5-6　德国应用科学大学的类型结构[①]

（一）法律定位

2019 年的德国《高等学校框架法》（Hochchulrahmengesetz）规定，经过国家认证（staatliche Anerkennung）的私立高校（包括私立应用科学大学）享受与公立高校的同等待遇。国家承认私立高校的基本条件如下：1）教学的目标是

---

①根据德国大学校长联席会议 2019 年发布的数据整理：https://www.hrk.de/fileadmin/ redaktion/hrk/02-Dokumente/02-06-Hochschulsystem/Statistik/2019-05-16_Final_fuer_Homepage_ 2019_D.pdf.

为学生"从事某种职业活动做准备"（auf ein berufliches Tätigkeitsfeld vorbereiten，这与其他类型的高校一致）；2）开设"一系列平行或相互衔接的专业"（eine Mehrzahl von nebeneinander bestehenden oder aufeinander folgenden Studiengängen）；3）招生条件与公立高校通行的条件相一致；4）专职教学人员的聘用与公立高校相应的教学人员的聘用条件一致；5）机构成员从事教学行为时应秉持的规范参照公立高校的相关规定（die Angehörigen der Einrichtung an der Gestaltung des Studiums in sinngemäßer Anwendung der für staatliche Hochschulen geltenden Grundsätze mitwirken）。在此基础上，各州高等教育法对私立高校的法律地位、师资配置、课程设置、招生条件、办学资金、基础设施等方面作出操作层面的规定。总体来说，除个别条款以外，各州对私立应用科学大学的法律定位基本相同。

（二）对私立应用科学大学的认证管理

2000 年 1 月 21 日，德国科学委员会出台了《关于认证私立高校的建议》（*Empfehlungen zur Akkreditierung privater Hochschulen*），要求从制度上明确私立应用科学大学的考试和学位授予权应归属于国家，对私立高校的办学条件、组织机构、程序、认证的有效期以及前溯审批承认程序的关系进行了明确的界定（Wissenschaftsrat, 2000）。在一定程度上，正是私立应用科学大学的快速发展，才促成了高等教育认证制度在德国的迅速推行。这个过程带来两个积极的信号：一方面，借助专业评估与认证，政府在发挥对高等教育监督和引导的作用时，角色和任务更为明晰，部分实现了"职责松绑"；另一方面，大学通过来自外部的认证和评估，逐步形成了内部的质量文化（矫怡程，2016），也实现了治理改善与质量提升。由专业认证代理机构与认证委员会共同构成德国高等教育认证的评估组织，而德国联邦教研部、大学校长联席会议及各州文教部部长会议主导下的包括私立高校在内各类高校则构成了德国高等教育认证的参与主体。多方的参与构成了一个框架型的组织架构，具体如图 5-7 所示。

由于私立应用科学大学的办学主体不受政府管辖，因此对私立应用科学大学主要依据各州的《高等教育法》，从学术管理的角度，通过建立认证制度的方式对私立高校的办学条件、办学手段以及办学质量进行规范。只有经过"国家认证"的私立应用科学大学，才可以进入德国大学联席会议每年公布的"高校指南"名单中。因此，即便这种认证是私立院校自愿参加的，且认证也是由第三方执行的，对私立应用科学大学的认证管理也具有很强的权威性，受到社会的广泛认可。许多学校将"国家认证"的标志放在了学校网站的显著位置。

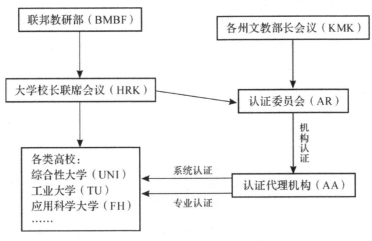

图 5-7　德国高等教育认证组织架构（王兆义，2020a）

（三）发展优势

私立大学的主体类型为应用科学大学，因此它更多被视为公立大学（尤其是综合性大学）的补充，它在专业设置、办学规模、经费来源以及招生录取等方面具备公立大学难以企及的发展优势。在专业设置上，私立大学的专业近七成分布在就业前景较好、毕业条件相对宽松的经济、法律及社会学科等"热门"领域，其次为医学及健康学科（14%）和技术类学科（13%）；而公立高校的专业分布首先为技术类学科（41%），其次为经济、法律及社会学科（34%），第三位则为人文类学科（13%），具体如图 5-8 所示。在办学规模上，与动辄拥有几万名学生规模的公立高校相比，除极个别学校外［如德国埃森经济管理应用科学大学（Hochschule für Oekonomie & Managemen, FOM）在校生超过 5 万人，为德国规模最大的私立大学］，私立大学的规模普遍较小，学生规模的中位数仅为 900 人左右，甚至有 11 所学校的学生人数在 200 人以下，24 所学校的学生人数为 200—500 人（Statistisches Bundesamt, 2021）。因此，在师资规模相对恒定的情况下，私立大学的师生比远远高于公立高校，授课方式多为小班化的研讨课，学习计划和课程安排更为紧凑，学生和教授之间的交流机会也远远多于公立高校。在经费来源上，私立大学 75% 的经费来自学费收入，12% 的经费来自第三方科研及社会捐助,11%的经费来自经营性收入,政府拨款仅占 2%,而公立高校的经费超过七成来自政府拨款（Frank et al., 2020: 34）。此外，由于在机构设置上相对灵活，私立大学的行政管理效率也相对较高，每年会根据人才市场的需求变化及时地对专业的增设、撤销等进行适时的调整。在招生录取上，私立应用科学大学的条件往往较为宽松，还能根据学生不同的学习需求提供远程函授、半工半读等多样化的培养模式，在一定程度上受到了后进学生、大龄学生及国际学生的欢迎。

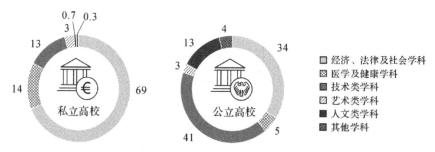

图 5-8　德国私立大学与公立高校的专业分布对比（单位：百分比）[①]

（四）面临的主要问题

首先，许多科研、资助的项目的招标大多面向公立学校，在资源的获取上，私立应用科学大学始终面临着公立学校、政府等多方面的不公正待遇。其次，生源竞争激烈，近年来，德国私立高校数量不断增加，在私立高校注册的一年级新生从 2005 年的 1.4 万人增加到 2015 年的 4.2 万人，翻了三番。此举一方面大大加剧了私立高校间的竞争压力，另一方面也如前所述降低了私立高校获得国家资助的可能性。从数据上看，从 2017 年到 2019 年的三年间，就有近 10 所私立应用科学大学停止办学或被撤销了国家认证[②]。最后，收费问题始终困扰着私立应用科学大学的发展。与公立学校不同，德国私立应用科学大学需

---

①根据 Frank et al.关于德国私立高校发展研究报告中的有关数据制作，见 Frank, A. et al. *Private Hochschulen-Entwicklungen im Spannungsfeld von akademischer und gesellschaftlicher Transformation*[R]. Essen: Edition Stiftverband, 2020: 12.

②根据驻德使馆教育处发布的历年德国高校名录有关数据，见驻德使馆教育处. 德国高校名录[EB/OL]. (2020-05-21)[2020-10-20]. http://www.de-moe.org/article/read/12057-20200521-5245.

要通过收取学费维持盈利。学生都要缴纳学费，缴纳的金额远超公立的应用科学大学。以哥廷根私立应用科学大学工商管理专业（BWL）硕士班为例，该专业规定学制为 3 个学期，90 个学分，学生可获得理学硕士学位（Master of Science），收取的费用包括一次性注册费 420 欧元、考试费 1000 欧元/专业、学费 800 欧元/月（按实际在读时间收取，每年在校时间约为 6 个月），而外国留学生还需缴纳额外费用（Private Hochschule Göttingen, 2020）。收费过高也限制了私立应用科学大学获得更好的生源，成本与质量成为一把始终悬在私立应用科学大学头上的双刃剑。

5.2.5 大学更名——从应用科学大学（Fachhochschule）到"新型大学"（Neue Hochschule）

"博洛尼亚进程"犹如一场春风，给德国应用科学大学带来了巨大的发展机遇和强大的发展活力。从 1996 年到 2015 年的 20 年间，应用科学大学的数量从 297 所增加到了 400 所，增幅达到了 58.7%，而同期综合性大学仅仅增加了 2 所[①]，基本上形成了应用科学大学与综合性大学的"对峙之势"，集体性更名成了德国应用科学大学近年来一个显著的发展动态。正如巴伐利亚州的波恩-莱茵-锡格应用科学大学（Hochschule Bonn-Rhein-Sieg）校长英内（Ihne, H.）在接受采访时所表示的，"时代不同了，今天我们的应用科学大学再也不是当时的前身'工程师学校'（Ingenieurschule）了，就像今天那些综合性大学也不是当初的教会学校（Klosterschule）了；唯有 Hochschule 或 Hochschule für angewandte Wissenschaften（HAW）这个称谓才能体现出应用科学大学面临的新形势和新挑战"（Hochrinner, 2010）。

2005 年，巴登-符腾堡州率先修改该州的高等教育法（Landeshochschulgesetz），确定去掉该州所有应用科学大学的德文名称 Fachhochschule 中的 Fach，将其统一改为 Hochschule für angewandte Wissenschaften（HAW）。随后，在时任该州高校校长联席会议（Rektorenkonferenz）主席、奥芬堡应用科学大学的校长利

---

① 数据来源：Autorengruppe Bildungsberichterstattung. *Bildung in Deutschland 2016* [EB/OL]. (2016-07-21)[2019-04-22]. http://www.bildungsbericht.de/de/bildungsberichte-seit-2006/bildungsbericht-2016/pdf-bildungsbericht-2016/bildungsbericht-2016。值得注意的是，增加的应用科学大学主要为私立性质的院校，这说明了教育资本对应用型人才培养这一领域的青睐。

博尔（Lieber, W.）的推动下，该州所有的应用科学大学顺利完成了更名（Hochschulen für Angewandte Wissenschaften Baden-Württemberg, 2016）。从更名后采用的名称看，核心层面既有 Fachhochschule 被改为 Hochschule 这一事实，也出现了 Hochschule für angewandte Wissenschaften（HAW）、Thechnische Hochschule 等"派生"出来的新名称。自此，德国境内其他地区纷纷效仿，几乎在很短的时间内形成了一股强大的德国应用科学大学更名潮，基本上覆盖到了德国所有地区的应用科学大学，以至于保留 Fachhochschule 名称的应用科学大学寥寥无几，目前仅剩下 10 所左右。更名反映了应用科学大学消除偏见、谋求更高认可的内在定位需求，以此来努力消弭与综合性大学在资源获取、生源竞争中的弱势。

（一）更名的范围

从德国大学校长联席会议 2019 年底发布的数据来看，在所有 221 所应用科学大学中，2007 年后新建的应用科学大学都采用了 Hochschule 这一命名方式，而绝大多数的 Fachhochschule 已经完成了更名（HRK, 2019），除去部分私立及教会创办的应用科学大学①，全德仍保留 Fachhochschule 的未更名应用科学大学仅剩 11 所，如表 5.2 所示。由此可见，此番更名的范围几乎涉及了所有的应用科学大学。在所剩无几的未更名的应用科学大学中，不少学校也"蠢蠢而动"，跟随这股更名的"大流"，Fachhochschule 大有被现实慢慢遗弃、被历史逐渐尘封之势（Der Tagesspiegel, 2008）。

（二）更名的基本方式和过程

更名的基本方式有三种：直接转换名称，如从 Fachhochschule（FH）转变为 Hochschule（HS）、Technische Hochschule（TH）、Hochschule für angewandte Wissenschaften（HAW），以及英文名称 University of Applied Sciences（UAS）等；转换名称加上后缀，如从 Fachhochschule 转变为 Hochschule，加上 University of

---

①德国私立应用科学大学和教会所属应用科学大学在命名上较公立应用科学大学有所不同，教会所属应用科学大学在名称中含有 Evangelische/Katholische/Theologische Hochschule 字样，以突出其教派（会）性质；而私立应用科学大学虽然部分也进行了改名，但大多数学校的命名主要突出学校的优势专业或赞助方，缺乏一定的规范性。因此，在对德国应用科学大学更的分析中将这两类应用科学大学剔除。

Applied Sciences 后缀；保留 Fachhochschule，加上 Hochschule für angewandte Wissenschaft(en)作为前缀或后缀。表 5.3 显示的是截至 2019 年，94 所已经更名的、公立应用科学大学中，对应每种更名方式的学校数量及典型样例。

表 5.2　全德尚未更名的公立应用科学大学一览

联邦州	学校
北威州 （Nordrhein-Westfalen）	亚琛应用科学大学 （Fachhochschule Aachen） 比勒菲德应用科学大学 （Fachhochschule Bielefeld） 多特蒙德应用科学大学 （Fachhochschule Dortmund） 明斯特应用科学大学 （Fachhochschule Münster） 南威斯特法伦应用科学大学 （Fachhochschule Südwestfalen）
石勒苏益格-荷尔斯泰因州 （Schleswig-Holstein）	基尔应用科学大学 （Fachhochschule Kiel）
图林根州 （Thüringen）	埃尔福特应用科学大学 （Fachhochschule Erfurt） 施马尔卡尔顿应用科学大学 （Fachhochschule Schmalkalden）
莱茵兰-普法尔茨州 （Rheinland-Pfalz）	宾根应用科学大学 （Fachhochschule Bingen）
梅克伦堡-前波莫瑞州 （Mecklenburg-Vorpommen）	施特拉尔松应用科学大学 （Fachhochschule Stralsund）
勃兰登堡州 （Brandenburg）	波茨坦应用科学大学 （Fachhochschule Potsdam）
合计	11 所

表5.3　德国应用科学大学更名方式汇总

序号	更名后的名称	更名方式	学校数量	典型样例
1	高等学校（HS）	直接变为"高等学校"	34所	汉诺威应用科学大学（Hochschule Hannover）
2	技术/经济/建筑土木/设计/管理等高等学校（Hochschule fürTechnik/Wirtschaft/Archtektur & Bauwesen/Gestaltung/Verwaltung...）	直接变为"**类型高等学校"	19所	柏林技术与经济大学（Hochschule für Technik und Wirtschaft Berlin）不来梅公共管理大学（Hochschule für öffentliche Verwaltung Bremen）
3	高等学校，应用科学大学英文名（HS, UAS）	变为"高等学校"，并增加英文名称	15所	波鸿应用科学大学（Hochschule Bochum–University of Applied Sciences）
4	技术高等学校（TH）	直接变为技术高等学校	10所	勃兰登堡技术高等学校（Technische Hochschule Brandenburg）
5	应用科学大学，应用型高等学校（FH, HAW）	保留应用科学大学，加上"应用型高等学校"	7所	阿沙芬堡应用科学大学（Hochschule für angewandte Wissenschaften, FH Aschaffenburg）
6	应用型高等学校（HAW）	直接变为"应用型高等学校"	6所	汉堡应用科学大学（Hochschule für Angewandte Wissenschaften Hamburg）
7	应用型高等学校（HAW），英文名（HAW, UAS）	变为"应用型高等学校"，加上英文名称后缀	2所	奥格斯堡应用科学大学（Hochschule für angewandte Wissenschaften Augsburg–University of Applied Sciences）
8	应用科学大学的英文名称（UAS）	直接变为英文名称	1所	法兰克福应用科学大学（Die Frankfurt University of Applied Sciences）

更名最后必须获得学校所在联邦州教科文部的同意才算正式完成。以吕贝克应用科学大学为例，2018年6月，石勒苏益格-荷尔斯泰因州教育科学文化

部部长普利因（Prien, K.）正式向该校致公函：

关于贵校更名为 Technische Hochschule Lübeck 的申请

尊敬的赫尔比希博士（时任吕贝克应用科学大学校长），

感谢您在 2018 年 3 月 28 日以及 5 月 9 日向教育科学文化部提交的将学校（德文名称）更名为 Technische Hochschule Lübeck 的申请。

根据对吕贝克应用科学大学（FH Lübeck）提交的关于专业设置、办学成果等资料的审核，特别是学校与经济界和科学界的合作，我非常高兴地通知您，根据州高等教育法第 1 章第 2 条，同意学校的更名申请。我请求您，更新学校相应的章程并提交教育科学文化部审批。在获得教育科学文化部批复并公示后，FH Lübeck 可正式更名为 Technische Hochschule Lübeck。

此致
  敬礼

         K.普利因（签字）

收到公函后，吕贝克应用科学大学立刻举行了大规模的庆祝活动，认为此次更名是"学校发展史上的里程碑"，并且给每一所合作院校都转发了这封部长来信。

（三）更名的动因

应用科学大学更名受到了大多数应用科学大学内部尤其是领导层的欢迎，正如波恩-莱茵-锡格应用科学大学校长因内所说："时代不同了，今天我们的应用科学大学再也不是当时的前身'工程师学校'（Ingenieurschule）了，就像今天那些综合性大学也不是当初的教会学校（Klosterschule）了；唯有 Hochschule 或者 Hochschule für angewandte Wissenschaften（HAW）这个称谓才能体现出应用科学大学面临的新形势和新挑战。"（Hochrinner, 2010）那么，引发应用科学大学更名的内在动因有哪些？应用科学大学内部出于何种需要进行更名？

1）谋求更高认可的需要。由于大多数应用科学大学的前身是职业教育性质的工程师学校，在诸如研究等领域，应用科学大学一直受到一些"偏见"和"歧视"。许多人认为，应用科学大学不是真正意义上的"大学"，只需要培养一些具有特定资质和能力的人才；应用科学大学的教授只需要专注于教学，不需要从事科学研究；应用科学大学也没有获得博士授予权的必要；在应用科学大学和综合性大学之间，需要设定严格的界限。在许多人的刻板印象中，综合性大学学生的素质要高于应用科学大学的学生，综合性大学的层次和培养质量也要高于应用科学大学。事实上，一方面，随着越来越多的应用科学大学毕业生想要获得博士学位，在应用科学大学中设置博士授予点，就成为许多应用科学大学的迫切需求（Karbach, 2013）；另一方面，应用科学大学的毕业生在就业市场上受到用人单位的欢迎，从 1980 年以来，应用科学大学毕业生的失业率均低于综合性大学，而前者就业率也通常都高于后者（Wissenschaftsrat, 2010b）。对于许多应用科学大学来说，更名是消除上述偏见并且获得社会更高认可的题中之义。

2）推进国际化战略、争夺生源市场的需要。"博洛尼亚进程"及"伊拉斯谟项目"等计划的推进，大大带动了德国高等教育国际化的进程。高校积极投身于国际高等教育市场，吸引国际留学生。随着三级学位制的统一实施，应用科学大学在一定程度上具备了与综合性大学争夺国际学生的竞争资本。然而，由于其德文名称 Fachhochschule 中的 Fach 含有"专科、专业"的意思，在翻译成其他语言时，通常会丢失"大学"的含义，也与其英文名称 UAS 不能完全契合。比如，FH 这个概念刚刚进入我国时，就在相当长时间内被称为"高等专科（专业）学校"，相当于我国的大专或高专层次，这给应用科学大学的名声带来了一定的损失（周海霞，2014）。因此，将应用科学大学的名称从 FH 改为 HS或者 HAW 等，能更准确地反映应用科学大学在德国高等教育体系中的地位和现状，从而帮助应用科学大学在国际教育市场竞争中获得与综合性大学相当的"同等地位"。

3）"羊群效应"的驱动。如前所述，一方面，从更名的态势来看，各地（包括相邻的联邦）的学校往往是集中统一进行改名的，而且更名的方式也具有同步性，这与各联邦州政府的积极推动密不可分；另一方面，不能忽视更名对许多应用科学大学形成的"羊群效应"：应用科学大学国内生源的区域性很强，一旦邻近有应用科学大学改了名，由于很难作出更名对未来生源影响的合理预期，其他的学校就会像羊群一样跟风而上进行改名。这种行为方式符合经济学中所谓的"羊群效应"；对于那些尚未更名的学校来说，这种从众的效应依然存在。

这种扎堆更名的现象多多少少反映了一些应用科学大学的"非理性"（如图 5-9 所示）。

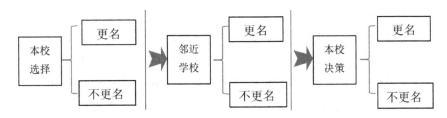

图 5-9 "羊群效应"作用下应用科学大学更名决策过程

5.2.6 "应用科学大学博士"（FH-Doktor）：争取博士授予权

长期以来，博士授予权一直是综合性大学的"特权"，也是区分综合性大学和应用科学大学的重要界限，以至于人们以前可以将德国高校简单分为两种类型：有博士授予权的高校和没有博士授予权的高校。即使应用科学大学想要培养自己的博士生，也要联合相应的综合性大学和研究机构，共同培养博士研究生。若将博士生比作鸡蛋，那么下蛋的"母鸡"可以是应用科学大学的教授，博士培养的过程也可以大部分在应用科学大学进行，但下这个蛋需要得到综合性大学的许可，且最后必须生在综合性大学这个"鸡窝"里。在此背景下，前述德国科学审议会在 2010 年提出的《关于高等学校多样化发展的建议》中，明确提出要打破传统的高校类型的分类，改变长期以来的综合性大学和应用科学大学并行的双轨体制，博士授予权是这个双轨体制中的重要标志物（Wissenschaftsrat, 2010b）。

（一）"博士授予权"成为应用科学大学的现实议题

博士授予权这一主题在一段时间内（包括当下）成为讨论德国应用科学大学发展新动向以及德国高等教育结构性改革的"热门"切入点。实际上，在德国应用科学大学攻读博士学位并非什么新鲜事，早在 20 世纪 90 年代，应用科学大学的毕业生中就有人开始攻读博士学位。这意味着，应用科学大学的毕业生在某些领域已经具备了攻读博士学位的知识和能力基础，而且这些毕业生的质量也得到了综合性大学及其教授的认可。自 21 世纪初开始，众多应用科学大学就已经联合一些综合性大学和研究机构，共同培养博士研究生。争论的焦点在于应用科学大学是否应当获得独立培养并授予博士学位的权力。而根据最初的规定，应用科学大学的毕业生是不具备到综合性大学攻读博士学位的资质的，在应用科学大学毕业生中那些最初的博士学位攻读者，其实是在上述"联合培养"的框架下进行的。因为应用科学大学不能培养博士，不具备博士授予权，所以这些学校即使具有实际培养博士的能力和条件，也只能与大学"合作"培养，其实往往就是挂综合性大学之名，真正的培养过程和项目一般在应用科学大学之中，由那里的教授进行实质性指导，几乎涵盖博士培养的全过程。由德国大学校长联席会议发起的一项调查显示，在 2015 年至 2017 年期间，在全部 551 名联合培养的应用科学大学博士生中，应用科学大学教授担任导师的比例为 50.1%（276∶551），担任论文评委的比例为 82.1%（452∶551），担任博士选拔考官的比例为 47.4%（261∶551）（Hochschulrektorenkonferenz, 2019: 21）。德国联邦教研部将这种合作模式称为应用科学大学及其毕业生的"捷径"（Königsweg），是解决应用科学大学毕业生攻读博士学位问题的最佳方案（Becker, 2016）。

由于德国于 2007 年开始讨论着手废除高等教育框架法(Hochschulrahmengesetz)，并在 2019 年进行了重大调整，删除了其中的几十项规定性条款(Hoymann, 2010: 24-25)，这意味着高等教育管理与改革的主导权已逐渐由联邦政府落到了各州政府，各个州推进的情况进展不一。表 5.4 整理了截至 2023 年德国部分州在该议题上的修法或立法推进情况，从中可以发现，黑森州和北威州的进展较快。2016 年，德国黑森州政府根据修订的高教法通过相关决议，该州富尔达应用科学大学正式成为德国首个能够独立授予博士学位的应用科学大学。2019 年 10 月，新的"高等教育法"（Hochschulgesetz）在北威州正式生效，该法第 67 条 b 项规定（KPMG Law, 2019），在"特定条件下向应用科学大学下放博士授予权"（den Fachhochschulen das Promotionsrecht unter bestimmten Bedingungen zu verleihen），并将该州应用科学大学博士的培养、管理机构从原先与综合性大学共建的"北威州应用科学大学研究生院"（Graduierteninstitut für angewandte Forschung der Fachhochschulen in NRW）更改为独立设置的"北威州应用科学大学应用研究博士生院"（Promotionskolleg für angewandte Forschung der Fachhochschulen in NRW），这标志着应用科学大学在博士学位授予权这一话题上，已经获得了组织合法性。此外，在巴登-符腾堡、石勒苏益格-荷尔斯泰因等州都相继对其各自的高等教育法作了相应的修改。虽然由于各州在教育立法方面的差异性，所有应

表5.4　部分州应用科学大学博士授予权的推进情况[①]

联邦州（直辖市）	修/立法推进情况	主要实施形式	已经获得博士授权的FH
巴登-符腾堡州	2014年修订高教法，在第76条增加"试行条款"（Experimentierklausel）：在评估和质量保障的前提下，在限定专业领域给应用科学大学有期限的博士授予权	联合博士生院	无
布兰登堡州	2015年修订高教法，在第31条规定：博士生可以在应用科学大学注册	联合博士生院	无
汉堡市	2015年修订高教法，在第70条规定：博士生须在相应"高校"（Hochschule）注册，并未排除应用科学大学	联合博士生院	无
黑森州	2015年修订高教法，在第4条第3则规定：应用科学大学可以获得限定条件、限定专业中的有期限的博士授予权；同年又发布释法补充条款，明确上述限定条件：如相应专业应有12名科研实力较强的教授，年均10万欧元科研经费，年均2分的发表分，须满6年（经济、社会学等偏文科专业减半）等	单独授权博士的权利及联合博士生院	4所，分别为：富尔达应用科学大学、法兰克福应用科学大学、莱茵美茵应用科学大学和达姆斯塔特应用科学大学
北威州	2019年修订高教法，在第67条b项规定：在"特定条件下向应用科学大学下放博士授予权"	应用科学大学应用研究博士生院（Promotionskolleg für angewandte Forschung der Fachhochschulen）	尚无，预计几年内会有2—3所应用科学大学获批

①根据相关各州高等教育法有关条文整理，各州高教法汇编可见德国文教部部长联席会议（Kultusminister Konferenz, KMK）网站专栏：KMK. *Grundlegende rechtliche Regelungen zu Hochschulen und anderen Einrichtungen des Tertiären Bereichs in der Bundesrepublik Deutschland*[EB/OL]. (2020-12-30)[2021-02-06]. https://www.kmk.org/dokumentation-statistik/rechtsvorschriften-lehrplaene/uebersicht-hochschulgesetze.html.

用科学大学都能获得博士授予权并不具有现实意义；但就总体趋势而言，博士学位授予权这一综合性大学的"最后堡垒"终将被应用科学大学"攻破"（张源泉等，2016），在功能定位上，二者将不得不回到起点，重新定义彼此的专长与特色。在此过程中，高等教育的类型分类、新型大学的建设等命题将再次被讨论，一些新的概念和理念将因势而被建构。

（二）影响应用科学大学争夺博士授予权的因素

博士授予权为何会在短时间内成为德国应用科学大学积极"攻破"的"堡垒"呢？它主要受到以下几个因素的影响。

1）工程技术实践场景及工程师职业的变化。在企业国际化、垂直整合的缩减以及外包对流工序增加的大背景下，随着数字经济和互联网技术的发展，传统的工程技术工作场景已发生深刻变化，技术主导解决的问题很可能不再是具体、孤立的问题，而是互联节点中的一个子问题或分问题。工程实践的主体已逐渐由作为工程师的人转变为生产系统（production system）和机器，工程师不再是生产者，而是生产指令和生产数据的中枢节点（Kinzel，2017）。工程师职业由传统的机械制造业、电气自动化业等向更多行业延伸，仅具有各类"工程师"正式头衔的职业就有46种之多。工程师工作领域也产生了相应的变化，销售和服务的工作量增加了，但研发等方面的工作量始终占据绝大比例。在某些场景中，工程师一方面需要用大量非技术的知识来充实技术知识，另一方面则需要掌握多维性知识和较为精深的应用研究能力。

2）应用科学大学的内在需求。追求获得博士授予权与前述应用科学大学的"更名潮"具有同等的内在逻辑，都是其争取更高认可、参与资源竞争的需要。近年来，应用科学大学师资水平逐步提升，教授的群体不断壮大。截至2019年，应用科学大学教授数量达到了20234人（综合性大学教授总人数为24854人），教授与学生人数之间的生师比达到了 1∶50.5，这一比例也远远超过了综合性大学（1∶71.5）①，如表5.5所示。教授群体在应用科学大学治理中的影响

---

① 数据出自 *Statistisches Bundesamt (Destatis). Bildung und Kultur: Personal an Hochschulen*[EB/OL]. (2020-10-16)[2020-11-25]. https://www.destatis.de/DE/Themen/Gesellschaft-Umwelt/Bildung-Forschung-Kultur/Hochschulen/Publikationen/Downloads-Hochschulen/personal-hochschulen-2110440197004.pdf?__blob=publicationFile. 如果算上所有的教职人员，应用科学大学生师比约为 10∶1，综合性大学约为 6∶1，同样优于后者。

力也随之提高，某种程度上，这些在综合性大学完成学术训练的教授们也将综合性大学的学术传统植入了应用科学大学的治理中，在争取诸如薪酬、课时量等方面与综合性大学教授的同等待遇的过程中，应用科学大学的教授更需要回归学术传统，拾拣起独立研究、学术自治等固有范式，从而获得更为牢固的身份认同。

表 5.5　综合性大学与应用科学大学教授规模对比[①]

高校类型	学术人员总数[②]	其中教授人数	学生人数	教授/学生比例
综合性大学	286213	24854	1777758	1∶71.5
应用科学大学	101013	20234	1023146	1∶50.5

近年来，应用科学大学毕业生获得博士学位的人数大幅攀升，从 2009 至 2017 短短 9 年间几乎翻了一番，2015—2017 年达到了 1575 人，如图 5-10 所示。其中的主要原因是，应用科学大学成了那些很多原本想要读综合性大学的学生（这里面包括了许多外国留学生以及具有移民背景的学生）的第二选择，他们在申请大学时因成绩或学习能力不理想才"被迫"选择到应用科学大学就读。这部分学生并不如传统的应用科学大学学生那样青睐实践、职业导向的培养方式，而是仍然抱有读书深造，并最终"回到"综合性大学的愿望（Buchholz et al., 2010）。而在现有的条件下，应用科学大学的培养过程并不能满足他们在这方面的需要。据此，应用科学大学还需要在一定程度上加强研究性教学，以满足上述学生在今后进入研究领域的需要，这并无执行方面的困难——应用科学大学的教授基本上都是在综合性大学博士毕业的，均具有一定的研究基础。

---

①根据德国联邦统计局 2019 年教育与文化统计数据制作，见 Statistisches Bundesamt (Destatis). *Bildung und Kultur: Personal an Hochschulen*[EB/OL]. (2020-10-16)[2020-11-25]. https://www.destatis.de/DE/Themen/Gesellschaft-Umwelt/Bildung-Forschung-Kultur/Hochschulen/Publikationen/Downloads-Hochschulen/personal-hochschulen-2110440197004.pdf?_blob=publicationFile.

②学术人员（Wissenschaftliches und künstlerisches Personal），指在德国高校从事科研、教学等专业技术工作的人员，包含全职教授、兼职教授（Gast-/Professoren, Emeriti）、讲师及其他教学人员（Dozenten & Lehrbeauftragte）、助研人员（Wissenschaftliche und künstlerische Mitarbeiter und Wissenschaftliche Hilfskräfte）等。

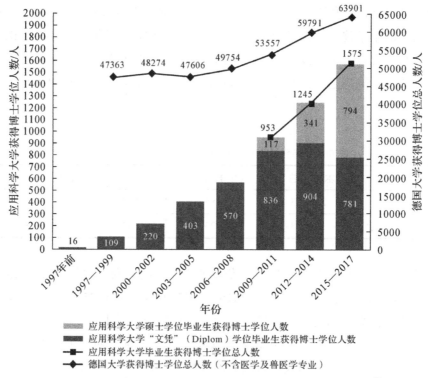

图 5-10　德国应用科学大学毕业生获得博士学位人数历年变化[①]

3)"博洛尼亚进程"的催化。对于德国的应用科学大学来说,上文提及的"博洛尼亚进程"带来的最核心的变化就是欧洲学分转换认可制(European Credit Transfer and Accumulation System, ECTS)的引入和学士—硕士—博士的三级学位制度取代原来的"文凭"(Diplom)学位制度。人们对应用科学大学和综合性大学之间认知差异的学位制度载体消失了,不论是前者还是后者,他们都属于高等教育范畴,都是"大学"。"博洛尼亚进程"为应用科学大学获得博士授予权扫清了制度上的障碍,也进一步催化了那些有条件、有需要的应用科学大学在博士培养方面挣脱对综合性大学的依赖,积极争取自己的博士授予权。

———————————

①根据德国大学校长联席会议 2019 年发布的关于应用科学大学联合培养博士生项目的研究资料中的数据改制,见 HRK. *Promotionen von Absolventinnen und Absolventen von Fachhochschulen und Hochschulen für Angewandte Wissenschaften und Promotionen in kooperativen Promotionsverfahren, HRK-Umfrage zu den Prüfungsjahren 2015, 2016 und 2017*[M]. Berlin: Hochschulrektorenkonferenz, 2019: 10.

(三) 争取博士授予权——意义几何？

争取博士授予权是德国应用科学大学近年来发展的重大动向，尽管如此，我们仍然需要对此抱有客观和清醒的认识。国内有不少人将应用科学大学获得博士授予权视作德国高等教育的结构性改革，认为这将是所有应用科学大学未来发展的必然趋势，甚至呼吁一些地方院校朝此方向转型，这是不科学的。德国关于博士授予权改革的问题于 21 世纪初就被提起，时间已过去了 20 年，一直仍处于激烈的讨论中。总体上，应用科学大学获得博士授予权并未改变应用科学大学培养应用型人才的特色和使命，真正获得博士授予权的应用科学大学规模较小，且往往有不少限制条件，产生的影响仍然限定在较小的范围。根据德国大学校长联席会议发布的数据，截至 2020 年 4 月，获得博士授予权的应用科学大学只有黑森州的四所应用科学大学，分别为富尔达应用科学大学（Hochschule Fulda）、法兰克福应用科学大学、莱茵美茵应用科学大学和达姆斯塔特应用科学大学。黑森州仍是唯一开放应用科学大学可直接博士授予权的联邦州，相应的专业限定在社会服务、计算机科学等专业。德国已于 2007 年开始讨论着手废除高等教育框架法（Hoymann, 2010: 24-25），这意味着高等教育管理与改革的主导权已逐渐由联邦政府落到了各州政府。前文提到的几个州的情况进展不一，更不能代表整个德国的情况。因此，从这个层面上看，应用科学大学争取博士授予权是一个长期的进程，是德国应用科学大学学术化发展的表征之一，它更具象征意义，更多地作为大学更名等争取同等对待和资源赋能举措的支点和呼应。

5.2.7 "精英应用科学大学"："卓越计划"中的应用科学大学

"卓越计划"是德国进入 21 世纪以来最重要的高等教育振兴计划。正如时任联邦德国的总理施罗德（Schröder, G.）所说，"卓越计划"将成为德国科学技术发展的"灯塔"（Leuchttürme），将对德国高等教育的发展产生重要影响（Neumann, 2015: 277）。"卓越计划"实施十几年来，对其影响和效果的研究屡见不鲜，主要分为两派：一派认为"卓越计划"的实施取得了积极的成效，为德国大学（特别是那些以科研为主的综合性大学）提升科研水平提供了强有力的保障，促进了高等教育"拔尖"的发展，如莫艾斯（Moes, 2006）、凯姆（Kehm, 2009）以及巴露斯尤丝（Barlösius, 2008）等人的研究；另一派则认为

"卓越计划"的实施破坏了德国高等教育长期以来的结构平衡，其倡导的"精英"说法等也与德国传统的高等教育理念相违背，如法赫（Fach, 2008）、迈耶（Mayer, 2005）等人的研究。客观上看，"卓越计划"面向的都是德国的综合性大学，与应用科学大学的关系不大，因此绝大多数对"卓越计划"影响的研究也基本限定在综合性大学的范围。但泰西勒（Teichler, 2008）、哈特曼（Hartmann, 2006）等人对"卓越计划"的研究则表明，随着"卓越计划"的逐步推进，它将为德国高等教育带来发展范式上的转变及结构上的转型。作为德国高等教育体系独具特色的一种学校类型，应用科学大学以培养应用型人才、开展应用性导向的研究为主要特色，与综合性大学一起，构成了德国高等教育的主干力量。正如当时的吕贝克应用科学大学在 2016 年发出的倡议中提出的，"应用科学大学是德国科学体系中的重要支柱（Säulen des Wissenschaftssystem）之一，其开展的应用型研究是综合性大学等研究机构开展的基础研究实现应用价值的重要纽带，'卓越计划'不应忽视应用科学大学在塑造'科学精英'方面的作用"（Präsidium der FH Lübeck, 2016）。如果从德国高等教育的整体结构着眼，就很难割裂"卓越大学"对应用科学大学产生的影响。

（一）"卓越计划"及其发展历程

德国"卓越计划"的思路提出于 2004 年，当时德国社民党（Sozialdemokratische Partei Deutschlands, SPD）与绿党（Bündnis 90/Die Grünen）执政联盟下的施罗德政府提出要仿照美国常春藤大学的模式建设德国的"精英大学"（Eliteuniversität），以维持或者提升德国高等教育在世界上的竞争力（Hartmann, 2010）。这种说法立刻引起了学术界和媒体的激烈争论，反对者的声音不绝于耳。"精英"这个词对于长期以来反思纳粹"人种说"的德国人来说，实在有些刺耳，更违背了追求公平与平等的价值观。为平息争论，确保计划顺利实施，德国政府将计划的名称由原计划的"精英大学计划"修改为"卓越倡议计划"，简称"卓越计划"。"卓越计划"的资助线主要分为三条：第一条线，研究生院（Graduiertenschulen），主要资助一些优秀的博士生培养项目；第二条线，卓越集群（Exzellenzcluster），主要支持大学建立具备国际竞争力的研究及培养机构；第三条线，高校尖端研究未来建设计划（Zukunftskonzepte zum projektbezogenen Ausbau der universitären Spitzenforschung），主要资助顶级大学的建设。项目资助期限为 10 年，分为两个阶段，累计资助额度达到了 46 亿欧元（Deutsche Forschungsgemeinschaft, 2019）。

10 年期满后，德国联邦政府于 2016 年 6 月与各州政府协商，将"卓越倡议计划"升级为"卓越战略计划"（Exzellenzstrategie）继续推行，计划的执行期限为 2019 年至 2026 年。经过多轮的评审，2019 年 3 月，最终确定了 57 个集群项目，项目主要覆盖了数学、物理学、化学、生物学、哲学、医学等基础前沿学科。这 57 个集群项目来自全德 34 所综合性大学，其中，40 个集群由单个大学负责牵头建设，14 个集群由两所学校联合建设，3 个集群由三校联合建设。值得注意的是，上述集群中近一半（49%）在上一轮"精英倡议"计划中已经作为"卓越集群"或"研究生院"获得相应资助（Deutsche Forschungsgemeinschaft, 2019）。高校以外科研机构的广泛参与以及跨学科合作构成了这一批卓越集群的主要特色。

基于"卓越集群"名单，拥有至少 2 个"卓越集群"的大学，以及 2 所至少有 3 个联合"卓越集群"的大学联盟将有资格申请成为"精英大学"。根据工作计划，"卓越项目"的联合委员会（Gemeinsame Kommission Exzellenzinitiative）于 2019 年 7 月公布了新一轮 11 所精英大学称号。据此，德国新一批"精英大学"在汉堡大学、柏林洪堡大学、波恩大学、图宾根大学、柏林自由大学、明斯特大学、德累斯顿工业大学、亚琛工业大学、斯图加特大学、弗莱堡大学、康斯坦茨大学、基尔大学、柏林洪堡大学、科隆大学、慕尼黑工业大学、慕尼黑大学中产生，而上一轮入选者如海德堡大学、哥廷根大学等老牌名校却遗憾地不在此列。"卓越集群"项目在德国除萨尔州（Saarland）、梅克伦堡-前波莫瑞州、萨克森-安哈尔特州（Sachsen-Anhalt）和勃兰登堡州外，在其他联邦州、区均有覆盖[①]。

（二）"卓越计划"视域下的德国高等教育结构性转变

1）关键词："灯塔"和"精英"

作为一项长期、持续的计划，"卓越计划"实施 10 余年来，不单单提升了那些受到资助的大学的科研实力，更为重要的是，它是联邦德国政府在现有高

---

①受资助高校及项目的详细名录见驻德使馆教育处. 德国教育简讯，2018(9)[EB/OL]. (2018-10-10)[2019-01-20]. http://www.de-moe.edu.cn/article/read/12146-20181108-5116/years.

等教育治理框架下，基于学术自愿的原则（陈洪捷，2016），对德国高等教育系统作出的重大振兴举措。对于那些受到资助的院校，每个基础性科研项目每年可以得到 100 万至 650 万欧元的资助（DFG, 2006），在资金上支持基本上没有了后顾之忧，大大激发了科研人员的工作热情；部分学校如慕尼黑工业大学、慕尼黑大学等在"卓越计划"的建设周期内，在各大学排行榜中排名有了显著提升（赵英伟等，2017）。对于那些没有入选的学校（包括应用科学大学）来说，这一计划的重大影响力还产生了"涟漪效应"，这些学校逐渐认识到了科研在人才培养和院校发展中的重要性——对于科研这个话题的讨论已经从以前的"要不要"的问题变成了"如何做好"的问题。

从"卓越计划"的命名到项目的实施，都围绕着建设德国的"精英大学"这一目标进行。德国社民党通过一项宣言生动地阐释了"卓越计划"的政策主张："我们要立志改变德国高等教育的结构，使一批顶尖院校和研究机构能进入世界高等教育的第一方阵，与哈佛大学、斯坦福大学这样的顶尖院校进行竞争"（SPD-Parteivorstand, 2004）。德国科学研究基金会的数据表明，仅在 2018 年，40 所大学获得的资助金额为 63.4 亿欧元，而其余所有大学获得的资助只有 9.7 亿欧元（DFG, 2018: 53），意味着德国科学研究基金会 86.7% 的资助进入了德国高校总数前 10% 的大学。"卓越计划"带来了显著的"马太效应"——那些实力相对雄厚的高校从中获取了更多的资助，颇具竞争色彩的"精英大学"的称号更是帮助他们集聚了更顶尖的学者和更优质的生源，在市场化的高校发展比拼中获得了巨大的优势。

2）主导方向："金字塔分层"和"竞争差序"

在市场导向经济理性主义（economic rationalism）政策的影响下，德国政府对高校的资助开始由传统的"平摊+申请"模式逐渐与质量管理和绩效考核（Leistungsprinzip）挂钩（张源泉，2010b），资源竞争催化了大学排名的产生和发展，"精英"语汇体系进入高等教育场域是这一背景下的必然结果。从表面上看，一个对大学实力进行分层的定式思维渐渐浮出水面。首先，基于学校类型的差异将大学分为两级，即综合性大学和应用科学大学；再将综合性大学细分为"精英"和"非精英"两类，将应用科学大学细分为"有博士授予权"和"无博士授予权"两类，如图 5-11 所示。

传统上，受到洪堡大学理念的影响，近代德国大学一直强调"教学与研究相统一"和"学术知识统一"，人们对经典大学的发展最为普遍的认识就是"均质性理念"（Homogenitätsvorstellung）：大学之间是平等的，既没有明显的类型差异，也没有明显的水平差异（Gleichartigkeit und Gleichwertigkeit），这也塑造了德国高等教育体系的传统特色（Strohschneider, 2009）。而"卓越计划"的出现恰恰打破了这一范式，引发了德国高等教育从"均质"到"分化"（Differenzierung）的结构性转变过程，大学被引入了差序竞争的格局中。在"卓越计划"的资助体系下，造成了三重竞争差序：除了大学系统的差序，还包括研究与教学的差序，以及学科上自然科学与人文社会科学的差序。在这场竞争中，大多数高校被"淘汰"，在第一轮和第一轮的申请中，通过申请率仅有 38∶300 与 47∶261（李建新，2007：69）；科研成果远远超越人才培养，成为最重要的绩效标志；人文与社会科学学科沦为了最大的"失败者"，在"卓越计划"的三轮资助项目中，这些学科从未超过总项目数的五分之一。尽管德国科学研究基金会多次强调要加强大学的人文科学研究，但仅仅也止于"口惠之见"（Lippenbekenntnis）（Hartmann, 2006: 448）。

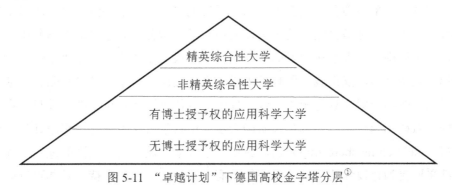

图 5-11 "卓越计划"下德国高校金字塔分层①

（三）应用科学大学的应对

1）应用科学大学参与"卓越计划"的认识论基调。"卓越计划"的核心是提升综合性大学的研究能力，表面上看与应用科学大学的关系不大，从第一期计划到目前，还没有一所应用科学大学获得"卓越计划"的资助。时任联邦教

---

①有人按照历史、政治、经济等因素的影响差序将德国高校分为"西南部的老公立大学"到"东部的私立应用科学大学"等 11 个层次，但这种说法似乎有些牵强，与德国高等教育体系的现状与传统相违背。详见张帆. 德国高等学校的兴衰与等级形成[M]. 北京：北京师范大学出版社, 2012: 164.

研部部长万卡（Wanka, J.）此前也担任过应用科学大学的校长，她本人也不认同将应用科学大学纳入"卓越计划"的资助范围，认为应给予应用科学大学设置更有针对性的科研资助项目（Reith, 2016）。也有人说应用科学大学就是"卓越计划"的"局外人"（Außenseiter），认为将应用科学大学或者那些"小型大学"（Kleinere Unis）排除在"卓越计划"之外是不公平的，也是不合理的（Ell, 2020）。首先，从德国高等教育的体系来看，综合性大学与应用科学大学只应存在类型的不同，而非层次上的高低，前者侧重研究型人才培养和理论研究，后者侧重应用型人才培养和应用型研究。其次，"精英"和"卓越"表征的范围也不应过于狭隘，作为科研尖端力量的综合性大学是精英，而以教学为主的应用科学大学同样也可以是精英；有"精英大学"，也应当有"精英学生"，当然还包括那些在工作实践场域中大受欢迎、风生水起的应用科学大学毕业生（Kohnhäuser, 2009）。

2）应用科学大学面对"卓越计划"的三重应对。实际上，关于"卓越计划"在资源分配的覆盖度及公平性这一话题的讨论中，那些没有进入项目资助的综合性大学才是搭台唱戏的主角，应用科学大学并没有过多地参与其中。相反，许多应用科学大学在项目的一开始就以积极的姿态应对，在"卓越计划"的第一轮资助中，汉诺威应用科学大学、慕尼黑应用科学大学及埃尔福特应用科学大学等学校就计划与相关的综合性大学合作申请"卓越集群"项目。在德国联邦教研部和科学研究基金会明确表示应用科学大学不具有"卓越计划"申请权（nicht antragsberechtig）后，应用科学大学并没有表示激烈的反对，而是继续采取更为建设性的策略，以获得政府对其科研方面的支持。具体可以概括为以下三个方面：第一，认同政府通过"卓越计划"提升大学科研实力的做法，建议联邦教研部开展面向应用科学大学的针对性科研资助项目（Rossmann & Schulz, 2016）；第二，认识到了开展科研、提升科研能力对应用科学大学的重要性，在学校内部设立类似于"卓越计划"的配套项目，对校内的科研团队、科研项目进行整合、孵化（Welt, 2016）第三，认为"卓越计划"应当是长期的、可持续的，不应是一成不变的，继续就"卓越计划"的发展与资助形式进行讨论，呼吁对其进行改革，扩大其覆盖的区域和学校，向应用科学大学开放申请窗口（Von Jagow, 2016）。经过长期的讨论，德国科学研究基金会才于2014年同意应用科学大学的科研工作者以个人的身份申请"卓越计划"中"研究生院"的资助项目（DFG, 2014）。

总的来说，那些未能入选"卓越计划"的综合性大学显得失望、愤怒甚至有些一蹶不振。相对而言，应用科学大学的应对则显得更为理性和坦然。应用科学大学与综合性大学在科研基础方面的悬殊差距，决定了其在"卓越计划"的激烈竞争中没有任何胜算。但是，在此过程中，应用科学大学逐渐认识到了科研对于发展的重要性，纷纷开始加大对科研的投入和支持：通过减轻教授的教学工作量，鼓励其参与科研；引进新的具有科研潜力的教授；积极争取博士授予权等。通过这些措施，应用科学大学努力实现在科研成果转化、科研服务等应用型科研方面的"弯道超车"。虽然应用科学大学在与综合性大学的差序竞争中处于下风，被"卓越计划"排除在外，但是这种充满务实精神的"自知之明"帮助了应用科学大学在未来的发展中占据了"弱者优势地位"，获得了强劲的后发动力。

（四）"卓越计划"为应用科学大学带来的影响：平权思维下的"弱者优势"

对应用科学大学来说，"卓越计划"产生的最直接的影响就是让学校的领导层和教授们认识到了科研对促进教学以及学校发展的重要性。伴随着德国高等教育理念从"教养、科学、自由、寂寞"的古典模式向注重公平、效率、质量和标准的新型大学模式的转变（王兆义，2019），应用科学大学通过大学更名、争取博士授予权等要求获得与综合性大学一样的"同等地位"。如果将"卓越计划"置于更为广阔的时空背景，去考察它对应用科学大学产生的间接影响，那么这种影响显然更为深远。

平权思维始终在西方具有重要影响，无论是社会舆论还是政策制定中，考虑到纠偏、补偿与促进多样性，弱势的一方往往会得到社会大众的同情与政策的倾斜或特殊的"照顾"。在"卓越计划"的游戏规则下，应用科学大学的劣势凸显无遗：科研水平低、起点低，科研人员不足，很早就被排除在"卓越计划"之外。正是这一"弱者身份"帮助应用科学大学获得更多来自多方面的支持。

首先，在应用科学大学是否应获得博士授予权的讨论中，无论是民间、学术界还是政府的态度，都越来越偏向于赞成应用科学大学获得博士授予权。在各方的压力下，德国大学校长联席会议于 2007 年形成决议，将博士授予权与大学的类型相分离，由各州政府自行决定博士授予权的予夺权（Holuscha，2013：207）。如前所述，目前已有黑森州的四所应用科学大学正式获得博士授予权，其他地区如巴登-符腾堡州、勃兰登堡州、汉堡市及北威州等正积极开展修/立法的推进程序（KMK, 2020），更多的应用科学大学以相应的方式获得博士授予权将是一股不可逆转的潮流。

其次，联邦政府和各州政府出台了多项几乎是为应用科学大学量身定制的"补偿政策"，以提高其科研能力和科研水平。联邦教研部主导下的资助项目包括："应用科学大学应用型研究与发展项目"（Anwendungsorientierte Forschung und Entwicklung an Fachhochschulen，简称 aFuE）、"创新高校计划"（Innovative Hochschule）、"应用科学大学科研项目"（Forschung an Fachhochschulen），以及"项目学院计划"（Projektakademien）等。各州政府主导下的资助项目包括：北威州的"应用科学大学支柱项目"（Förderprogramm FH Basis）、下萨克森州（Niedersachsen）的"应用科学大学科研发展与孵化项目"（Entwicklung und Etablierung von Schwerpunkten angewandter Forschung an niedersächsischen Fachhochschulen），以及巴伐利亚州的"精英学院计划"（Bayerische Eliteakademie）等。这些项目有的作为"卓越计划"的延伸和补充，有的作为"卓越计划"的对等计划，其目的都是促进应用科学大学科研水平、创新能力和技术研发能力。

最后，对于应用科学大学未来是否可以参与"卓越计划"这个议题，目前已处于一个开放性的论证中。随着默克尔执政的行将结束，多年来的执政联盟很有可能被打破，代表中下阶层的"选择党"（Alternative für Deutschland，简称 AFD）等政治势力获得更多的政策影响力，在德国移民问题的发酵下，德国的政治和社会结构将发生深层次变化，在教育领域，应用科学大学将在"冲破传统、打破僵局、维系平等"的政策尝试中扮演举足轻重的角色。

在上述各方面的综合影响以及应用科学大学务实理性的应对策略下，"卓越计划"实施以来，应用科学大学看似是"失败者"和"局外人"的角色，但其获得的科研支持力度却有了大幅攀升，科研能力有了很大提高。仅以上述"应用科学大学科研项目"为例，如图 5-12 所示，应用科学大学获得的项目资金在 15 年间增长了 5.6 倍，2018 年达到 5600 万欧元。2017 年，德国应用科学大学的第三方资金总计收入达到了 6 亿欧元，教授人均达到了 33000 多欧元，虽然与综合性大学相比，只占其十分之一左右（HRK, 2019），但两者均创历史新高，发展势头良好。从这个意义上讲，应用科学大学可以说是"卓越计划"的一大间接受益者。

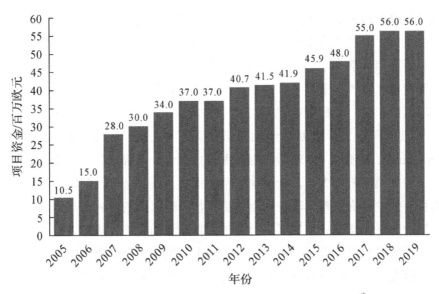

图 5-12 "应用科学大学科研项目"历年项目资金数量[①]

5.3 从标志性事件看德国应用科学大学定位的变化

前文所列之"标志性事件"基本按照德国应用科学大学及德国社会发展的历史进程之时序呈现，本节基于前述"微观史学"的研究框架，尝试将德国应用科学大学的萌生和发展这一较宏观的问题拆解为一些具有代表意义的、处于中观和微观层面的"标志事件"，将这些事件投射到德国应用科学大学定位变化的研究问题上来进行考察。以下试从五个方面分析这些"标志性事件"反映出的德国应用科学大学定位的发展与变化情况。

（一）反映平权色彩的政治定位

与其他历史时代一样，德意志民族偏向于用教育来解决不同发展阶段中遇到的严峻问题，德国应用科学大学从一开始也被赋予了政治使命。它诞生于特殊的历史时期，在二战后"冷战"及学生运动的影响下，带有浓重的国际、国内政治色彩——对外，是为了回应"德国教育灾难"的提问，为资本主义的顺

①根据德国联邦教研部"应用科学大学科研项目"发展报告中的数据制作，见 BMBF.
Forschung an Fachhochschulen–Wie aus praxisorientierter Forschung Produkte und Dienstleistungen
werden[R]. Bielefeld: W. Bertelsmann Verlag, 2016: 9.

利发展提供强有力的人才支持；对内，是为了满足当时民众不断增长的高等教育需求及中产阶层要求提高社会地位和社会声望的渴望。从平权思想的发展来看，德国应用科学大学可以说是战后学生平权运动的主要社会产物之一，它把"高等教育"和"大学"从"精英"的神坛上扯落下来，并借此对德国社会产生了深远的影响。大量平民家庭以及外来移民（主要为土耳其裔）出身的技术人才，从应用科学大学毕业后绝大多数进入了中小企业（Kleine und mittlere Unternehmen, KMU），并逐渐成为那里的技术骨干和管理骨干。中产阶级、技术劳工的规模不断扩大，其社会地位不断提高，崇尚公平、保障弱势群体逐渐成为社会的主流价值观。随着社会地位、社会话语权的不断提高，应用科学大学的毕业生将在德国政治生活中扮演越来越重要的角色，成为一些新兴政党如绿党、德国选择党等组织的生力军。在瑞士、奥地利等德语国家，团结应用科学大学校友力量，并充分发挥其在社会公共话题中的参与和主导功能，已成为一个公开的话题（Höneisen, 2018）。

（二）提供创新源泉的经济定位

在应用科学大学规模逐渐发展、壮大的同时，需要因应社会发展的最新需求，解决社会问题，其被赋予的经济使命也逐渐清晰了起来，振兴经济活力、提供创新动力便是来自经济领域最迫切的主题。德国高等教育系统通过"综合技术大学""双元学制"等系列改革，应用科学大学以其在就业市场、校企合作中的卓越表现充分证明，只有它这种高教类型才是完成上述使命的最优解。在此背景下，德国中小企业自身也不断发展壮大，2018 年，德国的中小企业总数达到了 259 万家，占德国所有企业的 99.5% 以上，占德国所有出口企业的 97.1%，81.7% 的企业提供了双元制或学徒实习岗位，贡献了德国企业 57% 的当年增加值（Rudnicka, 2020）。中小企业的繁荣发展也为德国经济在世界经济拼图中的角色注入了最为瞩目的色彩。20 世纪 90 年代，德国美因茨大学（Uni Mainz）的教授西蒙（Simon, H.）提出了著名的"隐形冠军企业"（Hidden champions）概念。他认为德国创新的动力并不来自那些巨头公司，而是那些中小企业在其中唱主角，他为这些企业刻画了三个要素：1）主要产品在世界市场份额中位列前三位（或在洲际市场份额中位列首位）；2）企业营收低于 50 亿美元；3）社会知名度低。满足这三个要素的企业则为"隐形冠军企业"（Hermann, 2012: 16-18）。2012 年，在全世界 2700 多家的"隐形冠军企业"中，德国的企业有

1300 多家，占比 47%，远超第二位的美国（366 家），如表 5.6 所示。这些企业
为德国保持充盈的创新力提供了不竭的动力支持。从 2003 年到 2012 年，德国
拥有欧洲专利数量超过 13 万个，排名第一，是法国的 2.3 倍，意大利的 4.4 倍，英
国的 4.7 倍（周磊，2015）。正如时任德国总理默克尔所言，"中小企业形塑了欧
洲的社会形态（Sozialmodell）……并将成为欧洲经济的金名片（Markenzeichen）"
（Handelsblatt, 2017）。更重要的是，德国乃至世界范围已达成这一广泛认知共
识："中产阶级和中小企业是社会稳定和进步的保障"（Garant für Stabilität und
Fortschritt），"德国中小企业联盟"正式将这句话写进了章程（Bundesverband
mittelständische Wirtschaft, 2019）。

表 5.6　2012 年"隐形冠军"企业国家排名[①]

排名	1	2	3	4	5	6	7	8	9	10
国家	德国	美国	日本	奥地利	瑞士	意大利	法国	中国	英国	瑞典
数量/家	1307	366	220	116	110	76	75	68	67	49

（三）代表"模式Ⅱ"的知识生产定位

随着工业化社会向信息化、数字化和全球化演进，人类的认知结构和知识
生产模式都发生了重大变化，在高效的传播方式和紧密的合作二者的综合影响
下，原有知识结构下的"专业"之间的鸿沟越来越小，教育理念和教育方式也
在深层次响应这种变化。高等学校作为知识生产最主要的场所，自然需要作出
相应的改变。高等教育的大众化也为"知识产业"（knowledge industries）与"基
于知识的产业"（knowledge-based industries）之间的区分提供了组织基础（吉
本斯，2011: 182）。在知识生产的"模式Ⅱ"中，技术转化（transfer）的本质
也在发生变化，过去的线性转化的观点也逐渐被更具交互性的观点取代（吉本
斯，2011: 192），原有的传统大学与其他高等教育机构之间的分解逐渐被打破，
传统上以知识研究为任务的综合性大学如果没有进行必要、有效的改革，就会
被应用科学大学这样的新兴机构逐渐取代。在社会思潮方面，以阿多诺（Adorno,

①根据 Statista 网站有关数据整理，见 Statista. *Anzahl der mittelständischen Weltmarktführer
nach Ländern im Jahr 2012*[EB/OL]. (2013-09-21)[2020-08-11]. https://de.statista.com/statistik/
daten/studie/383549/umfrage/mittelstaendische-weltmarktfuehrer-nach-laendern/.

T. W.)、哈贝马斯、沙勒（Schaller, K.）等为代表的法兰克福学派（Frankfurter Schule）在西方产生了重要的影响。法兰克福学派以"交往理性"为理论表述核心，揭示出教育的首要目的不是培养完美的学生，而要关注受教育者"参与社会行动的条件及其状况的改善"（Stein, 1979: 108）。"交往教育学"一度成为德国教育哲学的主要指向。随着应用科学大学的出现和发展，一种建立在专业教育基础之上的、以能力赋予和加持为教育理念和教育形态逐渐形成，它的核心任务是实现人在现代社会的自由和解放。

同时，由于应用科学大学没有走传统的综合性大学的发展路径，受知识发展的路径依赖支配较少，在迅猛的规模发展中，相较于综合性大学根基尚浅、积淀不够，一方面为了在新的知识生产模式中站稳脚跟，就需要通过集体更名来诉求与综合性大学的"同等对待"，从而获得更广泛的社会认可；另一方面需要通过争取博士授予权、加强应用型研究等诸如此类的行动来进行"知识补差"。从这个层面上看，我们也许可以轻易地对应用科学大学接下来的改革动向进行预测，那就是继续朝着综合性大学的传统层面——"综合化""学术化"发展——只要是综合性大学本来所特有的，应用科学大学就一定会去挑战、去追求。

（四）形型"温和分化"的高教体系定位

在分析世界高等教育体系时，前述德国高等教育研究的泰斗泰西勒承袭特罗和克拉克等人的观点，提出了一个多样化模型（Diversifiziertes Modell）的分析框架。他认为，多样化是世界上大多数国家高等教育发展的基本格局，在这一格局中，学校类型的差异明显，科研尤其是基础科研集中于少数学校，资源分配也跟随研究项目向少数学校集聚，大多数大学主要以人才培养为主要任务（Teichler, 2005: 132-133）。在多样化模型中，才产生了"常春藤高校""精英大学"这样的顶尖高校，其他的大学则被称为"大众的大学"（Massenuniversität）。而德国高等教育的改革承载了其均质化的传统，随着"卓越计划"等教育政策在德国的推进，一种新的发展模型得以构建，泰西勒将其称为"温和分化"（Moderate Differenzierung）。在这个模型中，研究型大学与应用型大学之间存在着一个"过渡类型"，就是工业大学。工业大学的科研参与度较广；在资源分配上，那些未获得多少资助的综合性大学和应用科学大学一起被归为"大众大学"（Massenhochschule），这在一定程度上反而促进了这两类大学的均质发展（Bultmann, 1999）。

在现有的框架下，已经有不少综合性大学与应用科学大学在博士培养、合作研究、项目申请等方面进行了广泛而深入的合作，应用科学大学在校企合作、成果转化方面具备的先天优势使得二者的合作更富成效、更有吸引力。在"温和分化"的过程中，一方面，应用科学大学正如 19 世纪德国的工业学院（Technische Schule）转型为工业大学一样，具备了升格为"新型大学"（Neue Hochschule）的客观条件，它与综合性大学之间的类型差异将渐渐消弭。看似作为"卓越计划"的失败者，应用科学大学在其温和理性的应对中反倒成为更广阔的高等教育政策的受益者。而那些以"精英大学"为代表的顶尖学校，将逐渐拉开与其他大学的差距，形成一种基于声望和实力上的分化。在形塑"温和分化"的高等教育体系的架构中，德国应用科学大学作为最为活跃的高等教育机构，充当着这个形塑过程的关键动力支点。

（五）从教育到"总和"的制度本体定位

如前所述，在教育制度范畴上，应用科学大学经历了从"特殊高校类型"到"不同但等值"的定位，以及"温和分化"教育政策平衡。进入 21 世纪后，在"博洛尼亚进程"等欧洲一体化的特殊时空背景下，民族意义上的疆界逐渐模糊，欧洲作为一个整体的"神话"已逐渐成为具有广泛共识的认知，"欧洲共识"和"欧洲认知"成为讨论欧洲境内任何问题时的必要前提。作为"新型高校"出现的应用科学大学无疑被赋予了更为重要的制度使命。随着"欧盟标准"（European Norm, EN）的建立，技术通用一体化日渐达成，要求人才培养的无缝嵌合与对接，而区域内国际化与区域国外国际化是其中主要的教育载体。在德国强大技术传统的影响下，以应用性为导向、国际化进程强劲的应用科学大学必将大有可为。另外，技术人才的稳定和强大也将给中产阶级注入强劲的活力，从而影响国家政策取向，采取更为平衡的角度。进入 21 世纪以来，无论是内政还是外交，无论是处理难民问题、制定贸易政策，还是应对疫情，德国都奉行更为平衡的政策导向，这一点已在欧洲乃至世界范围内形成了样板效应，也为德国巩固其在欧盟的领导地位、在国际地缘政治中发挥更为重要的作用，产生了深远的影响。可以说，在将平衡导向从教育领域带入了社会整体制度框架的进程中，德国应用科学大学发挥着不可或缺的作用。

5.4 小 结

本章以较大的篇幅呈现了德国应用科学大学在诞生、发展过程中的"标志性事件"，这些事件也勾勒了德国应用科学大学自身定位的演变。从教育史的角度看，将第 4 章中德国应用科学大学的溯源与本章德国应用科学大学定位变化事件串联起来，可以发现，德国应用科学大学面向应用的教育导向根植于德国长久的社会文化土壤，形成了深厚悠久的职业教育传统。受到美苏冷战的影响，改进教育结构和人才培养方式成为彼时德国最为迫切的任务。进入 20 世纪中后期，社会经济对人才培养有了全新的需求，而综合性大学经过"综合高校"等模式的尝试，并未对此作出很好的因应。在这个背景下，工程师学校、专业学院等原属于职业教育范畴的机构即有了"升格"的内在必要性，当时以平权为主要诉求的学生运动提供了巨大的助力。应用科学大学通过"双元学制"的模式使得企业的人才需求得到了完美回应，并进一步加强了与企业的联系，从而构筑了自身在德国人才培养体系中不可或缺的地位。"博洛尼亚进程"为德国应用科学大学尤其是私立应用科学大学带来了空前的发展机遇，在学位等值互认、欧洲一体化的行动框架下，德国应用科学大学的地位得到了提升，进入了与综合性大学竞争资源的场域，也重新回归到了知识生产体制中的发展路径，以集体更名、争取博士授予权等手段要求与综合性大学的"同等地位"。有了"同等地位"，才有"资格"和"底气"与综合性大学在应用型科研、国际化等方面进行竞争，甚至通过一些后发的优势"超越"前者。如果对德国应用科学大学的定位发展中的"标志性事件"进行年谱化的叙事呈现（如图 5-13 所示），就可以看出，随着德国应用科学大学朝着"学术化"方向的发展，在不同的制度环境中，其定位也发生了相应的演变：由最初的"政治定位"萌芽到产生后的"经济定位"，再到知识生产体制中的新角色，进而形塑德国高等教育"温和分化"体系的定位，最后上升为"总和"的制度本体定位。从总体趋势上看，逐渐从政治走向经济，从经济走向知识，从知识回归教育本体，再以一个"温和分化"的教育体系主体对社会政治、经济、文化施加全方位的影响。当然，上述定位的发展并不遵循完全颠覆、抛离的纯线性模式，而是在继承、保留的基础上坚持迭代扩散定位模式。

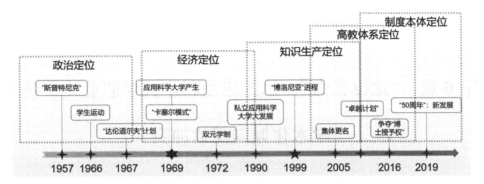

图 5-13　德国应用科学大学溯源——"标志性事件"及其定位发展的叙事年谱

　　进入 21 世纪以后，无论是与综合性大学"竞争"，还是以"新型大学"的身份对其实施"超越"，抑或打造"精英应用科学大学"，应用科学大学发展的基本逻辑仍限定在原有大学发展的逻辑框架内。在这个框架内，应用科学大学无论怎么发展，似乎都只能以综合性大学为标杆，正如布劳恩（Braun, 1994: 115）所认为的，高等教育一直处于"升格发展"（Aufstufung）的态势，"同一性高校"看上去是不可避免的。应用科学大学将自己置身于综合性大学的同等地位，这将导致应用科学大学身份认同的销蚀（Auflösung der Identität），从而造成自身特色和传统的弱化和丢失（Kiener, 2013）。由于学生在应用科学大学内只学习如何运用那些"已出炉"的研究结果（erforschte Erkenntnissen）和研究方法，难以开展独立的研究；而应用科学大学里的教授在科研方面的水平也明显弱于综合性大学，因此有学者认为，对于应用科学大学而言，"泛学术化"只能带来名义上的"能力提升"，而这种对它们来说是"异质的能力"，并不会带来实质上的帮助（Litty, 2006）。正如哲学家尼达-吕莫林（Nida-Rümelin, 2014）的论断，这是一场"学术化妄想"（Akademisieungswahn）。

　　在应用科学大学内部，长久以来存在的职业化传统和在新形势下产生的学术化倾向，形成了两种截然不同的定位导向。这两种定位通常牵扯在一起，相互撕扯，产生了强大的"定位张力"。下一章将从制度环境外延回归到应用科学大学自身，去考察应用科学大学内部的"定位张力"。

第6章 "定位张力"：德国应用科学大学职业化传统与学术化倾向间的冲突

　　随着高等教育普及化、大众化的深入，技术进步促使知识生产方式发生了变革。这些外部条件的变化为德国应用科学大学注入了强劲的发展动能，在促进应用科学大学飞速发展的同时，也引起了其发展定位的偏移。应用科学大学逐渐以一种"挑战者"和"竞争者"的姿态在高等教育的场域中扮演越来越活跃的角色。与此同时，在众多应用科学学科内部，来自职业教育传统的势能和来自学术化发展的动能二者形成了一定的张力，给德国应用科学大学定位带来认知和实践层面的障碍。人们（包括德国应用科学大学内部的教授和学生）不禁要问：1）更名后的应用科学大学不再叫 Fachhochschule，而是叫 Hochschule，这个名词与代表综合性大学的 Universität 之间有什么区别？2）被允许参与"卓越计划"且发展较好、实力较强的应用科学大学，可否像综合性大学被称为"精英大学"一样，也被称为"精英应用科学大学"？3）随着应用科学大学开展应用型研究和成果转化的深入，其主要使命是否已经从教学转变为科研与教学并重？4）应用科学大学的师资需要在多大程度上继承职业教育师资特色传统，进而从事新时期下的研究、教学与成果转化工作？5）应用科学大学的教学内容究竟如何满足社会对复合型人才的需求，在学生专业技能和通识技能之间找到平衡点？6）在"工业4.0"的工场实践中，大量技术性、技能性的工作不再需要人力，而是通过互联和人机对话由机器实现，那么对于应用科学大学的学生来说，尤其是毕业生，他们走入职场的身份认同是工程师还是基于技术项目的管理者？这六个问题也恰恰代表了德国应用科学大学内部六种类型的张力，即学校类型张力、学校层次张力、学校使命张力、师资身份张力、教学内容张力和学生身份张力。

围绕上述问题，本章将视角转入应用科学大学的内部，试图揭示出由德国应用科学大学职业化传统与学术化倾向两者之间冲突引发的"定位张力"，并采用问卷调查和实地访谈的形式，获得相关数据和资料，以此进行印证、分析和比照。

6.1 学校类型张力

德国应用科学大学集体更名开启了其从"专业高校"（Fachhochschule）到"新型大学"（Neue Hochschule）的身份转变，在其"忽如一夜春风来"的更名态势下，也引发了诸多讨论甚至质疑。在其内部，同样存在着由更名带来的学校类型张力。

6.1.1 更名语境下形成的语义藩篱

何为 Hochschule？何为 Universität？尤其是在应用科学大学从 Fachhochschule 更名为 Hochschule 后，Fach 的消失意味着应用科学大学的专业门类更加趋近于综合性大学，这个疑问会困扰越来越多的人。《瓦里希德语词典》如此解释 Hochschule 词条：Universität, wissenschaftliche Lehr- und Forschungsanstalt mit Abitur als Voraussetzung und Möglichkeit zur Promotion（大学，以文理中学毕业证书为入学条件的教学、研究机构，可以培养博士生）（Wahrig, 2005: 651）；而对 Universität 词条则如此解释：Lehr- und Forschungsstätte für alle Wissensgebiete, Hochschule（全知识领域的教学、科研机构，高等学校）（Wahrig, 2005: 1303）。这种互为解释的方法显然不能帮助我们从语义上对二者进行辨析，更不符合原先对二者"不同但等值"的定位，现在看来，应用科学大学之于综合性大学似乎变成了"相同但不等值"。从德语的用词习惯来说，Hochschule 显然是一个更为宽泛的上行概念，自然也包括了 Fachhochschule 和 Universität 等所有高等教育机构，因此，从这个方面来说，将 Fachhochschule 更名为 Hochschule 是不合适的。

6.1.2 应用科学大学的更名争议

首先被提及的就是更名带来一系列的直接成本，如重新设计、更改校标、网站地址、建筑物标名、地名等。据估计，一所学校在更名方面所需投入的直接花费大约为 10 万欧元（Grabenströer, 2009）。这无疑会加重各个学校和当地政府的财政负担。此外，更名还间接给社会增加了信息成本，许多新生在入学时更是丈二和尚摸不着头脑：明明自己当初申请的是一所 Fachhochschule，怎么入学时就突然变成了 Hochschule？《汉诺威汇报》就直言不讳地称汉诺威应用科学大学的更名带来的是一场"混乱"（Verwirrung）（Kaune, 2012）。《南德意志报》则认为这次更名可能就是"表面文章"（Etikettenschwindel），讽刺意味十足（Hochrinner, 2010）。

许多综合性大学的校长和教授对此也不屑一顾，汉诺威大学的校长就不无讽刺地说："现在所有的应用科学大学都成了 Hochschule，但是不是所有的 Hochschule 都是应用科学大学。"（Hochrinner, 2010）即使在有些应用科学大学内部，人们也对更名采取谨慎的态度。巴伐利亚州的海尔布隆应用科学大学（Hochschule Heilbronn）校长施罗德（Schröder, J.）指出："这次更名既无必要，也不可取。"在他的眼里，Hochschule 是一个"宽泛的概念"，在这个称谓下，Fachhochschule 原本显著的应用性导向的人才培养特色被"稀释"（Verwässert）了。而改名成 Hochschule 或者 Technische Hochschule 的应用科学大学将在名称词义上与综合性大学和工业大学产生混淆，这是许多综合性大学所不能容忍的（Maier, 2015）。

6.1.3 更名的象征意义大于实质意义

与我国高校从"学院"升格"大学"的意义不同，经历本次更名的过程后，德国《高等教育框架法》及各联邦州的《高等教育法》仍然保留了应用科学大学的类属（Gattungsbegriff）Fachhochschule，对 Fachhochschule 培养特色的说明也基本没有发生变化。各个学校在更名后的学校性质、专业特色、课程设置等方面一切照旧，社会上对于应用科学大学更名的争论也并未超越更名现象本身。从这个意义上讲，应用科学大学的更名并不能看作一场"改革"。本书开头所说的 Fachhochschule 逐渐消失的态势目前显然还不成立，Fachhochschule 将以 Hochschule 的名称继续存在于德国高等教育体系中。

套用李旭（2013）对大学更名的分析框架，应用科学大学更名的主要出发点乃是基于社会（国际）认同的需要，目的是降低在教育市场竞争中的交易成本。通过更名这样一种社会组织行为，德国的应用科学大学在更广泛的意义上与"大学"这个概念体系建立了归属关系，专业认证、院校认证等行为更是从规范性的角度强化这种同质性关系。在国内，与综合性大学在获得政府财政扶持和争夺生源的竞争方面，以及在参与国际教育市场竞争和合作方面，应用科学大学将会获得更多的社会资本，即话语权和主动权。然而，上述目标并不能像我国的学院升大学那样通过更名得到直接实现，应用科学大学更多通过更名表达出一种渴望与综合性大学获得同等对待的诉求，同时展示出参与综合性大学资源竞争的姿态。

6.1.4 更名带来的盲目性和分化

随着应用科学大学的更名，德国应用科学大学与综合性大学之间的界限将更为模糊，彼此趋近的发展态势将进一步加剧，这对于应用科学大学未来的发展不尽全是好处。许多学校在更名过程中并没有进行严谨的论证和考量，而是选择"从众"或标新立异，如 Fachhochschule Frankfurt 直接将德语的校名改为 Frankfurt University of Applied Sciences，这在一定程度上反映出应用科学大学对其未来发展的盲目性。

在推动应用科学大学改名的背景下，德国各州政府纷纷出台针对应用科学大学的扶持政策，要求加强在应用科学大学的应用型研究。与此相对立的是，如何对"应用型研究"进行界定，目前似乎仍然是一个悬而未决的问题。众所周知，现代科学的集成式发展和科技成果转化率的不断提高，使得科学技术的应用性越来越高，反观综合性大学的科学研究，纯粹的理论研究已不多见。正如王建华（2013）所论述的那样，高等教育的应用型在日益加强。在"应用型研究"这一上位概念尚未明确的情况下，应用科学大学在科学领域的功能逻辑也不能得到明晰和界定，而只能缝隙中寻找参与的切入点。与此同时，在访谈中发现，在应用科学大学内部，教授们出现了分化：年轻一些的教授对此表示欢迎，希望获得更多科研的机会；年长一些的教授则认为他们的教学工作量已经足够多，再要求参与科研简直就是强人所难。目前看来，这种内部的分化将会持续相当长一段时间（也许要等到那些年长教授退休），而最终在组织机能上导致应用科学大学与其传统和特色的割裂。

6.2 学校层次张力

在"卓越计划"等诸多资助计划的推动下，在德国应用科学大学中间是否会出现像综合性大学那样的"金字塔分层"现象？在未来，有没有可能出现"精英应用科学大学"或"一流应用型大学"这样的学校？毋庸置疑的是，一些发展较好的应用科学大学已经拉开了与其他学校的距离。根据 2020 年德国经济周刊 WIWO 的 FH 排名，这样的学校已经有了一些在局部领域向综合性大学挑战的资本，更有了一般应用科学大学难以望其项背的资源聚合能力——这一类的学校往往更愿意将自己称为"最好的"应用科学大学（之一）；但对于绝大多数应用科学大学来说，"精英"的标签跟自己毫不相干，自身在德国高等教育体系中最重要的角色恰恰就是"大众大学"角色——正因为它的"大众"特色，"大众大学"才更具有广泛性，更值得获取政府更多的资助（从平权角度上讲），以及社会大众的认可（从社会阶层广度上讲）。

6.2.1 "卓越计划"的投入影响与效果

即便从短期看，"卓越计划"的投入对德国高等教育带来何种影响，有没有达到其政策目标，目前也尚难以盖棺论定。"卓越计划"的对标国是美国，然而与美国大学相比，德国大学在科研的投入方面依然很低。2018 年美国高校科研投入达到了 574 亿美元（约合 505 亿欧元），排名第一位的约翰斯·霍普金斯大学（Johns Hopkins University）一所学校的科研投入就达到了 24.3 亿美元（约合 21.4 亿欧元），排名前 10 的高校的科研投入均超过了 10 亿美元[①]，而同期德国所有大学研发投入的总和仅为 153 亿欧元，排名首位的慕尼黑大学（Ludwig-Maximilians-Universität München）的研究经费仅有 2.5 亿欧元[②]，不及约翰斯·霍普金斯大学的十分之一。与德国企业研发投入相比更是微不足道：大众汽车2017 年的研发投入为 136.72 亿欧元，位列全球第一，戴姆勒为 75.36 亿欧元，位列全球第十二，宝马和西门子也超过了 50 亿欧元（Hernández et al., 2018）。德国的科技研发是由企业、科研机构和高校构成的"三位一体"结构，在这个结构中，高校并不占主导地位。仅从投入比上看，"卓越计划"对德国的科技创新不会起到决定性的作用。

---

①数据出自 National Science Foundation. *FY 2018 Agency Financial Report*[EB/OL]. (2018-11-15)[2019-03-15]. https://www.nsf.gov/pubs/2019/nsf19002/pdf/nsf19002.pdf. 院校排名情况见 TBS. *The 100 Richest Universities: Their Generosity and Commitment to Research 2018*[EB/OL]. (2018-08-22)[2019-03-15]. https://thebestschools.org/features/richest-universities-endowments-generosity-research/.

②数据出自该校官网，见 LMU. *Zahlen und Fakten*[EB/OL]. (2015-02-19)[2019-03-11]. https://www.uni-muenchen.de/ueber_die_lmu/zahlen_fakten/index.html.

对高校来说，稳定持续的资金投入是获得发展的必要条件。但是大学人才培养与科学研究的产出实效需要长期的累加和检验，渴望通过巨量的财政投入在短时间内成就一所"精英大学"或"一流大学"是不现实的——资金支持可以带来人才和资源的快速流动，而大学的特质和大学的精神则需要长期积淀和升华——后者对大学来说显然更为重要。应用科学大学同样需要正视这一问题。"卓越计划"主导下的转变目前更多地涉及意义上的赋予，是理念与范式上的过程性转变，而非现实格局的形成。"卓越计划"是一座为德国高等教育今后发展提供航向的"灯塔"，高校之间的"分层金字塔"也不会立即就此建成。在传统理念的深厚影响下，短期之内，德国高校之间的均衡不会发生改变。反观国内有些关于"卓越计划"的研究，一方面强调"卓越计划"给德国高等教育形成了"重大影响"，另一方面又发现"卓越计划"实施多年来德国大学在世界大学的排名并没有显著提升。事实上，这恰恰说明"卓越计划"带来的转变在理念大于实际。

6.2.2 应用科学大学中的"精英"逻辑

随着"卓越计划"的实施，"精英大学"成为社会学者和教育学者们讨论的热词。欧洲社会科学院院士、德国马克斯普朗克人类发展研究所的主任迈耶（Mayer, K. U.）教授对"精英"在社会、教育领域中的"死灰重燃"提出了强烈批评。他认为，"精英教育"（Elitebildung）构建了一条社会阶层向上流动的"狭隘通道"（Nadelöhr），但更多成为旧时代残留的特权阶层在新的时代延续其财富和声望的途径，有可能导致集体阶层的"集体骄矜"或"集体黑化"（Privilegierung oder gemeinsame Dünkel）（Mayer, 2005）。但若从理想层面回归到现实层面，我们会发现"精英"这个概念存在于各个时代、各个社会。在高等教育场域，学校的水平以及学校培养出的学生的水平必定有高低之分，"精英学校"和"精英学生"总是客观存在的。"精英大学"的出现不应成为人们为达致平等的众矢之的，现代科学的突破需要一批学术精英在基础研究、高深知识方面做不懈的探索，扶持几所到十几所"精英大学"可以为这方面的探索提供必要的机构保障，符合当前德国社会发展的需要，也符合高等教育发展的基本逻辑。相较于迈耶的言辞激烈，德国当代的著名哲学家、慕尼黑大学教授尼达-吕莫林对"精英"的态度就温和得多。他认为"精英"是社会发展的实然产物，但需要为精英设定边界，即"社会需要什么样的精英做什么样的事"（Wozu braucht die Gesellschaft welche Eliten），而大学作为培养精英的摇篮，有责任也有能力解答这一难题（Nida-Rümelin, 2004）。

有了精英大学，是不是也应当有"精英应用科学大学"？同样的问题在我国也存在。当"双一流大学"的建设方案出台后，有人也提出要建设"一流应用型大学"和"一流应用型本科"，这种说法延续了"精英大学"和"双一流大学"的话语体系，也继承了研究型大学特别是那些顶尖大学的发展范式和建设逻辑。从认识论角度来看，"精英"需要被限定在一个适恰的维度和向度内，我们需要打通并拓宽的是通向"精英"的道路，而不应无限地泛化"精英"的内涵和外延。"精英应用科学大学"和"一流应用型大学"更多地被作为一种延续综合性大学发展逻辑的"话术"，它本身也不符合高等教育分类发展的逻辑，邯郸学步只会导致这类学校忽视特色发展，浪费社会资源，甚至会造成其身份认同的销蚀（Kiener, 2013），丧失原有的办学传统和学科特色。正如德国《时代》杂志的评论文章所言："精英，不是遍地都是！"（Mlynek, 2017）

6.3 学校使命张力

随着德国应用科学大学纷纷加强其应用研究的能力，对于应用研究的讨论也越来越激烈。如果说综合性大学的科学研究以基础研究为主，而以应用科学大学为代表的应用型大学则以应用型研究为主要方向；那么二者在研究者、研究内容、研究阶段以及研究层次等方面的界限在哪里？综合性大学开展的研究中没有应用性导向、面向实际的内容吗？应用型研究是否主要致力于成果及技术的应用，本质上并不是一种"研究"（Forschung），而是"转化"（Transfer）？代表顶尖地位的"精英"或"一流"研究成果是否只存在于基础性研究？

应用型研究与实践导向的教学相统一，似乎构成了应用科学大学版本的"经典使命"，但从实际操作层面上看，仍存在着从理想彼岸到现实境地的巨大鸿沟。除此之外，对应用型高校的"第三使命"（Third Mission）的讨论也存在许多不同的定义，而不能用简单的"知识转化"来一以贯之。具体说来，应用型高校的"第三使命"至少应当包括技术转移和创新、继续教育、专业人员保障、参与社会文化生活、对科学作为公共产品的理解（Verständnis für Wissenschaft in der Öffentlichkeit herstellen）、参与政策制定、参与社区服务和区域发展等众多方面，涵盖高校人事、机构、人才培养、社会服务、科学传播

（Wissenschaftskommunikation）等多种形式（Borgwardt, 2016: 38）。在如此立体化的"第三使命"表达下，德国应用科学大学教学使命和科研使命也不再是纸面意义上的文本陈述，而成为现实社会网络中的实体存在，受到来自应用科学大学内部和外部多重因素的角力，在同一时空背景下，呈现出相互牵扯、抵牾的张力态势。

受到疫情等因素的影响，德国中小企业的发展被蒙上了一层阴影，这势必也会在源头和渠道上影响到应用科学大学获得第三方资助资金的可持续性，从而对应用科学大学开展应用型研究产生不利影响。此外，受到美国特朗普政府"美国优先"贸易政策的涟漪效应影响，单边主义和贸易壁垒倾向在国际经济、科技政策中产生了难以回转的消极影响，这些也为以技术转移、成果转化为主要载体的应用型研究滋生了阻碍和病根。

再者，处于科研与教学的中心的教师，一方面需要承担繁重的教学任务，另一方面还有科研方面的工作，许多教师苦不堪言，纷纷要求降低教学工作量，某些州已经开始了这方面的改革尝试（Ckr, 2019）。但是总体而言，单单通过降低教师的工作量并不能化解科研任务和教学任务在其身上的张力。在身份认知上，应用科学大学的教师需要更多的时间和空间平台来实现二者在工作比例上的调整。很多学校并不是通过对旧有教师系统的培养、改造，而往往是通过引进科研实力更强的新教师来完成其科研与教学任务比例的"迭代转变"。

6.4 师资身份张力

德国大学的教授体系较为特殊，2006 年之前的职称评定总分为 C1 到 C4 四个薪资体系：C1 为具有教授任职资格者，相当于兼有博士后和助教授的职位；C2 指具有教授任职资格者但尚未获得教授职位者；C3 教授是大学里教学和科研的主要组织者和承担者，可以独立申请课题，招带博士研究生；C4 教授是大学里的最高职位，属终身制职位，且每个学校的职位都是固定的（郭明维等，2011）。2006 年 9 月，德国各联邦州通过薪资法改革（Föderalismusreform），将大学教授原有的四级薪资制改为从 W1 到 W3 的三级薪资制（W3 大致相当于原来的C3 和 C4）。

相比综合性大学教授的入职资格，除了应当具有博士学位之外，应用科大学一般还要求教授资格的申请人具有 5 年以上的工作经验（其中 3 年以上在企业工作）[①]。这就意味着应用科学大学教授在接受过经典大学的学术训练之外，还需具备扎实的实践能力，然而这种"额外的要求"并没有给应用科学大学教授带来与综合性大学教授的"同等待遇"——无论在个人待遇还是第三方科研资金的支配额方面，应用科学大学教授都与综合性大学教授存在巨大差距。

6.4.1　待遇差别与供求矛盾

在个人待遇方面，截至 2019 年，应用科学大学教授总计为 20234 人，综合性大学教授为 24854 人，两者相差不大；但代表大学最高级别的 C4 教授和 W3 教授（Handel, 2005），综合性大学分别有 2889 人和 10997 人，而应用科学大学则分别仅有 2 人和 422 人，其教授基本集中于 W2 和 C2 两个级别[②]。在科研资助方面，2020 年，应用科学大学教授的人均获得第三方资助金额为 33510 欧元，仅仅相当于综合性大学的十分之一（310410 欧元）[③]。这一巨大差异直接影响了应用科学大学教授在社会上的认可度及个人收入水平，同时也对应用科学大学教授形成了巨大的身份张力：他们一方面认为自己在学术和教学上不比综合性大学的教授差，甚至将后者视为"只知道专注于钻研书本知识的理想主义者"，另一方面又对自己的繁重的教学工作和相较低下的收入水平愤愤不平。这一差异还造成了在某些地区应用科学大学的教授岗位吸引力下降，应聘情况不理想，常年处于"供小于求"的状况（Schmitz, 2019）。

6.4.2　分裂的群体

从教授组成方面来，随着近年来德国应用科学大学的快速发展，教授的规模也逐年扩大。如图 6-1 所示，以 2005 年为观察支点，在从 2005 年至 2020 年的 16 年间，应用科学大学的教授增加了 5844 人。在从 1990 年到 2005 年的 16 年间，应用科学大学的教授增加了 4452 人。近 16 年教授的增幅较前 16 年提高

---

①少数情况下也有仅要求 3 年工作经验的，见 Andreas Gebhardt.Berufung statt Beruf: *Professor an der Fachhochschule*[EB/OL]. (2020-02-12) [2020-12-12]. https://www.jobvector. de/karriere-ratgeber/berufsbilder/professor-fachhochschule/.

②数据来源于德国联邦统计局网站，见 https://www.destatis.de.

③根据德国大学校长联席会议发布的 2020 年德国高等教育基本数据计算得出，见 https://www. hrk.de/fileadmin/redaktion/hrk/02-Dokumente/02-06-Hochschulsystem/Statistik/2020-10-01_HRK-Statistikfaltblatt_Hochschulen_in_Zahlen_2020_Deutsch.pdf.

了 30%多。新晋教授数量的快速增加推动了德国应用科学大学教授的年轻化，也形成了教授群体的两极分化：以新晋教授为代表的年轻教授和建校初期晋升的年长教授。在许多学校，两个教授群体之间呈现出泾渭分明的指征差异：老教授们伴随应用科学大学的创建和发展，往往对学校更有感情，忠诚度高，主要精力和兴趣倾向于教学之上，具备比较扎实的实践经历和能力；而年轻教授们往往自己基于自身的研究项目和个人研究兴趣选择就职的学校，对学校的忠诚度较低，跳槽情况时有发生，但科研能力更强，花在科研方面的精力和时间更多，对应用科学大学更名、争取博士授予权等改的态度向更为积极。按照年龄结构的情况，老教授们纷纷退休，在学校中的地位也逐渐被年轻教授们取代，老教授 A[①]不无感慨地说："他们［新教授］像一群突然闯进来的麻雀，什么都可以吃，哪里都可以飞，还叽叽喳喳地叫；我们这些老人就像是只会生蛋的母鸡，等我们不生蛋了，就会很快被他们取代。我们退休后，很多事情都会改变，事实上，现在已经发生了改变。"

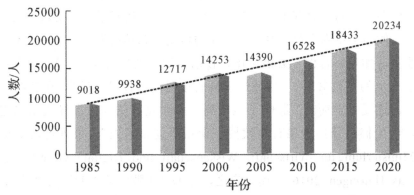

图 6-1　1985—2020 年德国应用科学大学教授人数变化[②]

①教授 A，61 岁，德国中部（原民主德国地区）应用科学大学建校教授，教龄 31 年。按照学校的规定，教授达到 67 岁的法定退休年龄即可退休。教授 A 打算 65 岁就申请提前退休，理由是身体机能下降。

②根据德国联邦统计局发布报告《高校人事数据报告 2020》有关数据制作，见 Statistisches Bundesamt. *Bildung und Kultur, Personal an Hochschulen: Fachserie 11, Reihe 4.4*[R]. (2019-11-16) [2020-12-20]. https://www.destatis.de.

6.4.3　工作任务

无论老教授们怎么想，应用科学大学迟早要迎来教授群体的"新老交接"（Generationswechsel）。新教授带来了许多新的想法，而这些新的想法大多来自他们在综合性大学所从事的科研活动和学术训练，他们对应用科学大学与综合性大学之间的"不平等性"有着更强烈的观感和诉求。在现实语境下，尤其在科研领域，德国应用科学大学只能作为"第二等级高校"或"补充功能高校"（Hochschulen zweiter Klasse oder Assistentenhochschulen）的角色形象出现，应用科学大学的教授岗位既没有被平等地看待，也没有呈现出相较于综合性大学的职业特质（Berufsbild），在这个意义上，应用科学大学的教授身份被视作一种"跛脚的教授身份"（verhinderte Universitätsprofessorenschaft）。在这些教授的眼里，综合性大学总是成为应用科学大学的对照组（Referenzgruppe），他们常常带着某种复杂而微妙的情绪去看待综合性大学：他们一方面认同综合性大学的学术规制，另一方面又不得不将其放置到竞争者的位置上进行审视，并在必要的时候与其"抗争"（Schlegel, 2006: 138-140）。同时，他们对应用科学大学科研与教学的使命有了新的看法，他们认可应用科学大学实践导向的办学理念，但倾向于将为企业培养合格人才的传统理念转向为企业提供更多科研方面的服务（如项目合作、成果转化、技术咨询、共建实验室等）。他们不再是传统意义上的"教书匠"，而是基于科研项目的"技术代理"。在新的理念导向下，前述受"学徒制"影响下应用科学大学良好的师生指导关系也遭到了破坏，学生们也开始抱怨有的教授在课后"彻底消失"，很难再得到课后辅导（Ministerium für Wirtschaft, Wissenschaft und Digitale Gesellschaft des Freistaats Thüringen, 2016）。简而言之，作为学术背景的"专"与"综"、作为身份群体的"老"与"新"、作为工作任务的"教"与"研"，这三个方面构成了德国应用科学大学教授群体的三重张力来源,造成了其身份认知方面的障碍，如图 6-2 所示。

6.5　教学内容张力

6.5.1　通识教育理念在德国的演变

在应用科学大学正式出现之前，德国大学的教学内容刚好经历了通识教育从理念继承到实践改造的独特过程。通识教育源于欧洲古希腊时期，经过早期的发展与扩散，逐渐由面向公民的"自由技艺"教育转变为面向知识精英的学校教育。公元 12—13 世纪，在博洛尼亚大学（Università di Bologna）和巴黎大学（Université de Paris），学生在学习神学、医学、法学等专业知识前，还需要进行综合科目的学习（studium generale），以此作为对专业指导及研究的辅助和补充。这些科目分为两组：一组为文法、修辞和逻辑，被称为"三文"（trivium）；另一组为数学、几何、天文和音乐，被称为"四理"（quadrivium），二者统称为"七艺"（the seven arts）（Haskins, 1957: 380-382）。

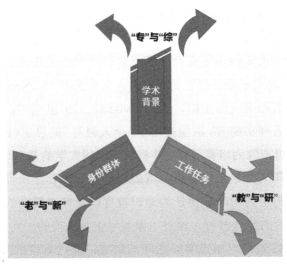

图 6-2 德国应用科学大学教授群体的三重张力来源

在德国，随之而来的文艺复兴运动对通识教育产生了强大的影响。回归古希腊和古罗马的自由教育传统在大学中形成了又一股教育改革的浪潮，人文主义（Humanism）作为当时社会的主要思潮的代表，也成为自由教育的替代语汇进入教育系统。"派地亚"（παιδεία，英译 paideia）教养体系成为大学的"最高科目"（Ghisla, 2004）。17 世纪，夸美纽斯（Comenius, J. A.）强调所有人的可塑性，提出了建立一种面向"所有人"的"全方位"的教育（omnes omnia omnino），虽然这种教育思想本质上是为宗教伦理做准备，但仍然反映出通识教育的特质（Comenius, 1970: 95）。

在启蒙运动中，康德（Kant, I.）提出，教育让人从动物性中解放出来，重新获得独立使用理性的能力。通过教育，人应当实现四个维度的"蜕变"：规训

（diszipliniert werden）、教化（kultiviert werden）、公民化（Zivilisierung）与道德化（Moralisierung）。就人类发展的历史阶段而言，前三者是道德化的基础和起点（Kant, 1803: 7-9）。康德将道德教育作为教育的最高阶段，将道德教育指向人的自由，并将教育学和人类学结合起来进行讨论，从而指出，人类的自然天赋和道德天赋（moralische Anlage）都应该在教育中得到发挥。经过赫尔巴特（Herbart, J. F.）和裴斯泰洛齐（Pestalozzi, J. H.）等人对道德教育与自由教育理论的充实，德国教育学从哲学和方法论层面已经形成了较为系统的通识教育表征。

18 世纪中期，温克尔曼（Winkelmann, J. J.）提出，现代艺术要回归希腊时代的审美，才能达至纯粹之美。他认为，加强古典学习的教化意义（Bildung）不仅可以促进个体的完善，还有助于德意志民族身份的需求。作为希腊时代的"重新发现者"，温克尔曼开启了德国的新人文主义时代（Neohumanismus），并对后世形成了重大影响（彭正梅，2011: 84-85）。19 世纪初，作为当时普鲁士的教育改革规划者和实施者，洪堡提出了"全人教育"的思想（Klafki, 1993: 28），以发展人的更多可能性为培养目标，并将其与现代大学的基本理念加以结合，明确了大学以研究作为探索未知知识领域的职责。后来者雅斯贝尔斯将洪堡的通识教育思想发展得更为明晰，他认为通识教育以培养"整全的人"来传授整体性知识为主要内容的整体教育，通过"激发学生对真理的'同一性'的求知欲，使学生掌握整体性知识，加强学科之间的融通，促进真理的发展"（雅斯贝尔斯，2007: 104-105）。至此，对人和知识整体性的重视成为德国通识教育传统中最为显著的特征要素。

从高等教育发展的历史过程来看，通识教育的发展与演变总是与高等教育理念与形态的发展伴生（Hohendahl, 2011），推动二者伴生发展的则是社会经济文化环境提出的新需求。在新的时空背景下，由于知识生产模式的转变，高等教育的应用性得到加强，通识教育自然就被赋予了这方面的新内容。另外，在高等教育系统内部，作为一种"新型大学"出现的德国应用科学大学，在向传统综合性大学的趋近发展过程中，通识教育成为一种"标的"进入其中，建构和形塑新的课程体系和教育理念。二者的关系如图 6-3 所示。

总而言之，德国通识教育理念内生于其文化传统，根植于大学理念的萌生、发展的全阶段，整体性和系统性是德国通识教育的重要特征。通识教育的内涵和形式随着社会、文化的发展不断得以丰富和形塑，它是大学的产物，但不止于大学，覆盖了教育的全领域，成为德国乃至欧洲"大教育学"（Große Pädagogik）理念中的核心内容之一。与此同时，通识教育理念逐渐下行至中等教育和初等教育。19 世纪末至 20 世纪初，专业教育在德国大学中大放异彩，通识教育则几乎偃旗息鼓。随着工业时代的到来，现代社会的"生活世界"发生了翻天覆地的变化，与德国特殊的现代史交织在一起，通识教育再次被赋予新的内容，在新的时空背景下，重新在高等教育的场域中发挥重要的作用。

图 6-3　通识教育与高等教育的伴生发展关系

6.5.2　理念的岔道：应用科学大学赋予通识教育的新内涵

二战结束后，以美国为首的西方占领当局对德国的教育改造被提上议事日程。1946 年，《美国赴德教育代表团报告》指出，为了清除纳粹流毒，必须将"民主的方法论"（Methodology of Democracy）从美国的综合中学移植到德国的大学，从而实现对德国公民与社会的"再教育"（Re-education）（Knowles, 2014）。然而，这一思路却遭到了德国民众和教育学家的普遍抵制。经过双方的角力和多方的斡旋，最终《高校改革意见》（*Gutachten zur Hochschulreform*）于 1947 年出台，明确提出了要在德国的大学和职业院校建立并加强"通识学院"（studium generale），并要求各学校在学科、课程、人员、组织、考试及机构等方面加以切实保障（Studienausschuss für Hochschulreform, 1948: 77-83）。作为一个新的高等教育机构类型的应用科学大学出现后，在其以专业教育、能力教育为主体的人才培养模式中，通识教育以何种形式、何种程度存在？这一问题成为教育学、社会学研究者们长期讨论的热点。问题的焦点在于：作为对纯粹专业教育的补充和修正的通识教育，如何与其适恰地共存？与此同时，20 世纪六七十年代兴起的学生运动开始影响教育理念向自由、平等和解放寻找理论支点。在社会思潮方面，以阿多诺、哈贝马斯、沙勒等为代表的法兰克福学派在西方产生了重要的影响。法兰克福学派以"交往理性"为理论表述核心，揭示出教育的首要目的不是培养完美的学生，而要关注受教育者"参与社会行动的条件及其状况的改善"（Stein, 1979: 108）。"交往教育学"一度成为德国教育哲学的主要指向。随着应用科学大学的出现和发展，一种建立在专业教育基础之上的、以能力赋予和加持为教育理念和教育形态的新型通识教育体系逐渐形成，它的核心任务是实现人在现代社会的自由和解放。

由于长期以来形成的传统，通识教育在德国已逐渐下移至初等教育和中等教育阶段，尤其在应用科学大学的人才培养体系中并没有通识教育的专门内容，但其教学体系和课程内容中仍然有相当部分通识教育的内容体现。这些通识教育的内容基本围绕着专业教育的目标而设置，并集成在专业教育的教学过程中，以特有的形式丰富着应用科学大学专业人才培养的内涵。同时，通识教育在当下的应用科学大学中正作为一个新的命题被提出。正如德国大学校长联席会议在应用科学大学 2017 年分组年会报告中提出的，随着"工业 4.0"的推进，未来"工作世界"（Arbeitswelt）必将发生深刻的变化，这对应用型人才的能力塑造和素质培养提出了新的要求（Verband Hochschule und Wissenschaft, 2017）。这些新要求首先就体现在应用科学大学通识教育的内容中。

6.5.3　内容张力：专业教育和通识教育的空间争夺

1）模块化教学体系中的通专教育交叉。在德国应用科学大学的人才培养模式中，"模块化教学"（Moduralisierung）是其实现应用性导向培养特色的主要途径。正是这种模块化的教学模式，才使得教学的内容和方式与实践充分结合，才能在课堂内外将"教育"（Bildung）和"培养"（Ausbildung）有机地融合在一起。模块化教学中的"模块"（Modul）来拉丁语 modulus，意为"量度、尺寸"的意思，其同源词 mudus 是"方法、样式"的意思，指置于共同教学目标之下的、包含一门或多门课程的教学单元。在模块化教学的培养目标下，根据不同专业的特色，模块化教学的课程设置一般分为：通修必选模块（Gemeinsame Pflichtmodule）、核心必修模块（Pflichtmodule）、核心选修模块（Wahlmodule）及跨核心能力选修模块（schwerpunktübergreifende Wahlmodule）；根据不同的学习阶段又可以将模块分为三个层次：基础模块（Grundlagenmodule）、专深模块（Vertiefungsmodule）和塑造模块（Aufbaumodule）（Bohn et al., 2002: 16）。在这些模块中，通修必选模块（即基础模块）、跨核心能力模块（即塑造模块）中都有通识教育内容体现，两者相互交叉与重叠。在模块化教学的闭合型课程体系下，通识教育服务于核心能力素质的教育体系，并在模块化教学的外围和内核发挥着跨学科学习和特色发展的"塑造"功能，如图 6-4 所示。

图 6-4　模块化教学中通识教育的内容体现

（画横线的部分指包含通识教育的内容）

2）课程体系中的通专课程的内容争夺。应用科学大学课程体系中的通识教育内容通常以"表达能力""跨文化交际能力""外语能力"及"法律"等"软技能"（soft skill）为主。以德国西海岸应用科学大学（Fachhochschule Westküste）电气科学专业控制方向为例，在其 7 个学期中的 6 大课程群中，"语言及软件技能课程群"与"专业限选课程群"中有通识教育的相关内容。前者主要为外语、多元文化、沟通与交际等方面的内容，这些课程多由学校外聘的临时讲师教授；后者主要以本专业为轴，提供跨学科的知识，以及跨学科的学习、研究路径，均为专业教授组织讲授，具体如表 6.1 所示。

表 6.1　德国西海岸应用科学大学电气科学专业课程总览[①]

序号	课程类型	课程名称	学分	学期	序号	课程类型	课程名称	学分	学期
1	专业必修课	数学与物理	7	1	12	*语言及软技能课*	技术英语（1—3）	2×4	1—4
2		信息科学基础	7	1	13		交际与组织	2	3
3		电路原理	7	1	14		科研写作与表达	2	3
4		电子元器件	7	1	15	专深技术课程	交互网络系统	10	4
5		电磁场	7	2	16		控制技术	10	4
6		操作系统与数据网络	7	2	17		电气机械与设备		6
7		测量技术与统计	7	2	18		软件工程		6
8		数字技术与微处理	7	2	19		感应技术		7
9		电子线路	7	3	20	实习学期	实习	30	5
10		加速系统与调控	7	3	21	*专业限选课程群*	基础限选课	8	3-4
11		信号模拟与传输技术	7	3	22		专深限选课	6	7
					23	毕业设计	毕业论文及答辩	12+2	7

---

①根据西海岸应用科学大学网站有关内容制作，其中粗斜体的是有通识教育内容的课程群。见 https://www.fh-westkueste.de/fileadmin/Dateien/Studiengaenge/EI/Studienuebersicht_EI_PO2017.pdf。

此外，应用科学大学基本以研讨课为课程开展模式，并多以"项目设计"（Projektarbeit）为考察形式，每门课程的课堂时长和自学时长比例在 1:1 到 1:2之间。这种基于小组讨论和协作的课程形式和考核方式在时间和空间上保证了学生在开放的知识环境中接受融通、可拓展的专业教育。这种课程形式也可以算"隐性通识教育"的一种体现。

6.5.4 面临的问题

1）教学基础不牢。与综合性大学相比，德国应用科学大学的通识教育起步较晚，基础较差，师资力量相对薄弱。在应用科学大学成立初期，通识教育几乎被完全忽视。随着近年来应用科学大学与综合性大学之间的"趋近式发展"（Einheitseinrichtung），通识教育才作为新的教学内容进入应用科学大学（Holuscha, 2013: 272）。

2）学生基础较杂。在德国的教育体系中，学生在小学阶段结束后就开始分流，进入不同类型的中学学习，而后再进入职业教育或高等教育的通道。就目前而言，进入应用科学大学的学生中，既有重视通识教育的文理中学（Gymnasium）毕业生，也有注重学生职业能力规划的职业高中（Realschule）毕业生，有的还有来自职业学院（Berufsschule）的学生。不同学生群体的知识基础不同，给应用科学大学开展通识教育带来了困难（Trepte & Verbeet, 2010: 112）。德国石勒苏益格-荷尔斯泰因州应用科学大学校长联席会议的一份"立场文件"（Positionspapier）就曾经指出，该州应用科学大学学生缺乏应有的人文、数学等方面的通识教育基础。受到时代的影响，学生的学习兴趣渐渐"从经典向大众"（Masse statt klasse）偏移（Kiosz, 2015）。

3）课程内容僵化。长期以来，德国大学的课程内容受到相应教师的影响最大，同样的课程在不同教师的讲授下会呈现许多差异。基于此，许多通识课程则是由固定的教师讲授的，选用的教材往往比较老旧，历年的内容也大同小异，课程的延展度不够，满足不了学生多样化的选课需求。在很多应用科学大学，不少学生往往会申请去邻近的综合性大学选修通识类课程，根据规定，这种情况下获得的学分和成绩也是被本校认可的。

从历史上看，应用科学大学的通识教育从来都是自成体系，通识教育在应用科学大学中的出现和发展体现了通识教育在制度环境中的"自适性"（王兆义，2017）。具备传统色彩的"工程师文化"与赋予时代特色的"公民情怀"构成了应用科学大学通识教育的基本内容；相比而言，应用科学大学的通识教育与专业教育的结合度普遍高于综合性大学，通识教育是在专业教育的整体框架下进行的，它在应用科学大学的人才培养中并不作为一个显性的内容出现。隐性通识教育不特是德国应用科学大学通识教育的特点，在综合性大学中也是如此。需要指出的是，在目前情况下，德国应用科学大学的教学特色仍是以专业教育为主，通识教育作为应用科学大学向综合性大学"趋近式发展"在教学内容上的体现和印证，往往更明显地出现在其新兴专业中，尤其是人文、社会学领域中的社会工作（Soziale Arbeit）、应用心理学（Angewandte Psychologie）、应用语言学（Angewandte Sprachwissenschaft）等"非传统"专业。通识教育在教学内容中与传统的专业教学争夺时间与内容上的安排空间，表面上是教学内容的调整和重组，实质上是回应社会对人才"核心能力"的新的需求——不管是来自何种学校的学生，都要掌握"工作世界"中越来越复合、交叉的知识能力和实践能力。纵然如此，在许多学校，通识教育依然以某种非常生硬的形式被纳入原有的课程框架，它们往往由那些"编外教师"（Lehrbeauftragte）进行走过场般的讲授，似乎完成相应的课程学生就可以掌握相应的能力了。在建立一个全新的、可以让学生内化通识能力的课程体系之前，通识教育与专业教育只能以内部张力的形式存在于应用科学大学的教学内容中。

6.6　学生身份张力

在前述学校使命、教授群体、教学内容等张力因素的综合作用下，学生群体在应用科学大学内部同样呈现出张力指征，下面试从三个方面阐述应用科学大学学生身份张力的特征。

6.6.1　生源层次结构

长久以来，德国教育体制一直遵循"因材施教"的分流导向，从初等教育后半阶段（即小学 5—6 年级）就开始依据学生的特长和兴趣实施分流式教育，在中等教育的第一阶段（即 7—10 年级）已经按文理中学（Gymnasium）、综合中学（Gesamtschule）、实科中学（Realschule）及主干中学（Hauptschule）等不同学校类型实施完全分流，并通过中等教育的第二阶段（即 11—13 年级）与高等教育（第三阶段教育）的不同机构实现完全意义上的衔接，如图 6-5 所示。
分流式教育系统建立在学生兴趣与特长发展的前提下，也为社会经济的发展提
供各行各业需求的特色化人才，符合现代社会高度精细化分工的客观现实。在
分流教育导向的逻辑下，德国大学的入学条件按高校类型划分也相对分散而独

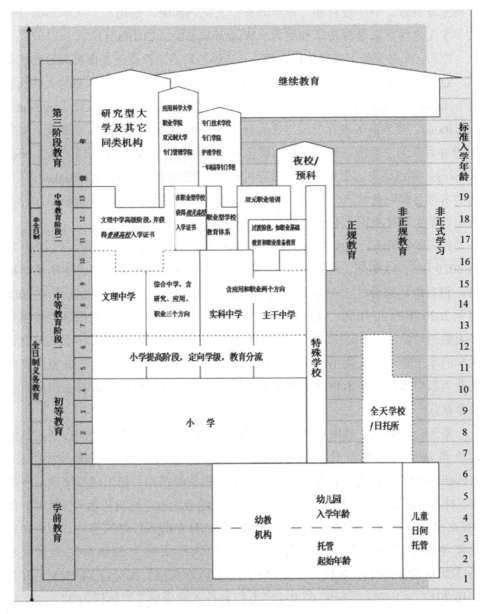

图 6-5　德国分流式教育系统

立，综合性大学的通常要求学生具有"普通高等学校入学资格"（allgemeine Hochschulreife，即 Abitur），而应用科学大学则要求具有"应用科学大学入学资格"（Fachhochschulreife）或"相关专门高校入学资格"（fachgebundene Hochschulreife），两者统称为 Fachabitur。德国科学委员会于 2010 年发布的报告指出，原本受到不同家庭背景、中学教育和"职前教育"文化的影响，应用科学大学和综合性大学学生之间存在着身份认知差异（Wissenschaftsrat, 2010b: 111）。

然而，在高等教育普及化的浪潮下，高等教育的定位也逐渐由面向社会精英的"封闭式象牙塔教育"（closing education）到面向劳动力市场需求的"弹性教育"（flexing education），从而过渡到以学生学习为中心的融通式教育（permeable education），要求高等教育展现出更为开放的特质（Oliver, 2015）。在德国，早在 2000 年，作为"博洛尼亚进程"的铺垫和执行框架，"里斯本战略"（the Lisbon Strategy）就已提出，要提高不同教育机构之间的融通性（Durchlaessigkeit）。作为学术教育和职业教育之间、不同教育机构和教育层次间的桥梁（Spöttl, 2013），应用科学大学在德国教育体系中扮演了极为重要的融通角色。

如图 6-6 所示，从生源情况来看，在德国高校总体生源结构中，从 1980 年至 2020 年的 40 年间，应用科学大学入学人数（Studienanfänger）逐年快速提高，相对地，综合性大学新入学人数的比重逐渐被前者削弱；尤其是从 2000 年至 2020 年的 20 年间，应用科学大学快速发展，不但贡献了德国高校新生整体人数的增量，还逐渐挤占了综合性大学的增长空间；从 2015 年开始，综合性大学的本土新入学人数出现了标志性的逐年下降趋势。这显示出，在德国高中毕业人数整体规模基本稳定的前提下，越来越多的学生倾向于选择去应用科学大学就读。

基于上述情况，德国应用科学大学的学生群体也在发生深刻的改变，其生源不再是呈现出单一化的、来自中低阶层家庭的"专门高校入学资格"（Fachabitur）的持有者，而是呈现更为多元的生源结构，越来越多文理高中毕业、持有"普通高等学校入学资格"的学生从综合性大学转向应用科学大学。例如，在多特蒙德应用科学大学（Fachhochschule Dortmund）建筑专业，2016/2017 学年冬季学期的新生中，持有"普通高校入学资格"的新生比例迅速从 2015/2016 学年冬季学期的 37.3%（"专门高校入学资格"比例为 54.9%）上升为 2016/2017 学年冬季学期的 67.0%（"专门高校入学资格"比例仅为 27.5%），如图 6-7 所示。

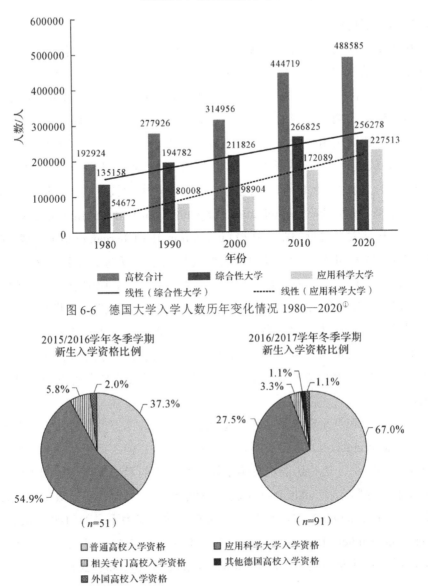

图 6-6　德国大学入学人数历年变化情况 1980—2020[①]

图 6-7　多特蒙德应用科学大学 2015/2016、2016/2017 学年建筑专业新生入学资格比例对比[②]

---

①根据德国联邦教研部网站公布数据制作，见 https://www.datenportal.bmbf.de/portal/de/Tabelle-2.5.4.html。这里只计算了德国本土学生情况，不含外国留学生，"高校合计"部分还包括艺术高校（Kunsthochschule）和管理类高校（Verwaltungshochschule）数据，这里为便于比较，不再另行列出。

②根据多特蒙德应用科学大学建筑系 2016 年度新生调查报告有关数据制作，见 Markus Uloth, M. *Ergebnisse der Studieneingangsbefragung Fachbereich Architektur Bachelor WS 2016/2017*[R]. Dortmund: Fachhochschule Dortmund, 2016: 36.

6.6.2　自我认同张力

由于德国应用科学大学生源结构发生的根本变化，学生群体的自我认同也出现了较多的"非典型特征"，按照布迪厄提出的"生存心态/惯习"（Habitus）理论框架，应用科学大学学生认同受到其家庭背景、中学教育文化（Schulkutur）等因素的综合影响。在新的时空背景下，前述巴尔特斯和博歇尔特二人的研究中形成的对德国应用科学大学学生认知的画像已经发生了偏移和颠覆。原先对他们身份认同产生重要影响的父母教育背景因素已经沦为一种"迷思"（Mythos），而由于来自不同类型的中学，不同中学教育文化的彼此之间也形成了张力和"冲突线"（schulkuturelle Spannungen und Konfliktlinien）。这一张力与应用科学大学自身的组织转型（institutioneller Übergang）相辅相成（Kamm, 2007: 356-359）。正如一位原本打算去综合性大学就读的受访学生 B[①]所说："为什么要读应用科学大学而不是综合性大学？对我来说，原因很简单，（学校）离我家比较近，申请的程序比较友好、简便。当然这并不意味着我跟'他们'一样，以后一定会成为一名工程师；事实上，我仍然随时可以去综合性大学读硕士和博士，这取决于我的今后的打算和在专业学习方面的表现。这在应用科学大学很容易就可以实现，甚至我现有三门课就是在附近的综合性大学上的。"

学生 B 的观点呈现出了与传统意义上应用科学大学学生职业目标明确、上进心强（leistungsvoll）等特质不符的非典型特征。但不可否认的是，像他这样的学生并不罕见，这种认同也影响了他们在大学的学习表现。德国大学校长联席会议的主席阿尔特（Alt, P.-A.）就严厉地指出："目前在相当数量的文理中学毕业生（Abiturienten）中，存在显著的专业学习能力不足的问题（gravierende Mängel an Studierfähigkeit）。我们本以为他们的综合素质可以满足专业学习的要求，可现实并非如此。"（Frankfurter Allgemeine Zeitung, 2019）

6.6.3　社会认可偏移

在应用科学大学学生身份认知发生偏移的同时，社会尤其是用人单位对应用科学大学毕业生的认知也在发生变化。如果说"知人善任"，使人才在合适的

[①]学生 B，23 岁，男，家住德国西部 H 市，在该市 H 应用科学大学就读经济管理专业。他中学毕业于 H 市附近的一所文理中学，进入大学前的暑假在一家银行接受了为期 2 个月的职业培训（这是应用科学大学的入学要求之一）。

岗位发挥最大的价值是企业用人的最终导向，那么企业对应用科学大学毕业生的岗位安排可以反映出用人单位对应用科学大学毕业生的认知情况。

笔者调查的一家位于巴伐利亚地区从事小型飞机制造的中型企业 D 公司，在其 125 名核心员工[①]中，持有应用科学大学文凭（指第一学历，以下同）和综合性大学文凭的比例基本相同，在企业中的岗位分布情况大致相当，如图 6-8 所示。

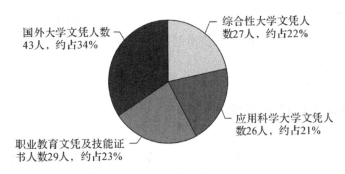

图 6-8　D 企业核心员工不同文凭比例

但值得注意的是，持应用科学大学文凭员工的工作年限仅为 3.7 年，远低于持综合性大学文凭员工的工作年限（6.4 年）。企业负责人、执行董事（CEO）C 女士[②]如此解释：近年来由于公司并购，公司的规模进行了扩张，增加了一条生产线。在新入职的员工中，应用科学大学的毕业生占了很大部分。她想，有可能是与这几年应用科学大学的整体规模的发展有关。公司倒没有刻意要去多招收应用科学大学的毕业生，而只会根据应聘者的实际能力以及他们与岗位的匹配度来决定录用的结果。至于他们是从综合性大学毕业，还是从应用科学大学毕业，根本就不是一个问题。C 女士的解释从另一方面揭示了一个企业用人的普遍事实：在技术分工的今天，应用科学大学人才培养的所谓"即插即用"

---

①按照该企业的规定，员工按照生产制造流程的紧密度分为一般员工和核心员工，核心员工涵盖飞机制造中的设计、制造、测试、实验、分析、采购、质量保障等众多流程。在核心员工内部，还按照实际工龄、岗位级别、工作表现等实行分级薪酬制。

②C 女士，39 岁，是该企业被中国公司收购后中方派驻德国的负责人。来到德国后，为了使生产线尽快投入使用，她在一年内的时间为公司招聘了 20 多位员工，包括技术总监（CTO）、财务总监（CFO）、研发人员及技术工人等。

的特色已被逐渐消解。在成百上千个生产流程中，应用科学大学毕业生不能再像从前那种从事"单一工程师"的工作内容，而应该集成在生产过程体系中的不同价值链（value chain）上，在不同维度上发挥"互动式操作"（inter-operation）、"分散化"（decentralization）、"实时交接"（real-time capability），以及产品服务等模块化的角色功能（Hermann et al., 2016）。在德国"工业 4.0"（Industrie 4.0）的推进下，科学技术不断革新，管理理念和模式不断创新，必然要求培养更高素质的劳动者。德国应用科学大学正沿着"工业 4.0"引发"工作世界 4.0"（Arbeitswelt 4.0）的变革，进而引发在"教育 4.0"（Bildung 4.0）的方向进行深层次的变革和发展，这就构成了技术创新和应用科学大学人才培养的传统特色之间的张力逻辑。

6.7　一项作为印证的调查

赫露莎在《应用科学大学的理念——成功还是失败》一书中对德国北威州的 12 所公立应用科学大学进行了问卷调查和分组访谈，以案例研究的形式呈现了该地区应用科学大学发展情况（Holuscha, 2013）。作为前述张力类型的印证和有效补充，本部分的研究参考了赫露莎在案例研究中的问卷和访谈设计，向全德地区的 25 所院校[①]发放了调查问卷 276 份。访谈对象包括教学人员（教授、讲师、兼职教师等）、管理人员（学校领导、部门负责人等）、学生（本土学生和留学生）。收回 234 份有效问卷，进行访谈 16 人次。因受疫情影响，实地考察从简。问卷主要采取在线问卷的形式，采用李克特五级量表；访谈主要采取视频对话、微信文字信息和邮件问询的方式。表 6.2 显示了调查所涉学校的简要概要。

6.7.1　调查的主要方式和内容

调查采用抽样的方式，结合获取数据和资料的便利性，选取的院校基本覆盖了德国全境。样本院校既有处于德国最发达地区、发展形势良好、实力雄厚的应用科学大学，也涉及了属于原民主德国地区、各方面实力较为平均的院校；既

　　[①]为便于数据的获得和访谈的顺利进行，这些学校主要从本人所在工作单位的德方合作学校中选出。

表 6.2　参与调查的德国应用科学大学情况

序号	学校名称	学校位置	建校/创校时间	主要专业	学生数量（人）	管理/教辅人员数量（人）	教授数量（人）
1	汉诺威应用科学大学 Hochschule Hannover	下萨克森州，汉诺威市	1971/1791	机械、生化、信息、经济、卫生、艺术、设计	9902	428	260
2	德累斯顿技术经济应用科学大学 Hochschule für Technik und Wirtschaft Dresden	萨克森州，德累斯顿市	1992	土木、设计、电气、地理、信息、农业、环境、化学、机械、经济	5000	490	170
3	纽伦堡乔治-西蒙-欧姆应用科学大学 Technische Hochschule Nürnberg Georg Simon	巴伐利亚州，纽伦堡市	1971/1823	化学、建筑、土木、经管、设计、电气、信息、机械、工程技术、能源技术、社会科学	13000	2400	330
4	明斯特应用科学大学 Fachhochschule Münster	北威州，明斯特市	1971	建筑、设计、卫生、社会、化学、电气、能源、信息、机械、经济	15000	1000	250
5	基尔应用科学大学 Fachhochschule Kiel	石勒苏益格-荷尔斯泰因州，基尔市	1969/1865	农业、信息、电气、机械、媒体、建筑、社会工作、卫生、经济	7500	470	164
6	奥斯纳布吕克应用科学大学 Hochschule Osnabrück	下萨克森州，奥斯纳布吕克市、林根市	1971/1919	农业、信息、音乐、管理、工程技术、经济、社会	14302	971	321
7	埃尔富特应用科学大学 Fachhochschule Erfurt	图林根州，埃尔富特市	1991	建筑、城市规划、土木、信息、园林、经济、运输	4101	310	124
8	奥斯特伐利亚应用科学大学 Ostfalia Hochschule für angewandte Wissenschaften	萨克森州，萨尔茨吉特市等（多校区）	1971/1853	法律、经济、社会、卫生、工程技术、信息	13023	759	220
9	奥登堡/东弗里斯兰/威廉港应用科学大学 Jade Hochschule	下萨克森州，威廉港市等（多校区）	2009/1832	地理、建筑、土木、经济、电气、管理、卫生、机械、机电、海事、媒体、旅游	7000	450	200
10	艾姆敦/雷尔应用科学大学 Hochschule Emden • Leer	下萨克森州，埃姆登市、利尔市	2009/1973	海事、社会、卫生、工程技术、经济、信息、机械、工程物理、电气	4574	335	113
11	肯普滕应用科学大学 Fachhochschule Kempten	巴伐利亚州，肯普滕市	1977	电气、信息、能源与环境、机械、经济、旅游、社会、管理	3872	309	102

续表

序号	学校名称	学校位置	建校/创校时间	主要专业	学生数量（人）	管理/教辅人员数量（人）	教授数量（人）
12	科堡应用科学大学 Hochschule Coburg	巴伐利亚州，科堡市	2007/1814	应用自然科学、设计、电气、信息、机械、自动化、社会、卫生、经济	5577	388	128
13	南威斯特法伦应用科学大学 Fachhochschule Südwestfalen	北威州，伊瑟隆市等（多校区）	1971/1824	电气、信息、工程技术、经济、自然科学、机械、工程、地理、能源、自动化	12048	760	171
14	海德堡应用科学大学 SRH Hochschule Heidelberg	巴登-符腾堡州，海德堡市，卡尔夫市	1992/1969	经济、工程、建筑、社会、法律、应用心理、信息、媒体、设计、	3100	679	70
15	维斯马应用科学大学 Hochschule Wismar	梅克伦堡-前波莫瑞州，维斯马市	1992/1908	经济、设计、建筑、媒体、土木、电气、信息、机械、环境、海事	8158	353	65
16	特里尔应用科学大学 Hochschule Trier	莱茵兰-普法尔茨州，特里尔市等（多校区）	1971/1830	信息、自然科学、建筑、土木、经济、生物、环境、电气、能源、康复、设计、机械、管理、工程	7003	563	172
17	莱比锡技术经济文化大学 Hochschule für Technik, Wirtschaft und Kultur Leipzig	萨克森州，莱比锡市	1992/1764	建筑、社会、土木、信息、媒体、工程、经济、运输	6255	385	178
18	吕贝克应用科学大学 Technische Hochschule Lübeck	石勒苏益格-荷尔斯泰因州，吕贝克市	1973/1808	自然科学、土木、电气、信息、机械、经济	5164	318	128
19	西鲁尔应用科学大学 Hochschule Ruhr West	北威州，米尔海姆市、博特罗普市	2009	信息、能源、经济、土木、机械	6377	310	86
20	西海岸应用科学大学 Fachhochschule Westküste	石勒苏益格-荷尔斯泰因州，海德市	1993	经济、工程技术、管理、电气、自动化、能源、旅游	2000	165	41
21	雷根斯堡东巴伐利亚应用科学大学 Ostbayerische Technische Hochschule Regensburg	巴伐利亚州，雷根斯堡市	1971/1816	建筑、土木、经济电气、计算机、机械、卫生	11000	682	229
22	茨维考西萨克森应用科学大学 Westsächsische Hochschule Zwickau	萨克森州，茨维考市等（多校区）	1992/1890	艺术、汽车、机械、电气、信息、语言、卫生、护理、经济	3800	268	150
23	安斯巴赫应用科学大学 Hochschule Ansbach	巴伐利亚州，安斯巴赫市	1996	工程、艺术、经济、媒体、生化、管理、医疗技术	3150	179	70

续表

序号	学校名称	学校位置	建校/创校时间	主要专业	学生数量（人）	管理/教辅人员数量（人）	教授数量（人）
24	慕尼黑应用科学大学 Hochschule München	巴伐利亚州，慕尼黑市	1971/1822	建筑、土木、机械、电气、信息、经济、社会、设计、旅游	18000	675	500
25	下莱茵应用科学大学 Hochschule Niederrhein	北威州，克雷菲尔德市等（多校区）	1971/1855	化学、设计、电气、信息、机械、运输、社会、经济、卫生	14215	733	242

包括了一些有悠久溯源机构的院校，也包含了 20 世纪 70 年代至 90 年代新建的院校。调查前后总计花费了约 8 个月的时间。第一阶段主要是通过向相关院校发放问卷和进行实地（线上）访谈来获取相应的资料和数据；第二阶段是对资料进行量化和质化的分析，并与有关的文献资料进行比对，形成相应的调查报告。使用的工具有纸质/电子调查问卷、SPSS 统计分析软件等。调查的主要内容涵盖以下方面：受访者在德国应用科学大学中的年龄、身份和角色，受访者对德国应用科学大学定位的主观感受，受访者对德国应用科学大学使命的认识，受访者对德国应用科学大学和综合性大学区别的认识，受访者如何看待德国应用科学大学迄今为止的发展，受访者如何预见德国应用科学大学未来的发展等（详见附录 3 和附录 4）。

6.7.2 问卷调查的基本发现

问卷以"应用科学大学是……"（Eine Fachhochschule ist...）加二元对立表述词的形式提问。每个问题有五个层级选项，对应受访者对这个问题的偏倚程度，详见附录 3。按照问卷的设计，其中选项 1、2、4 关涉应用科学大学的定位，选项 3、5 关涉应用科学大学的未来发展前景，选项 6、8、9 关涉应用科学大学的教学内容，选项 7、12 关涉应用科学大学的使命，选项 10、11 关涉应用科学大学的学生身份认同，选项 13、14、15 关涉应用科学大学的层次。问卷并未向被调查对象明确说明相关问题指涉的具体方面，这主要出于两个原因：一是便于对数据进行收集和整理；二是可以将所有指涉的问题统一归结到应用科学大学的定位上来，这也是本书研究的重心所在。经过对调查数据的整体分析，得出如下四点基本发现。

1）不同的高校对德国应用科学大学的定位认知存在差异。调查发现，在回答"应用科学大学是地区还是国际化？是非营利还是营利性机构？是现代还是传统？"时，东部应用科学大学和西部应用科学大学呈现明显差异偏移。东部应用科学大学的受访者认为应用科学大学偏于区域、非营利特征，而西部应用科学大学的受访者则认为偏于国际化、营利和创新。为便于比较，首先按照受访学校的区域划分，找出四所较为典型的学校（其中二所位于德国西部，均为20世纪70年代新建的应用科学大学；二所位于德国东部，均为1990年从原民主德国的多科技术学院集中转制为应用科学大学），根据所在学校的受访对象（教授、学生、管理人员）在李克特五级量表中的得分再取加权平均数算得每个选项的得分（图6-9清晰地显示出德国东、西部应用科学大学对于其定位的认知差异）。虽然东西德统一已过去30多年，但受到两德分治等历史原因的影响，德国东部和西部的应用科学大学仍然存在巨大的发展鸿沟——原民主德国地区应用科学大学的前身大多是按照苏联综合技术学院（Politechnikum）的模式成立的，1990年两德统一后才参照东部模板集体转制为应用科学大学。这一鸿沟也影响着人们对应用科学大学定位的看法。值得注意的是，在回答"应用科学大学是传统还是现代的"这个问题时，虽在整体上东西部应用科学大学都倾向认为应用科学大学更具现代性，但总体偏移程度较轻，显著度不够。

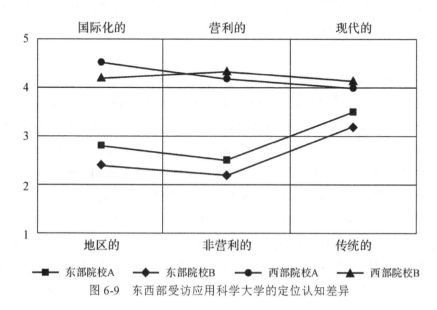

图6-9 东西部受访应用科学大学的定位认知差异

2）受访教授群体对于应用科学大学的定位与使命存在认知差异。调查发现，教授群体内部按照年龄分布，对应用科学大学的定位与使命的认知也存在偏重差异。根据受访者提供的数据，按照年龄 50 岁为分界线，将教授群体分为"年轻教授"（50 岁以下，$n=26$）和"年长教授"（50 岁及以上，$n=23$）两个群体，再计算出两个群体在相关题项上的加权平均数进行比较。调查发现，在回答"应用科学大学是教育导向还是职业导向的？是科研积极的还是教学积极的？有能力培养博士还是没能力培养博士？是有特色的高校还是一般的高校？（与综合性大学相比）竞争力强还是弱？"五个问题时，与年长教授相比，年轻教授群体偏向认为应用科学大学应当是科研积极的，有能力培养博士，且比综合性大学更具竞争力，在"教育导向还是职业导向的"及"是有特色的高校还是普通的高校"两个题项上差异不显著，如图 6-10 所示。

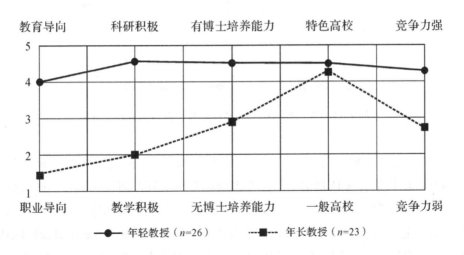

图 6-10　年轻教授与年长教授对应用科学大学定位与使命的认知差异

3）受访教师和学生群体对教学内容的认知存在差异。调查数据显示，受访教师群体（$n=63$）和学生群体（$n=146$）对应用科学大学教学内容的认知存在差异，在回答应用科学大学"是学生导向还是市场导向""是固守的还是灵活的""是提供专业教育的还是提供通识教育的"三个问题时，教师群体偏向认为应用科学大学的教学内容更应当面向市场需求，需保持足够的灵活度，同时应当向学生提供一定的通识教育内容，其中的核心是市场导向。正是人力市场对人才的能力和素质有了更为全面的需求，才要求应用科学大学对其教学内容有更灵活的可调整度，包括提高通识教育在应用科学大学教学内容中的比例，特别是专业通识教育的内容。而学生群体对应用科学大学的教学内容的偏好则基于自身需求以及专业的"可读性"（Studierbarkeit），他们认为应用科学大学的课程应当以学生为导向，并将内容限定在专业教育中。教师群体与学生群体在上述三个问题上的加权平均数比较如图 6-11 所示。

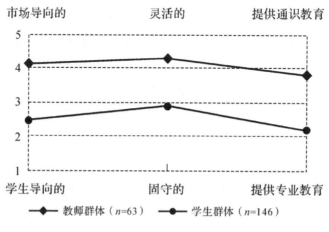

图 6-11　教师群体和学生群体对教学内容的认知差异

4）受访学生群体对于自己在学校和职场的身份认知存在差异。在学生群体内部，同样也存在认知偏差，主要表现在身份认同方面。在回答"应用科学大学对文理中学毕业生有吸引力还是无吸引力""应用科学大学毕业生会成为工程师还是管理者"两个问题时，有普通高校入学资格（Allgemeine Hochschulreife, Abitur）的学生（n=23）和有应用科学大学入学资格（Fachhochschulreife）的学生（n=84）也呈现出明显的差异。总的说来，前者认为应用科学大学对文理中学毕业生有吸引力，应用科学大学的毕业生应当从事偏于管理的工作；后者则认为应用科学大学对文理中学毕业生不具吸引力，更适合从实科中学毕业、持有应用科学大学入学资格的学生，而应用科学大学毕业更适合从事更为专业的工程师岗位的工作。两者在上述题项的答题加权平均数的比较如图 6-12 所示。需要指出的是，这里并未区分学生的所学专业对其未来职场工作前景的影响，如经济管理专业的学生自然更倾向认为未来的工作岗位将是经理人、职员等管理岗位，而非专业的工程师。

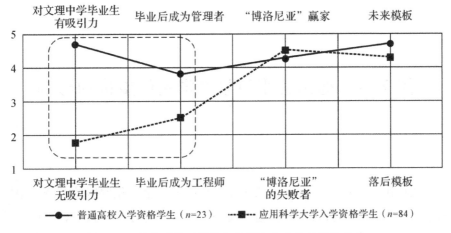

图 6-12 学生群体对学校和职场未来身份的认知差异

6.8 小　结

本章从德国应用科学大学的内部出发，论述了德国应用科学大学的"定位张力"集中体现在学校类型、学校层次、学校使命、教师群体及学生群体五个方面。总的来说，这五个方面的张力相互关联，相互交叉，彼此影响，共同构成了应用科学大学历史与现状、传统与革新之间的裂缝。德国应用科学大学根植于德国职业教育的传统，战后产业经济快速发展带来旺盛的人才需求进一步刺激了其快速发展。然而，随着高等教育大众化和平权思想在西方获得广泛认同，在新的时空背景和发展格局下，作为一种快速崛起的新型高校，应用科学大学在挤占老牌综合性大学发展空间的同时，也将综合性大学的学术化发展作为自身发展路径的模板；此时，原有的职业教育传统不可避免地遭到了丢弃和淡化，"职业"与"学术"这两股本就难以相融的理念认知在应用科学大学内部形成了张力事实。最后，以对相关应用科学大学和企业开展的调查和访谈为论证的论据，印证了德国应用科学大学的发展及其定位变化带来的内部张力。定位形成的内部巨大张力将使应用科学大学与外部系统之间的关系不再稳定，在自身的特色塑造和发展战略上都将面临新的道路选择，正如本书的主题所示，德国应用科学大学已经且将继续对其定位进行重构。

第 7 章　德国应用科学大学定位重构的影响

伴随德国应用科学大学定位从职业性传统朝着学术化发展的演变，德国应用科学大学在较短时间获得了快速的发展，形成了与综合性大学、工业大学整体实力对比上的变化。另外，内部"定位张力"也给应用科学大学的发展带来一些消极因素。这些方面的变化将会对整个德国高等教育系统产生相应的影响。同时，作为知识生产和技术发展中的新角色，德国应用科学大学定位的变化也会在一定程度上反作用于知识生产和技术发展的模式和路径。在这个过程中，与其紧密联系的企业也会产生新的变化。以下将从上述几个方面讨论德国应用科学大学定位重构的影响。

7.1　从"定位张力"到"定位重构"

如前所述，德国应用科学大学内部的"定位张力"分为学校类型、层次、使命、教学、师资、学生等多个层次，张力的产生由内外多种因素催生，张力最集中地表现在其特色建构（Profilbildung）过程中职业性传统和学术化发展这一对相互撕扯的作用力上。对于不同的学校个体来说，不同层次张力经过相互牵扯，"定位偏移"的程度可能表现得并不相同，这也构成了我们观察不同的应用科学大学在特色发展方面的参照系。德国应用科学大学的内部张力是其定位形成和发展这一历史进程的结果，也是影响其定位进一步发生重构的动因。可以说，德国应用科学大学定位的重构也是其"定位张力"传导的结果。

如果说德国应用科学大学的"定位张力"是其定位演变的被动结果，那么应用科学大学定位的重构则可以被认为是其在新的经济技术背景下对自身发展战略的一种主动调试。正如本书第 3 章对"重构"概念的界定，德国应用科学大学定位的重构不是完全再造，不意味着颠覆其长期以来形成的应用型、区域性办学特色，而是一个逐步偏移的漫长过程；同时，德国应用科学大学定位的重构始终围绕着高等教育机构发展的一般规律这一主线，始终以应用科学大学原有的办学因素为基础，也并未改变或削弱其作为高等教育机构属性。定位的重构既是一种结果性的呈现，也包含了定位形成、发展的全过程；它既对高等教育的投资者（政府）有政策指导意义，也是高等教育的参与者（教师、学生及学校管理者等）在组织自我认知层面上的革新。这些群体在更广阔的层面上构成高等教育的利益相关者，在共生的场域内通过机制调整、利益博弈、组织重构及文化再生产等方式发生相互作用。对于应用科学大学自身来说，重构意味着以更加积极的姿态作出适恰的战略抉择，增加在资源竞争中的透明度和可比性（Transparenz und Vergleichbarkeit），以期获得更多的发展动能和竞争优势（Geiger, 2011）。对于研究者和观察者来说，"定位"是一个可以将德国应用科学大学的历史、现状和未来有效串联起来的理论工具。对德国应用科学大学定位的重构意味着以一个系统性的视角去观照德国应用科学大学的发展史和改革动态，并有可能在保持"理论精度"和"逻辑一致性"（Stegmüller, 1970）的基础上，对德国应用科学大学的发展动态以及德国高等教育系统未来的态势进行科学、合理的研判。

　　鉴于此，有必要对德国应用科学大学定位重构产生的影响进行研究和分析。下面即从应用科学大学自身、德国高等教育体系、知识生产模式及技术发展模式这几个方面讨论这一问题。

7.2　对德国应用科学大学未来发展的影响

7.2.1　"需求超市"与"后发优势"

　　无论是德国应用科学大学集体更名，还是积极争取博士授予权，都体现出一种"消费者导向"的改革、发展取向，即满足应用科学大学学生在学业生涯及职业生涯准确阶段的就读需求。换言之，在与综合性大学的生源竞争中，前述德国应用科学大学学术化发展（Akademisierung）的策略实质是应用科学大学增强其教育产品（Studienangebot）属性的全面性，从而达到与综合性大学在学历层次、专业门类（特定）方面的"同等同类"（gleichartig und gleichwertig）。套用许多德国商店门口经常挂着的一块宣传广告牌："您之所需，我尽所有。我之没有，非您所需。"（Wir haben alles, was Sie brauchen. Was wir nicht haben, brauchen Sie auch nicht.）随着德国应用科学大学在上述各方面取得积极进展，可以为各种层次的学生提供不同需求的学习选项。有研究显示，同等条件下影响学生择校的因素主要是学生的家庭出身、大学的地理位置和大学的硬件设施及服务等，大学的层次和类别（如大学排名等）不是决定性的因素（Hachmeister et al., 2007: 91-92）。这表明，德国应用科学大学在全面满足学生学习需求方面的表现更为突出。如果这一点在未来更为笃定，那么应用科学大学将有可能在与综合性大学的生源竞争中赢得先机。

另外，随着应用科学大学中年轻教授群体的不断扩大，他们在德国应用科学大学自治中的影响力日益提高。相较于综合性大学中处于相对保守地位的教授群体，他们是应用科学大学改革的积极推动者。基于此，德国应用科学大学在发展定位、战略方向等方面的选择将更为灵活，德国应用科学大学将以更积极的改革姿态应对新的高等教育制度背景。加之前述教育政策执行过程中平权思维下"弱者优势"的影响，德国应用科学大学将获得更多的"后发优势"，在"后疫情""后欧盟"新时期的国际教育大竞争中将比德国综合性大学有更大的能动空间。

总的说来，德国应用科学大学"需求超市"的特质及其所拥有的"后发优势"将为其未来一段时间的发展注入新的动力。

7.2.2　未来发展的不确定性

不同于我国的众多应用型高校，德国应用科学大学从诞生起就被赋予了高等教育的色彩，不是"低一层级"的教育类型，而是高等教育系统中的"另一种类型"——它突出专业性和应用性特征，作为综合性大学的补充，与之相辅相成，共同构成了德国高等教育的整体结构。另外，德国应用科学大学若要发挥其专业性和应用性功能，又必须从理念和形式上承袭德国数百年来积淀的职业教育传统。因此，高等教育和职业教育两种特征理念持续在应用科学大学内部角力，形塑应用科学大学在不同时期、不同境遇下的定位及声张。由此可见，德国应用科学大学"定位张力"的产生于德国应用科学大学职业性传统和学术性发展之间的不平衡与不匹配。

纵观德国应用科学大学的发展轨迹，这些学校在发展其规模的同时，也出现了定位的变化。这揭示出一个规律：在学校办学规模快速扩大后，势必会影响同类学校在办学初期设置的定位。经过集体更名、争取博士授予权等种种改革尝试，其"不同但等值"的定位诉求与"相同不等值"的定位现实给德国应用科学大学内部带来了不同方面的张力。当下，在内部张力的牵扯下，应用科学大学一方面已经获得了"巨大的成功"，另一方面又被困于此刻的发展现状之中，很难再摆脱胜利者的角色从与综合性大学的竞争中脱颖而出，被拖入一个自身完全不占优势的竞争格局中——特色日益被销蚀，定位含糊不清，发展的前景似乎陷入某种意义上的"中等收入陷阱"，晦明晦暗，令人捉摸不透。从数量和规模上看，由于总体生源增量的逐渐饱和，发展资源（如资金资助等）相对稳定，德国应用科学大学过去几十年来"狂飙突进"式的扩展式发展态势可能不会再延续下去，综合性大学与应用科学大学之间的类型差异逐渐消弭。届时，德国应用科学大学在"后扩张时代"的发展路径和模式可能会成为其需要思索的一个非常现实的问题。

　　企业会继续青睐应用科学大学毕业生吗？按照本书在第 6 章的研究，由于经济技术的迭代发展，企业对工程技术人才的需求也出现了变化。单一性质的工程技术岗位更多将被人工智能下的机器取代，人作为生产节点中的关键管理者和技术方案提供者，将被要求掌握更多的跨专业能力和独立解决节点问题的能力，从目前德国应用科学大学的教学内容的设置和构成看，其尚不具备对综合性大学的毕业生优势，而后者因其雄厚的积淀和基础，在教学理念导向方面的调整将更为从容。

　　本书认为，德国应用科学大学职业教育传统和学术化发展之间张力经过不断地传导，直至德国高等教育的系统本身，在一定程度上改变了泰西勒所描绘的"温和分化"模型。受到区域经济、学校发展思路等差异的影响，不同德国应用科学大学之间的发展状况也大相径庭。德国《经济周刊》（*Wirtschafts Woche*）近几年发布的德国高校排名显示，少数学校雄踞各分项专业排名的前几位（Fisher, 2020）。这些学校身上呈现出了比综合性大学更为显著的"虹吸效应"，逐渐积累出更多资源优势和更多的发展动能。反之，一些基础较为薄弱的学校（大多在原民主德国地区）则面临极为严峻的发展困境。张力的存在给德国应用科学大学的未来发展带来了不确定性，这种不确定性也势必会传导至德国高等教育的全系统，正如泰西勒所言，应用科学大学"何去何从"（Quo Vadis）尚不得而知（Teichler, 2005: 204-205）。

7.3　对德国高等教育系统的影响

7.3.1　"升格式"发展是高等教育发展的主要路径

在创立的初期，德国应用科学大学是作为综合性大学回应社会经济对应用型人才高等教育需求的替代（或补充）高校类型，其"升格式"发展路径决定了应用科学大学作为一种"新型大学"出现后，虽然部分挤占了现有综合性大学的发展空间，但实质上并未打破以综合性大学为代表的"经典大学"的范式和框架。应用科学大学所主张的，仍然是综合性大学发展路径下的"同等对待权"，其自身的发展范式依然体现出对综合性大学的"路径依赖"。伴随高等教育大众化和普及化的步伐，德国应用科学大学的规模快速扩大，社会影响力不断提高，其获得巨大发展的必然性正是高等教育"升格式"的发展逻辑决定的。

在发展溯源上，德国应用科学大学与综合性大学、工业大学具有同源性，关于这点前文已作出相关的说明，此处不再赘述。在"升格式"发展逻辑下，德国应用科学大学从机构发展轨迹上就与工业大学具有高度的一致性，在 19 世纪，工业大学刚刚产生时，大多也是以"技术学校"（Technische Schule 或者 Polytechnikum）命名，而后经历了从 Schule 到 Hochschule 再到 Technische Universität 的更名历程，其定位也实现了从"单一技术型"到"工业综合型"的过渡，体现出了不同时代背景下人才培养的特色和功能。可见，应用科学大学目前学术性发展的趋势和"同等对待"的诉求也是综合性大学和工业大学在发展初期同样经历过的。基于此，我们有理由判断，在整体趋势上，应用科学大学未来会更倾向于学术性发展，在机构类型属性上越来越趋同于工业大学甚至是综合性大学。德国应用科学大学"升格式"的发展路径也印证了其从"应用型知识"向代表"高深阶段"的学术型知识靠拢的态势。

需要指出的是，"升格"并不意味着高等教育机构会保持着金字塔式的等级结构，而是在保持功能分化的前提下，沿着知识生产和技术发展从初等到高等、从零散到整合的一般逻辑，高等教育机构（如应用科学大学）从初始阶段（前身溯源机构）到特征阶段（应用科学大学本体）再到高级阶段（学术化）的基本发展路径。如果将这一认知加以延伸，我们还可以预测德国职业教育系统也会向高等教育系统靠拢，职业教育机构可能会进一步整合，一些职业学校会沿着应用科学大学前身机构的发展道路，向如今的应用科学大学靠拢发展，随着前述联合国教科文组织对高等教育的重新定义,"职业性高等教育"(Berufliche Hochschulbildung)或"学术化职业培训"(Akademisch-berufliche Ausbildung)将可能成为高等教育和职业教育领域中的下一个增长点(Pahl, 2018: 183)。

7.3.2 对综合性大学和工业大学的影响

对于综合性大学和工业大学来说,在定位重构的背景下,它们受到"学术化发展"趋势的影响。在培养博士生、开展应用型研究、继续教育等方面,应用科学大学与它们有着广阔的合作空间。而且,双方的合作可能不仅仅在于通常意义上的"互补性"合作,还将在新的领域,以新的方式,呈现"嵌入式"合作的态势。21 世纪初,在德国的一些综合性大学中曾短暂出现过合并现象。如在 2003 年,原杜伊斯堡大学和埃森大学合并成立新的杜伊斯堡大学-埃森大学(Universität Duisburg-Essen),成为德国占地面积最大的大学之一(UDE, 2021)。在未来,某些应用科学大学可能会通过扩张、重组、合并等形式"渗透"到综合性大学或工业大学的行列中去。另外,西方新公共管理理论(New Public Management,简称 NPM)有可能会衍生出注重公平、效率、标准和质量的"新型大学理念",这将对基于"教学、科学、自由、寂寞"的传统大学理念提出挑战,综合性大学和工业大学也会向着新型大学的治理理念靠拢,从而呈现出与应用科学大学相向的"趋近"发展趋势。特别是那些历史不太长的综合性大学,它们的改革主动性相对老牌大学高,因此可能会获得相应的发展动力,从而可以从老牌大学的实力矩阵中挣脱出来,成为新的"精英大学"。如在德国联邦政府 2019 年公布的第二批"卓越大学"名单中,成立于 1919 年的"年轻"的汉堡大学就名列其中(冯一平,2019),实现了该校历史性的突破。

随着应用科学大学的快速发展,在德国高等教育资源总体趋稳的情况下,应用科学大学将在生源和资源两大领域与综合性大学、工业大学展开竞争,进一步挤占后者的发展空间。在高等教育政策的制定和实施方面,大量高校的资源诉求和平等诉求摊匀了德国在高等教育领域的资源投入。移民、疫情等社会问题也严重影响了德国各类高校的科研、国际合作。由于卫生防疫、经济纾困急需大量的临时性投入,在未来一段时间内,高等教育的资源空间将遭到相当程度的压缩。比如德国政府一直苦苦推进的为打造"精英大学"的"卓越计划"就很有可能受到波及,德国人想要重塑德国大学在 20 世纪上半叶的辉煌、打造诸如哈佛、耶鲁、牛津那样具有全球影响力的"精英巨无霸",这个愿望似乎已渐行渐远，愈加渺茫。同时，德国高等教育机构长久以来形成的全盘仰赖政府资金支持的传统也有可能被打破，前述巴伐利亚地区推行的"高校企业法人化"改革便是一个实证。

总的说来，德国应用科学大学定位的重构促进了应用科学大学的飞速发展，形成了较为强大的边际效应：一方面将部分改变综合性大学与应用科学大学在整体上的实力对比，使得二者更为均衡；另一方面也会在一定程度上改变综合性大学内部的实力分布，较新的综合性大学会因为更能顺应"新型大学模式"的潮流而获取更多的外部认可和发展资源，从而赢得与传统老牌综合性大学相同的地位。与许多既往基于"精英大学"和"卓越计划"的研究不同，本书认为，这两个方面的趋势都显示整个德国高等教育系统将向着更为均质的方向发展，所谓"实力金字塔"极有可能不会出现。

7.3.3 高等教育系统的均质化

在前述各种高校类型发展态势的影响下，在应用科学大学的外部——德国高等教育的系统又会发生怎样的改变？在泰西勒的"多样化模型"中，"常春藤高校"和"精英大学"这样的顶尖高校构成一极，而被称为"大众大学"的其他大学则构成更为底部、但规模更为广泛的另一极，两者的实力相差悬殊。而德国高等教育的改革承载了其均质化的传统，随着应用科学大学的发展，一种新的发展模型得以构建，泰西勒将其称为"温和的分化"。在这个模型中，研究型大学与应用型大学之间存在着一个"过渡类型"，就是工业大学。工业大学的科研参与度较广；在资源分配上，那些未获得多少资助的综合性大学和应用科学大学一起被归为"大众大学"，这在一定程度上反而促进了这两类大学的均质发展。在"温和分化"的过程中，应用科学大学正如19世纪德国的工业学院转型为工业大学一样，具备了升格为新型大学的客观条件，它与综合性大学之间的类型差异将渐渐消弭。因此，从高等教育功能分化角度看，代表"新型大学"的应用科学大学本应扮演积极"分化"的角色，体现更具特色的模式和定位，但事实上却向着模糊化的方向发展。如前所述，无论是应用科学大学的院校规模和学生数量，还是德国高等院校总体的规模，都将进入一个相对恒定的发展阶段。在这个大背景下，应用科学大学将为德国高等教育均衡化发展进一步注入动能，不管德国的政治精英或社会大众接受与否，均质化很可能是未来几十年内德国高等教育体制最显著的特征之一。

7.4 对知识生产模式与技术发展模式的影响

7.4.1 技术型知识及其生产路线

大学是知识生产的关键节点，在高等教育系统发生结构性变化时，必定要影响知识生产的方式和模式，反之亦然。无论是齐曼（Ziman, J.）笔下从"学院科学"到"后学院科学"的知识生产革命（齐曼，2008: 83），还是吉本斯笔下的知识生产从"模式一"到"模式二"的演变，或是在此基础上由卡拉雅尼斯（Carayannis & Campbell, 2009）等人提出的"模式三"，都在从结构和理念上改变着大学的形态。总的来说，按照大学知识生产方式的历史轨迹，有人将其划分为"书斋型""实验室型"和"企业型"三类（司托克斯，1999）；"书斋型"知识生产方式主要面向的知识类型是经院哲学式知识，知识产生的路线通常是从经典文本到启发性知识；"实验室型"知识生产方式以实验科学为根基，知识的产生严格遵循从研究到开发再到经营的线性路线；而在"企业型"知识生产方式中，更具实践导向的技术型知识构成了主要的知识矩阵，且知识与技术前所未有地紧密结合在一起，知识生产更讲求交互与合作，已有技术和知识不断得到深化和改进，从而产生出更高水平的技术和知识。以此为基点，为了更好地区分德国不同高等教育机构在知识生产方式层面的差异，我们可以因循韦伯"理想类型"的指导，将它们对应到德国高等教育的不同类型中，即综合研究型大学（UNI）是"书斋型"知识生产方式的代表，工业大学（TU）是"实验室型"知识生产方式的代表，应用科学大学（FH）则是"企业型"知识生产方式的代表，如表 7.1 所示。

表 7.1 "理想类型"下不同知识生产方式的组织机构归类

知识生产方式	高等教育机构	代表知识类型	知识生产路线
"书斋型"	综合性大学（UNI）	经院哲学式	从经典文本到启发性知识
"实验室型"	工业大学（TU）	实验科学式	线性路线：基础研究——应用研究——开发——生产经营
"企业型"	应用科学大学（FH）	技术型知识	非线性交互模式：已有技术和知识——应用基础研究——更高水平的技术和知识

总体而言，在现实意义上，大学知识生产的方式呈现出周期性的循环，既可以相互镶嵌，也可以独立存在（王骥，2014: 157）。上述的对应当然也不是分割独立的，而是逐步递进、继承且相互交叉的。在新的知识生产模式主导下，大学逐渐涉入社会和经济的中心，政府和产业作为外部主体越来越积极地参与对大学的投入，大学办学的外部性导向被进一步强化（张继明，2019），那些以综合性大学为代表的经典大学的治理传统受到强烈的挑战和冲击。综合性大学开始注重治理的效率、人才培养的质量以及知识作为成果的转化，而应用科学大学开始注重学术资质、人才的多面能力及应用型知识作为知识本身的研究和传播，高等教育机构也因此同步呈现出同一性、交叉性的发展。作为新型大学出现的应用科学大学，其定位的发展也印证了知识生产模式的演变。在应用科学大学创始初期，正当传统物理、数学等基础学科出现了天花板和瓶颈之时，知识系统之间的交叉和融合促成了知识这一阶段的主要发展，以应用性为导向的新型知识生产模式开始占据知识生产的主舞台，它以培养"大企业家"为目标、以技术知识和实验科学为主要载体的新型知识生产模式。如前所述，新的模式并不是完全取代旧有模式，而是作为有力的补充与其共存，并共同回应社会多样化的技术需求和人才需求。

7.4.2 "节点式技术"发展路线中的企业与高校

以技术型知识为基础，技术的发展也呈现出新的类型和新的路线。技术的发展不再依赖传统的"线性模式"带来完全的颠覆和革新，而越来越倾向于关键技术节点的突破及其积累。"节点式"技术（node-symbolized technology）这一原本属于信息科学领域的专属技术类型，原意是指实现共同网络和协议层体系中的信息分布点（redistribution point）和交互端点（communication endpoint）两者的技术形式。在数字化影响社会全领域的当下，似乎也能更适恰地指代具备技术分布和交互端口两大特征的新型技术概念。在"节点式"技术中，各个技术节点通过不断的交互和协作，以毫末的积累实现技术的创新和突破。

在"节点式"技术的发展过程中，促进技术的发展的核心动能不再是知识驱动的书斋探究取向，而是企业在生产实际中解决具体问题的需要。从前端来看，企业既是天然的"知识实验室"（knowledge lab），承载着以实践场域验证理论知识的功能（Cukurova et al., 2018），也是学校各项所需资源的供给方；从末端看，更是学校"产品"——毕业生的客户。高校与企业之间已经从"校企合作"这一典型性关系中跳脱出来，变得更为紧密。企业作为重要的教育参与者，对高校的教学和科研等知识生产行为产生着深刻的重要影响（王兆义、徐理勤，2020）。不特是教育领域，全球化治理已进入"合作治理的新时代"（new corporate governance era），在这套体系中，企业正发挥其核心作用（Gold & Dienhart, 2010）。应用科学大学承载着因应企业需求，以及与企业合作的传统优势，必将推动"节点式"技术的进一步发展，并在"节点式"技术的发展路线中扮演重要角色。

同时，我们应当看到，在新的技术发展路线中，每个企业（尤其是中小企业）将不得不寻求自身在技术节点中的角色，而像西门子、大众、宝马这样大型的跨国企业则有机会进一步整合产业，形成强大的技术聚合能力。在前述"学术化妄想"（Akademisierungswahn）的趋势下，"过度教育"盛行，传统技术工人却大量短缺，用人成本快速上升，一直以来拥有强大生命力的德国中小企业将可能失去在技术创新、品牌打造方面的传统优势（Sprecht & Greive, 2019），他们只能在寡头企业的生态供应链中寻求一席之地，甚至面临被收购、倒闭的风险。参与本书访谈的那家具有近 100 年历史的飞机制造公司也于 2016 年向我国某企业出售了其部分原型机的全套技术和生产链。作为德国制造业的根基，中小企业如果在新的技术发展模式中不能进行有效的调整，在国际经济普遍萎缩、贸易壁垒以及欧盟内部震荡的当下，将面临巨大的发展风险，这也会给就业市场需求、"双元学制"等德国高等教育因素带来直接的负面影响。

第 8 章　结论和启示

作为本书的结尾，本章主要梳理各部分的核心观点，呈现研究的结论，并将研究的落脚点归结到对我国应用型高校的发展路径的启示上。在此基础上，总结本书的研究价值，反思本书的研究不足。以下分三个部分予以阐述。

8.1　研究结论

如前文献综述中呈现的关于"定位"的文献发现，"定位"是一个组织系统概念，是一个比较性的相对概念，即某一机构与某一机构的相对关系，或某一机构在整个系统中的相对位置。具体到本书的主题层面，关于大学定位的研究理论指向主要来自克拉克等人对不同大学类型在高等教育系统中的层次、特色、任务等方面的著作。以此类推，对德国应用科学大学的定位研究应当将其置于德国高等教育全系统以及与综合性大学、工业大学等其他高等教育机构类型的比较研究中，并应当揭示出三者之间在发展历史、人才培养特色、发展趋势等方面的异同关系和相互承接关系。在这个意义上，本书受到文章篇幅的制约，仅仅将研究的重心集聚在应用科学大学本身，而将综合性大学、工业大学的定位、特色作为一个"已知的假设"（事实上这两者的定位可能更为复杂）予以呈现。

本书采用历史研究和调查访谈相结合的研究方法，以高等教育大众化、高等教育功能分化及技术发展逻辑等为理论视角，围绕德国应用科学大学的定位演变，以教育史和文献为参照，讨论德国应用科学大学在不同历史进程中定位的形成和发展史，分析德国应用科学大学在"博洛尼亚进程"后的发展与其"传统性定位"之间的张力以及这种张力产生的影响。经过几个章节的讨论，已经能够对研究设计中提及的几个基本问题作出回答。得出的主要结论归纳如下。

1）就溯源而言，从理念属性上看，德国应用科学大学是职业教育和工程教育二者发展到特定历史时期的必然产物；从机构属性上看，德国应用科学大学与德国的工业大学有相同的溯源，在初期就具备了高等教育的属性。

2）德国应用科学大学的定位在不同的制度环境中，也经历了相应的演变历程：由最初的"政治定位"萌芽到产生后的"经济定位"，再到知识生产体制及技术发展中的新角色，进而形塑德国高等教育"温和分化"体系的定位，最后上升为"总和"的制度本体定位。从总体趋势上看，逐渐从政治走向经济，从经济走向知识，从知识回归教育本体，再以一个"温和分化"的教育体系主体对社会政治、经济、文化施加全方位的影响。

3）在当下，德国应用科学大学的定位在其内部呈现出张力态势，集中体现在学校类型、学校层次、学校使命、教师群体及学生群体五个方面。总的来说，这五种类型的张力相互交叉，互为影响，共同构成了应用科学大学历史与现状、传统与革新之间的裂缝。

4）德国应用科学大学定位的重构是其"定位张力"传导的结果，它产生了一系列重要影响。从应用科学大学的未来发展来看，它既带来了后发优势，也增添了不确定性；对于德国高等教育系统来说，它将进一步维持与综合性大学共同形成的温和均质化态势；从知识生产模式和技术发展模式来说，企业将进一步扮演在其中的参与主体角色，形塑技术型知识生产模式和节点式技术发展路径。

8.2 研究启示

回归本书研究的起点，德国应用科学大学发展和定位对我国应用型高等院校有怎样的启示和借鉴作用？实际上，关于德国应用大学的"定位"这一概念在德国高校教育研究领域并不多见，显然对于大多数德国人来说，学校的"定位"问题明确而又简单，似乎没有进行深入讨论和研究的必要。恰恰是我国当下正在热烈讨论的"应用型本科"和"地方应用型高校转型"等问题促使笔者将本书的研究内容用"定位"这一中国学界较为熟悉的概念框列出来。用中国的视角去研究外国教育的问题，这也正是比较教育研究的要义所在。

8.2.1 功能分化是当前高等教育发展的重大趋势

在高等教育的扩张阶段，为了避免出现大批同样功能学校，导致社会资源浪费，进而形成"过度教育"的现象，功能分化是高等教育发展的必然趋势——它既是在理念层面对不同类型高等教育内涵的区分，也是在操作层面对高等教育在不同领域角色和使命的划分。在功能分化的趋势下，各种类型的高等教育主体在宏观层次体现为结构分化、体制分化与资源分化，在中观层次体现为学校分化、机构分化与职能分化，在微观层次体现学科分化、专业分化与课程分化等方面。它们通过定位重构实现资源要素的重新调整，使其"各有所归、各得其宜"（董泽芳、邹泽沛，2020）。德国应用科学大学的兴起和发展表明，新型高等教育机构往往作为传统大学的功能补充，来回应社会、经济多元化和差异化发展的新需求，尤其是在产业转型、技术升级的关键时期，技术型人才的供求关系中存在巨大的缺口，且在需求类型、层次上呈现明显的区域差异，能够在较短时间内解决上述人才供给的不平衡的只能是那些根植于区域经济发展、与企业等经济体联系紧密的应用型高校。对于包括综合性大学在内的广大高校来说，应当明晰自身在高等教育功能分化重大趋势中的定位与特色，避免将不同类型的培养方式、教育理念杂糅。

另外，我们应当认识到，分化不是高等教育发展的永久趋势，功能整合与分化交替是高等教育外部环境与自身发展逻辑不断相互作用而呈现出来的历史规律。同时，无论是综合性人才培养还是应用型人才培养，无论是精英高等教育还是大众高等教育，这些体现高等教育功能分化的外显属性并不是冲突和对立的，部分应用科学大学朝向综合性大学的转型发展显示了在两种功能之间可能存在一些模糊地带或过渡区域。高等教育的功能无论怎样分化，从历史发展规律来看，都是为了促进人类社会更好地向前发展，在这个意义上，被赋予不同角色的高等教育机构所呈现出来的不同的功能之间应当是和谐的，是一种"不排除局部冲突的整体和谐，不排除现时冲突的长远和谐"（邹晓平，2005：12）。

8.2.2 德国应用科学大学的功能定位有其内在的独立性

从最近 20 年的发展来看，德国应用科学大学在不少专业领域已经具备很强的实力，无论从科研经费、还是科研设备，或是研究水平，以及人才培养，都有稳步的提升，在某些领域的学术实力甚至也不输于综合性大学。但是按照现有法律框架，应用科学大学在很多方面仍然无法与综合性大学平起平坐，获得完全的平等的待遇，比如录取标准或毕业生起薪的等级（特定专业）等。按理说，随着应用科学大学的发展，这类学校应该具有很强的升格为大学的动机，这样它们才能真正获得更多的发展资源和社会认可。目前也确有研究者认为，应用科学大学目前已有升格为大学的趋势。但是，认真分析应用科学大学的法律地位及德国高等教育体制，便会发现，就一所应用科学大学而言，它并不具有"升格"的诉求，相反它却安于自己的定位，安心做好法律规定框架之内的事情。究其原因，可以从以下几个方面进行观察。

（一）独特的法律基础

德国的应用科学大学从一开始就是建立在独立的法律基础之上的。具体来说，在 1976 年《高等教育总纲法》（Hochschulerahmengesetz）颁布之前，联邦州专门制定有《应用科学大学法》（Gesetz für Fachhochschule）。即使在联邦颁布《高等教育总纲法》之后，应用科学大学实际上的法律基础仍然是各州的《应用科学大学法》。直到 21 世纪初，这种情况出现了一些变化。2002 年前后各州开始制定州层面的《高等教育法》，在 2007 年之后的 10 余年中，基于德国基本法中规定的各联邦州教育自治的原则，《高等教育总纲法》经过几次修订，删除了几十项规定性条款，联邦政府的立法权得到限制。在新的法律框架下，综合性大学与应用科学大学才被置于相同的法律制度空间。从法律基础角度看，应用科学大学与综合性大学之间虽然不再有差别，但由于各州的高等教育法律对不同类型的高等学校还是有不同的规定，应用科学大学与综合性大学仍被视为两种不同类型的高等学校。

（二）独特的功能与目标

现行的法律强调应用科学大学与综合性大学的共同性，比如《高等教育总纲法》不再明确区分综合性大学和应用科学大学，但是在涉及高等学校的任务时，则对两类高校进行了分别的规定。比如北威州《高等教育法》第三条指出，"综合性大学通过研究、教学、学习以及支持科学新生力量（如科学继续教育、知识转移等）等手段促进基础科学知识和人才队伍的发展，它们为在德国境内外从事应用科学知识和方法做好专业方面的准备。"而"应用科学大学通过以应用性为导向的教学和学习，为德国境内外应用科学知识和方法做好专业方面的准备。它们承担技术研发、艺术设计以及知识转移等方面任务（尤其是科学继续教育和技术转移等）"（Ministerium des Innern des Landes Nordrhein-Westfalen, 2022）。在人才培养方面，综合性大学以培养学术型、知识型人才为主要目标，以通过大学入学考试（Abitur）为入学资格；而应用科学大学则以培养应用型、技术型人才为主要目标，以"应用科学大学入学资格"（Fachhochschulreife）或者"相关专门高校入学资格"（fachgebundene Hochschulreife），即 Fachabitur 为入学资格。

在科学研究方面，综合性大学主要开展基础性、开创性研究，应用科学大学主要开展应用型科研。在社会服务方面，综合性大学主要面向社会与大众，关注宏观议题；应用科学大学主要面向社区、区域与企业，关注个体差异化的现实问题。从总体上看，应用科学大学是以教学和培养为主的高等学校，虽然也承担了越来越多的应用性研究，特别是开发性研究，但是在科研的基础条件方面还难以与综合性大学相比。而且从教师的任职资格方面看，应用科学大学对教师的研究能力要求也低于综合性大学。应用科学大学自身没有教授资格（Habilitation）的授予权，对于应用科学大学的教授，《高等教育框架法》第44条及各州的《高等教育法》规定了以下资格：1）大学学位；2）教学能力，通常由教学或培训的经验证明；3）从事学术工作的能力，通常要求具备博士学位，并通过博士期间学术成果的质量或在专业作品方面的特殊成就来证明；4）至少五年的专业实践经历，其中至少有三年是在高等教育系统之外完成。在教学方面，应用科学大学的教师也与综合性大学的教师不同——后者可以根据自己的兴趣和爱好自主申请开设课程，而前者教学领域的分配是在应用科学大学内部统一管理之下酌情处理，换句话说，应用科学大学的教授没有权利自主开设一门在专业模块课程以外的课。通过对比，可以清楚地看到两类高等学校的定位是清晰的，各自有其独特的任务和目标，两者不会出现任务的重叠，也不会出现竞争，甚至"争夺"资源的问题。

（三）独特的组织形态

应用科学大学与传统的综合性大学在法律定位与发展定位方面的差异决定了其科研、教学等活动组织形态的不同。应用科学大学从事的科研工作通常仅仅限于专业框架内某些应用型课题，在大多数情况下，技术研发的工作是直接委托给应用科学大学，而非个别应用科学大学教师。这表明，研究对象的选择属于官方指示的范围，因此不像研究型大学的教师那样，是在个人科学自由的情况下自主作出的（Flämig et al., 2013: 131）。当然，随着应用科学大学越来越多地参与科研，这种现象到目前为止有所改观。尽管如此，应用科学大学教

师的教学工作量显著高于综合性大学的教师，客观上限制了他们自主参与科研
活动。虽然许多应用科学大学的教师认为这种现象不公平，也剥夺了参与科研
的权利，但从根本上看，这是由应用科学大学在法律上的不同定位决定的。

在社会服务方面的组织形态差异同样存在，至少有两个例子可以证明这一
点。比如综合性大学师生在公共讨论、发放传单、公开出版宣传物等参与政治
活动的比例普遍高于应用科学大学，而应用科学大学的学生更热衷于参与游行、
集会等有组织的活动，这与应用科学大学学生有更多相对集中的在校时间有密
切关系（Dippelhofer，2022）。应用科学大学接收难民的规模远远低于综合性大
学，二者的比例大约为 3:7，这与应用科学大学提供的过渡课程较少有密切关
系（DAAD & DZHW，2017: 26）。

8.2.3 德国应用科学大学定位发展对我国应用型高校转型实践的启示

（一）我国应用型高校应基于自身特色和优势自主转型

如前文所述，在我国地方本科高校转型的决策过程中，德国应用科学大学
作为政策样板发挥了重要的借鉴作用。应用科学大学的定位演变为我们呈现一
种院校形态下的教育现象，帮助我们更好地认识作为个体的院校在"历史大
潮"中德差异性特征和行为，从而使中国应用型教育实践中的"德国 FH 模
式"变得更为清晰。对于我国众多面临"转型"的应用型高校来说，未来的发
展之路怎么走，德国应用科学大学的模式提供了一种值得借鉴的方案。

在协调区域发展和服务企业方面，应用科学大学具有天然的优势。在我国
产业经济较发达地区的有关应用型高校，应当将自身的发展观与企业（特别是
构成区域及周边经济特色的企业）紧密结合起来，更好地满足区域企业的发展
需求，提供特色人才。而高校办学特色的形成不仅仅是通过高校的自我声张，而
应体现为如何能更好地满足企业与行业的动态发展需求。

在专业建设和课程设置方面，应用型高校应当密切关注国民经济尤其是地
方经济社会发展的现实需求，在人工智能、智能制造、社区养老、数字营销等
领域先于综合性大学作出相应的办学尝试，重点打造自身的专业特色和不可替
代性。对于一些重复度高、特色化优势不明显的"老旧"专业，要尽早调整、裁
撤，充分提升自身办学的活力和竞争力。以服务区域经济社会和专业自身发展
为两大准绳和基础，一些有条件的应用型高校应主动积极推进"专业硕（博）士

点"的设置，同时也要积极思考专业学位点与一般学位点在培养过程、课程设置、毕业生取向等方面的差异性和互补性。

在开展应用型研究方面，国内应用型高校可以借鉴德国应用科学大学的一些做法，与企业和行业开展深度技术合作，大力开展跨学科、多学科基础上的产品（技术）研发中心的建设，在成果转化、知识转移方面发挥速度优势和区域优势，提高企业委托投入、技术服务收入在应用型高校第三方资金获得中的比例。

在政策导向层面，可以通过市场化的多方参与模式，增强高校自身在组织机制方面的效能，从而使得高校的"独立性"得以完备，增强高校的独立办学能力。需要指出的是，作为一个开放的组织系统，高校的"独立性"并不意味着与政府和社会的隔绝，而是主张在高校拥有办学自主权的基础上，政府充分发挥其监督、整合的职能；作为一个上行概念的社会，其各个社会机构充分参与投入高校办学活动和其他组织活动，为高校的发展和转型注入新的活力和动力。以此为基础，思考、探索鼓励企业、民营资本等进入应用型高校办学实体矩阵的方式和路径，提升地方应用型高校对外部资源的获取能力和参与开放市场竞争的能力，进一步推进在"华盛顿协议"等国际体系下的高等工程教育的国际专业认证工作，提升地方院校的国际化水平。

（二）加强高等工程教育体系建设的政策导向

受到长久以来职业教育与技术教育传统的滋养，德国工程教育模式具有独特的系统性和可回溯性。从中德两国工程教育的发展历程看，两国工程教育的起步和扩张具有相似的历史时空背景和国家发展环境，作为当时的后起国家，"德国制造"同样经历了从被歧视到被青睐的曲折历程，工业化发展路径也同为"另辟蹊径"式的"追赶发展"。对于教育主管部门来说，作为"先行者"的德国工程教育可以为我国工程教育的改革与发展提供很好的借鉴。具体而言，可以从以下几个方面着手。

1）鼓励企业参与工程教育。探索引入"双元制"中的"职业培训企业"制度，为企业成为工程教育办学主体提供政策保障。在产教深度融合背景下，强化企业、行业在工程人才资质制定、认证中的主体角色，继续完善高校在成果转化、横向科研中的激励政策。在政策导向层面，可以通过市场化的多方参与模式，增强高校自身在组织机制方面的效能，从而使得高校的"独立性"得以完备，增强高校的独立办学能力。

　　将校企合作延伸到工科大学治理体制改革的领域中来，汇聚企业力量，在资本要素、管理要素、学术要素多方共建的基础上，实现有限度的混合办学，学校与社会进行深度的互动与共赢。企业资本进入学校要改变以往慈善性质的"半捐赠模式"，应该是企业向学校购买服务；在不改变学校办学性质的基础上，允许企业资金作为投资份额进入学校财政，并允许其获得相对份额的收益。仿照欧洲大学治理模式，以设置"监事会""咨询委员会"等"赋权"的形式吸纳企业代表进入学校的内部治理体系。优化原有为企业进行"订单式"人才培养模式。学校允许企业深度参与人才培养体系改革，以能力塑造为导向，建立"专业与课程超市"。在"订单班"的培养过程中，企业可直接进入学校的"专业与课程超市"，自由进行课程的选择，由学校的学科负责人保证整体培养的学术合理性，对所选课程进行合理化配对和组织。在建立新型校企合作关系的总体框架下，建立长效的联络机制和技术服务部门，明确学校在技术开发、成果转化中的分工和职能，发挥能力优势，行"能之所能"之事。有条件的高校可以组织专门的力量对有关企业在校企合作中的需求动态进行调查和分析，发布相应的专题报告，利用大数据和网络平台，保障信息的即时性和可获取程度。

　　2）建立分层多级工程人才培养体系。功能分化是高等教育发展的必然趋势，它既是在理念层面对不同类型高等教育内涵的区分，也是在操作层面对高等教育在不同领域角色和使命的划分。在功能分化的趋势下，各种类型的高等教育主体在宏观层次体现为结构分化、体制分化与资源分化；在中观层次体现为学校分化、机构分化与职能分化，在微观层次体现学科分化、专业分化与课程分化等方面，它们通过定位重构实现资源要素的重新调整，使其"各有所归、各得其宜"。德国工程教育的兴起和发展表明，新型高等教育机构往往作为传统大学的功能补充，来回应社会、经济多元化和差异化发展的新需求，尤其是在产业转型、技术升级的关键时期，技术型人才的供求关系中存在巨大的缺口，且在需求类型、层次上呈现明显的区域差异，能够在较短时间内解决上述人才供给的不平衡的只能是那些根植于区域经济发展、与企业等经济体联系紧密的应用型高校。对于包括综合性大学在内的广大高校来说，应当明晰自身在高等教育功能分化重大趋势中的定位与特色，避免将不同类型的培养方式、教育理念杂糅。

　　在我国，可以结合"双一流"建设和地方特色院校建设项目，突出分层特

149

色，前端高校主要为工程技术的前沿尖端和重大攻关提供人才支持，中端高校主要培养基础领域工程技术人才，地方高校主要面向地方产业经济发展需求培养行业工程师，职业院校主要培养大规模产业工人。同时，结合各类院校联盟和共建项目，构建不同层级之间的融通与合作体系。

3）引导工程教育下移。以德国为代表的国际经验表明，工程教育是一项全体系教育，全面工程教育已成为新时代中每个国家提高其综合国力和综合竞争力而提倡的一种具有全过程、全包容、全民性的教育哲学理念。从少年甚至幼年时期开始普及工程常识、培养工程意识和动手解决实际问题的能力（如德国的"工程师迷你俱乐部"与北美的 K12 工程教育等），是世界工程教育改革和发展的重要趋势。

在我国，应当结合基础教育课程改革的总体框架，充分利用各类教育资源，鼓励培训机构、科普机构等联合开发工程教育线下、线上启蒙课程和体验平台，提升课程的系统性、专业性、科学性与公益性。结合中小学劳动课程改革，推进技术通识课程的开发与设置，有计划、有步骤、分阶段、分区域地推进工程教育的前端向学前教育和初等教育下移。

4）构建工程师继续教育机制。随着信息技术和知识经济高速发展，工程技术的工作方式、价值取向和产业形态都在发生着巨大变化，产业迭代的速率和频率大大加快。德国在构建工程师继续教育机制方面已经做了大量的制度安排和政策铺垫工作，其工程师的继续教育参与比率也一直处于世界领先水平。相对而言，我国企业参加工程教育的积极性比较低，参与度也不高，学校与企业在培养人才方面的合作机制还未建立，双方还没有形成自愿合作的良好机制。一方面，高校应该转变观念，主动与企业建立合作关系，为学生的学习和教师的专业发展提供更好的机会和条件，为继续教育提供服务；另一方面，企业也应当承担起工程教育，特别是工程科技人才继续教育的责任，成为继续工程教育的主体（杜祥琬、余寿文，2008: 87）。高等工程教育界、工业企业界应该充分关注、审慎思考和充分借鉴国外高等工程教育的经验，为我国的高等工程教育走向世界而及早做好准备，以适应日益激烈的全球竞争环境。应当充分结合继续教育、终身教育资源，加强工程师岗前、在职定期培训，出台工程师继续教育的鼓励政策等有关的法律法规。结合数字转型、人工智能、新能源开发等科技前沿，重视工程师继续教育过程中前沿技术开发课程资源的投入与布局。

5）推进工程文化建设。德国既是最早提出工程教育理念的国家，同时也将技术教育覆盖至基础教育（以劳动教育为代表）、中等教育（以中等职业教育为代表）以及高等教育（以高等职业教育和应用型高等教育为代表）的教育全领域，工程文化理念在这种全体系的覆盖中充当了桥梁和黏合剂的作用，使得各阶段的工程教育能够有机地统一于一体，共同服务于解决"生活世界"和"工作世界"中具体问题的人才培养目的。我国目前可结合大国工匠文化形象和科技伦理的建设布局，建设若干个国家级、省级工程文化研究基地，组织对中外工业文化的系列研究工作，开展对工程文化和工程教育的宏观战略基础研究和改革试点。在全社会营造崇尚工程文化、科技文化的氛围，重视对博物馆、体验中心、"工程文化节""工程文化大使/形象代言人"等文化载体的建设，特别重视在青少年群体中开展工程文化的传播和引导。

（三）中德应用型高等教育合作应当走向深化

长期以来，中德两国在高等教育领域合作众多。据统计，共有 500 多所高校建立了实质性的校际合作与交流关系，其中包括中方高校 300 余所，德方高校 200 余所（中华人民共和国驻德使馆教育处，2021），而这些学校中应用科学大学数量超过了德方高校的一半。本科层次以上中德合作办学项目（机构）70 个（包括已停办项目），涉及 17 个省（区、市），应用科学大学占德方高校的比例超过了 75%[①]。2020 年，海南省与德国比勒费尔德应用科学大学合作，引入"实践嵌入式"高等教育模式项目，成为中国境内第一所境外高校独立办学项目，也是德国公办高校首个在海外独立办学项目（中华人民共和国驻德使馆教育处，2020）。德国应用科学大学在中德高等教育合作中占据的显著地位表明，中德在应用型高等教育合作方面具有广阔的前景。应当在现有合作模式和框架下，探索中德应用型高等教育深度合作的方向和可行性，比如可以考虑借由中德合作办学的形式，推进德国应用科学大学"双元制"高等教育的制度移植；或在高水平国际合作的框架下（如中德产业共建、技术转移等），成体系引进德国应用科学大学的课程模块；或在第三国开办中德共建应用型大学等，这些也正是中德教育合作未来进入深化阶段的必由之路。

---

①根据教育部中外合作办学监管工作信息平台有关数据整理，见 http://www.crs.jsj.edu.cn/aproval/orglists，数据截至 2021 年 4 月 29 日。

8.2.4　德国应用科学大学"定位张力"对我国应用型高校发展的警示

在"定位张力"传导下，德国应用科学大学呈现出的特质销蚀、传统丢失等方面的问题，未来的发展充满不确定性。我国现有600多所地方本科院校，在经济、社会结构调整的压力传导下，我国高等教育系统面临着结构优化、资源整合的紧迫需求，而应用型高校建设的提出，正是题中之义（苏志刚等，2016）。那些原来在"学院"序列中的地方高校，出于获取更好发展资源和行政绩效方面的考虑，也纷纷将"升格"、更名"大学"、建设博士点、促进国际化等方面的工作作为学校发展的"头等大事"。与德国应用科学大学相比，我国这些学校的传统更加不厚，根基更为不牢，而"泛学术化""学术漂移"的前端需求则更为强烈，发展现状更为激进。在资源竞争的语境下，"跨越发展""弯道超越"等运动式的集束式发展愈演愈烈。可以说，正如德国应用科学大学面临的"定位张力"及其引发的种种不确定性，在我国众多应用型高校的发展历程中，种种问题呈现得更为明显，形势更为迫切，足以引起重视。

（一）"学术漂移"与"升格"过程中的特色丢失

"学术漂移"现象是世界高等教育尤其是新型高校发展中的共性问题。英国《泰晤士教育副刊》（*Times Educational Supplement*, TES）主编伯杰斯（Burgess, T.）曾提出，"在高等教育100多年的发展历史中……单个高等教育机构获得发展的路径正是与其原有传统的技术特征（traditional technological character）相疏离，向学术特征转移"（Burgess, 1972: 18-19）。前文也已提及，"升格式"的路径依赖是高等教育机构发展的主要形式，"学术漂移"也正是应用科学大学"学术化发展"中的主要现象之一。在我国，"学术漂移"符合新兴应用型院校路径依赖的发展逻辑，更是它们在生存与发展压力下催生的"竞争性模仿机制"（聂永成、董泽芳，2017），有其一定的合理性，并在一定程度上为这些高校在发展初期标明了一个较为明确的指标性方向。然而，在满足诸如大学更名、申报博士点等所要求的"硬性指标"的过程中，有关高校往往是通过短期、集束式手段——如挖人、外聘、贷款、盖楼、专业扩张等——实现短期发展目标，但忽视了晋升、培养、营收、翻新、专业改制等内生式发展，在一次次的"跨越"和"超越"中，原有经营多年的发展路径、办学特色被稀释甚至丢弃。不少应用型大学为达到大学更名的指标，往往绕过其原有的传统特色专业，通过开设一些文科专业学位点（这类专业在大多数更高水平的高校中往往被视为"冗余资源",因而高层次师资的流动和招聘就更具现实意义上的可能性)的形式,以达到提升其"综合"属性和快速扩充"高层次师资"的目的。在"后更名时代"与博士点获批后的"保点时代",往往就暴露出大量重复设置、资源浪费、师资梯队建设不足[①]等一系列问题。

(二)可持续性发展不足

与德国应用科学大学的最新发展状况类似,随着我国人口增长逐渐趋缓,高等教育总体规模的发展也相应地进入平台期。与此同时,在市场化导向的作用下,广大高校尤其是地方应用型高校面临着日趋激烈的生源竞争和资源竞争。在高考录取制度改革的催化下,优质生源不断向顶尖高校集聚,加之"留学热""读大学无用论"等社会观念的影响,在不少地方高校中,"招生困难"已不是一个异常现象;在专业培养的出口方面,就业困难也更增添了办学存续和规模扩张的巨大阻力。由此可见,招生困难和毕业生就业困难已成为影响上述高校能否获得长远发展的关键症结。在资源获取方面,各级政府、机构的拨款方式也越来越体现出绩效导向,传统的"等靠要"已无法满足许多地方高校的正常办学需求。有些高校因追求短期"突破"拖欠下巨额债务,并留下学科短板,已严重影响到学校的可持续发展。在上述两个因素的综合影响下,这些高校在不得不进行专业裁撤后,往往还要面临原专业师资等相关人员和机构的安置问题。"尾大不掉"的局势影响了这些高校的改革决心。一旦耽误了时机,这些高校势必在下一轮更激烈的竞争中蓄积更大的劣势。

(三)教学长期受到忽视

前文对德国应用科学大学张力表现的讨论提到了在应用科学大学内部教学使命与科研使命二者之间存在的张力。实质上,这一张力因素与"师资身份张力"是有紧密联系的,正是新老教授在教学与科研上的投入差异,才造成了应用科学大学当前在科研和教学上的"进"与"退"。我国广大应用型高校在教

[①]前述引进的"高层次师资"往往是为了满足"升格""学位点建设"的"硬性数据要求",而引进的具备高级职称、学术发展方向定型的"成熟人才"。几年过去,这些被倾注大量资源的"高层次人才"往往就要退休或转聘,而原本那些在学校"土生土长"的"青椒"们却在资源竞争的挤压中失去了学术发展的宝贵机会。不少学校都会出现这样的相似情形——在重金引进"高层次人才"的几年后,反而出现了师资梯队建设不足的问题。

学与科研的定位及投入安排上同样也存在比例失调的问题，就直观而言，这类问题积弊更深，矛盾更为显著，同样也有更深层次的结构性不平衡以及政策导向方面的问题，在此不再一一赘述。需要指出的是，从目前公布的大多数应用型高校的定位来看，许多原本是教学为主的学校将自身定位成"教学综合型""教学服务型"甚至是"教学研究型"，在这些定位中，"教学"看起来处于主导地位，实际上则处于从属地位。这种情况具体表现为，在很多高校的发展规划中，教学作为一项所有高校都有的"常规工作"很少被提及，"产学研""成果转化""社会服务"等才会作为"出彩"的部分受到重视，获得了大量的资源投入。长此以往，我们可以看到，这些学校的教学质量出现了下降。在课程安排上，"水课"比例上升，"专业课水课化"现象层出不穷，人才培养未能达到本应有的层次和质量，也难以满足社会经济发展的需要。

（四）分层培养的道德逻辑困境与现实挑战

我们同样应当看到，德国应用科学大学的产生和发展是建立在其分层、分流式教育体系的基础之上的。在一段时间内，这种分层加剧了德国社会阶层的分化。正如一项合作研究中所揭示的那样，家庭和出身反过来也会影响孩子接受不同类型教育的概率及其日后的职业发展情况，形成了"教育机会的不公正分布"（Soziale Ungleichheit der Bildungsmöglichkeiten）（Henry-Huthmacher & Borchard, 2008: 8）。近年来，在我国也出现了诸如"寒门学子难入重点大学"的现象，引发了社会的热议和学界的关注，讨论的话题同样也聚焦于精英主义和平等主义的关系上（郭书剑、王建华，2018）。另外，在我国的社会场域中，如果我们一味地强调地方院校与"985""211"院校，以及当下的"双一流"院校之间的序列差异性，无论是借鉴德国 FH 模式还是德国"工程教育模式"，将某一类的学校培养的人才归结为某种特殊的类型，有可能会在社会公正方面陷入难以自洽的逻辑困境，更与我国国家治理的道德主旨不符。如何在符合社会公正的道德前提下，推进社会人才的差异化培养，使得"各有所能""各有所获""平等互通"，需要在我们在中国大地上的教育实践中形成具有"中国智慧"的方案和路线。

总之，对我国数目众多且正处于转型过程中的地方应用型高校来说，德国应用科学大学定位发展的历程提供了一个很好的参照。同时，我们也要积极思考如何将德国应用科学大学面临的问题作为"前车之鉴"，来规避"定位张力"

和种种不确定风险。这需要我国广大的应用型高校重拾发展理性和战略定力。从竞争策略上来讲，不一味地追求"高层次、高水平"，就在自己的一亩三分地里深耕自己的"中层次、中水平"，主打"小而专、专而精"，实质上是一种更高的发展格局。当下，我们还需要在教育实践的新情境下重构对高等教育功能分化及大学定位的理解。

8.3 研究的贡献与不足

8.3.1 研究的贡献和创新点

本研究可能的贡献在于从高校类型发展史的角度较为系统地整理出了德国应用科学大学定位发展的脉络，并提出了有关德国应用科学大学内部"定位张力"的论断，在此基础上，引发从知识生产、路径依赖的角度去看待应用型高校的发展问题。在研究的落脚点上，本书力争以德国应用科学大学的定位历程去映照中国应用型高校发展现状、发展思路。如果能够引起相关的思考和讨论，这将是本书最大的价值所在。

本书的主要创新点在于使用了大量一手材料，用相关的史实资料较为系统性地呈现了德国应用科学大学定位重构的过程及其背景，并通过实地调查的方式，以第一手的数据分析了德国应用科学大学"定位张力"的表现形式及其产生的影响。在理论维度，本书提出了德国应用科学大学"定位张力"传导下的定位重构这一论述，并以批判性的视角分析了定位重构下德国应用科学大学发展战略选择。

8.3.2 研究存在的不足

1）数据的效度和访谈的质量。本书所采集的调查、访谈数据均由本人独自获得，受到中德语言、文化、思维及不同国家、领域中的人对高等教育有关问题的理解差异影响，调查问卷中问题的指向性可能会出现偏差。此外，受到突如其来的疫情影响，本书原定的田野调查和访谈计划均受到了严重影响，从而在整体上影响了调查和访谈的质量，获得数据的效度有待进一步验证。从研究的指向性来看，对相关现实问题的挖掘不够（如应用型科研的开展情况、学校未来的发展规划等），仍有必要进一步深入开展针对德国应用科学大学定位研究的调查和访谈。

2）理论的构架。如前所述，受到文章篇幅和研究者本人的理论素养的制约，本书仅仅将研究"定位"的焦点主要集聚在应用科学大学身上，未能建构一个理论意义上的、具有相对逻辑关系的"定位全图"构架，这使得本书理论的构建呈现局限性。另外，本书在讨论高等教育的功能分化背景下德国应用科学大学的"定位偏移"和"定位张力"时，始终抱存一种"二元论"的态度。事实上，德国应用科学大学在发展定位上的个体差异很大，正如文中所列举的"标志性事件"等，并不是在所有的学校都一以贯之。尽管本书在研究设计阶段计划"深入德国应用科学大学的微观内部"，并努力将研究结论指向差异化指征，但很遗憾仍未完全摆脱宏观研究的路径依赖。笔者也希望今后能以本书目前的研究为基础，在高等教育系统论的宏观框架下，更加着眼于微观枝末，进行更为深入的研究。

参考文献

中文参考文献

Kaiser, W. & König, W. 工程师史：一种延续六千年的职业[M]. 顾士渊，孙玉华，胡春春，等译. 北京：高等教育出版社，2008.

Rauner, F. 德国职业教育的发展[M] // 劳耐尔. 国际职业教育科学研究手册：上册. 赵志群，译. 北京：北京师范大学出版社，2014: 40-47.

Rüsen, J., 袁剑. 传统—历史意识产生的原则及其在历史文化中的逻辑和影响[C]. 中国社会科学论坛（2011）——首届中美学术高层论坛，2011: 272-285.

Wahrig, G. 瓦里希德语词典[M]. 北京：商务印书馆，2005.

阿什比. 科技发达时代的大学教育[M]. 滕大春，滕大生，译. 北京：人民教育出版社，1983.

包尔生. 德国大学与大学学习[M]. 张弛，郄海霞，耿益群，译. 北京：人民教育出版社，2009.

包国光. 论技术与劳动的相依性[D]. 沈阳：东北大学，2002.

陈洪捷. 中德之间：大学、学人与交流[M]. 北京：北京大学出版社，2010.

陈洪捷. 德国精英大学计划：特点与特色[J]. 华东师范大学学报（教育科学版），2016, 34(3): 4-6.

陈洪捷. 工业技术文化视野中的德国应用科学大学[J]. 中国职业技术教育，2021(36): 17-19.

陈颖. 德国高校的国际化进程——细观应用科学大学的国际化举措[J]. 应用型高等教育研究，2016, 1(3): 83-91.

陈正. 德国应用技术大学的历史变迁对我国职业教育的启示[J]. 国家教育行政学院学报，2014(10): 84-88.

德意志学术交流中心（DAAD）. 德国高等教育概况[EB/OL]. (2017-03-22)[2019-09-10]. https://www.phdchina.org/chinese/news/cee2017_Germany.pdf.

邓泽民，董慧超. 德国应用科学大学研究[M]. 北京：科学出版社，2017.

董泽芳，邹泽沛. 高等教育分化与整合的演变规律及功能取向[J]. 高校教育管理，2020, 14(6): 1-15.

杜祥琬，余寿文. 中德工程教育比较研究（中国工程院咨询课题报告）[R]. 北京：中国工程院与清华大学工程教育课题组，2008.

方鸿志. 技术教育的历史与逻辑探析[D]. 沈阳：东北大学，2009.

冯理政. 德国应用科学大学（FH）办学特色的分析与研究[D]. 上海：华东师范大学，2010.

冯一平. 德国公布新一轮"卓越大学"名单[J]. 世界教育信息，2019(18):1.

高宣扬. 论布尔迪厄的"生存心态"概念[J]. 云南大学学报（社会科学版），2008, 7(3): 8-15.

郭明维，何新征，朱晓娟. 国外高校职称评聘管理的基本模式[J]. 发展，2011(2): 132-133.

郭书剑，王建华. 寒门贵子：高等教育中精英主义与平等主义的冲突[J]. 高等教育研究，2018，39(10): 21-30

何光沪，等. 大学精神档案：近代卷[M]. 桂林：广西师范大学出版社，2004.

何俐芳. 德国教育体制探析[J]. 旅游研究，2003, 14(2): 69-70.

胡蕾蕾. 德国应用科技型大学的制度研究[D]. 南京：南京理工大学，2010.

黄炳华，刘跃明. 德国应用技术大学机械工程学科教学模式及其特色分析[J]. 国外职业教育，2009(4): 19-22.

吉本斯. 知识生产的新模式：当代社会科学与研究的动力学[M]. 陈洪捷，沈文钦，等译. 北京：北京大学出版社，2011.

吉登斯. 全球时代的欧洲[M]. 潘华凌，译. 上海：上海译文出版社，2015.

矫怡程. 德国高等教育体系认证：缘起、进展与成效[J]. 外国教育研究，2016(2): 3-16.

教育部. 第五轮中德政府磋商教育领域合作取得丰硕成果 [EB/OL]. (2018-07-12) [2020-03-20]. http://www.moe.gov.cn/jyb_xwfb/gzdt_gzdt/moe_1485/201807/t20180712_342916.html.

克尔. 高等教育不能回避历史——21世纪的问题[M]. 王承绪，译. 杭州：浙江教育出版社，2001.

克拉克. 高等教育新论：多学科的研究[M]. 王承绪，徐辉，郑继伟，等译. 杭州：浙江教育出版社，2001.

李好好，卡尔维-维尔海姆. 德国的应用科技大学（Fachhochschule）研究[J]. 外国教育研究，2002(12): 32-36.

李建新. 德国高等院校精英倡议计划[J]. 德国研究，2007, 22(4): 67-71.

李其龙. 西德的高等专科学校[J]. 全球教育展望，1979(1): 9-15.

李旭. 大学更名的组织社会学透视[J]. 教育与考试，2013(2): 71-74.

刘玉菡. 德国应用科技大学创建发展、办学特色及其启示[D]. 石家庄：河北科技大学，2015.

刘云杉. 帝国权力实践下的教师生命形态——一个私塾教师的生活史研究[J]. 中国教育:研究与评论，2002, 2(2): 143-174.

刘振天，杨雅文. 大学定位：观念的反思与秩序的重建[J]. 清华大学教育研究，2003(6): 90-95.

龙飞. 德国应用技术大学（FH）对我国新建本科高校转型的启示[D]. 重庆：西南大学，2015.

曼海姆. 意识形态与乌托邦[M]. 黎鸣，李书崇，译. 北京：商务印书馆，2000.

默顿. 科学社会学[M]. 鲁旭东，林聚任，译. 北京：商务印书馆，2009.

聂永成，董泽芳. 新建本科院校的"学术漂移"趋向：现状、成因及其抑制——基于对91所新建本科院校转型现状的实证调查[J]. 现代大学教育，2017(1): 105-110.

彭正梅. 德国教育学概观：从启蒙运动到当代[M]. 北京：北京大学出版社，2011.

齐曼. 真科学[M]. 曾国屏，匡辉，张成岗，译. 上海：上海科技教育出版社，2008.

秦琳. 德国打出"四张牌"推进应用技术大学国际化[N]. 中国教育报，2019-12-13(8).

邱艳萍. 德国高专兴起的历史动因及其启示[J]. 陕西教育（高教），2014(1): 145-151.

盛晓明. 哈贝马斯的重构理论及其方法[J]. 哲学研究，1999(10): 37-43.

施瑞尔，赵雅晶. "博洛尼亚进程"：新欧洲的"神话"？[J]. 北京大学教育评论，2007, 5(2): 92-106.

斯塔夫里阿诺斯. 全球通史：1500年以后的世界[M]. 吴象婴，梁赤民，译. 上海：上海社会科学院出版社，1999.

司托克斯. 基础科学与技术创新——巴斯德象限[M]. 周春彦，谷春立，译. 北京：科学出版社，1999.

苏志刚，周军，尹辉. 应用型高校转型与发展：本质、动力与路径[J]. 高等工程教育研究，2016(6): 175-179.

孙崇文. 德国高等教育改革新走向——德国高校考察之一[J]. 中国高等教育评估，2006(2): 19-22.

孙进. 德国应用科学大学的办学特色——类型特色与院校特色分析[J]. 比较教育研究，2011a, 33(10): 66-70.

孙进. 德国应用科学大学专业设置的特点与启示[J]. 清华大学教育研究，2011b(4): 98-103.

孙进.《高等教育协定2020》评述——德国面向21世纪的高等教育扩张政策[J]. 河北师范大学学报（教育科学版），2012a, 14(10): 47-51.

孙进. 德国应用科学大学校企合作的形式、特点与发展趋向[J]. 比较教育研究，2012b, 34(2): 41-45.

孙进. 德国高等教育机构的分类与办学定位[J]. 中国高教研究，2013a(1): 61-67.

孙进. 由均质转向分化？——德国高等教育的发展趋向分析[J]. 比较教育研究，2013b(8): 1-8.

特劳特，里夫金. 与众不同：极度竞争时代的生存之道[M]. 顾均辉，译. 北京：机械工业出版社，2016.

王骥. 大学知识生产方式研究[M]. 北京：中国社会科学出版社，2014.

王建华. 高等教育的应用性[J]. 教育研究，2013(4): 51-57.

王玲. 高职高专教育的问题域与德国应用科学大学经验借鉴[J]. 职业技术教育，2015(10): 35-40.

王世岳，张红霞. 作为符号的通识教育：以德国大学为例[J]. 比较教育研究，2018: 77-84.

王小海，刘凤结. 欧盟教育政策中的"欧洲维度"与欧洲认同建构[J]. 广东外语外贸大学学报，2014(3): 105-108.

王兆义. 基于制度自适的中国高校通识教育探析[J]. 浙江科技学院学报，2017, 29(2): 134-137.

王兆义. 德国应用科学大学更名现象研究[J]. 比较教育研究，2019, 41(3): 53-60.

王兆义. 德国"卓越计划"结构性影响研究——基于应用科学大学的考察[J]. 比较教育研究，2020a, 42(2): 97-104.

王兆义. 市场化导向下的德国工程教育专业认证制度——以ACQUIN专业认证为例[J]. 教育学术月刊，2020b, 33(4): 107-113.

王兆义. 技术教育对德国技术文化的影响——以工程师群体为例[J]. 中国职业技术教育，2021(36): 25-27.

王兆义. 德国工程师协会对教育的参与——基于工业技术文化的视角[J]. 职教论坛，2022, 38(5): 29-37.

王兆义，徐理勤. 制度移植背景下国际工程教育专业认证的效用分析——基于Z校参加德国ACQUIN专业认证的实践[J]. 高等工程教育研究，2019(5): 61-67。

王兆义，徐理勤. 产教融合背景下校企合作关系的重构[J]. 浙江科技学院学报，2020, 32(5): 53-59.

王兆义，郑友取. 挣脱"同一模式"下的概念迷思——对借鉴德国 FH 人才培养模式的再思考[J]. 国家教育行政学院学报，2017(6): 59-65.

韦伯. 社会学的基本概念[M]. 顾忠华，译. 桂林：广西师范大学出版社，2005.

吴玫. 高等教育系统的分化与重组——读《高等教育不能回避历史：21 世纪的问题》[J]. 江苏高教，2003(5): 11-13.

吴致远. 科学发展模式的四维结构探析——兼评科学→价值模式[J]. 科学技术哲学研究，2003, 20(3): 32-35.

沃勒斯坦. 知识的不确定性[M]. 王昺，译. 济南：山东大学出版社，2006.

席勒. 三十年战争史[M]. 沈国琴，丁建弘，译. 北京：商务印书馆，2009.

项文彪. 试论定位理论指导下的大学定位[J]. 福建高教研究，2003(5): 114-116.

谢作栩. 马丁·特罗高等教育大众化理论述评[J]. 现代大学教育，2001(5): 13-18.

徐理勤. 论德国高等专科学校的发展过程和发展趋势[J]. 外国教育研究，1998(4): 7-12.

徐理勤. 论联邦德国高等工程教育的发展趋势和改革措施[J]. 外国教育研究，2002(4): 42-45.

徐理勤. 德国应用科学大学（FH）的人才培养模式及其启示[J]. 浙江科技学院学报，2005, 17(4): 309-313.

徐理勤. 现状与发展：中德应用型本科人才培养的比较研究[M]. 杭州：浙江大学出版社，2008.

徐理勤，赵东福，顾建民. 从德国汉诺威应用科学大学模块化教学改革看学生能力的培养[J]. 高教探索，2008(3): 70-72.

徐理勤，竺树声. 准确认识德国 FACHHOCHSCHULEN[J]. 德国研究，2001, 16(4): 63-68.

许平. 20 世纪 60 年代西方学生运动解读[J]. 探索与争鸣，2008, 1(12): 19-23.

雅斯贝尔斯. 大学之理念[M]. 邱立波，译. 上海：上海世纪出版集团，2007.

杨天平，金如意. 博洛尼亚进程述论[J]. 华东师范大学学报（教育科学版），2009(1): 9-22.

于书娟. 微观史学与我国的教育史研究[J]. 上海教育科研，2007(12): 17-20.

袁琳. 德国高等教育国际化发展研究[D]. 重庆：西南大学，2011.

张帆. 德国高等学校的兴衰与等级形成[M]. 北京：北京师范大学出版社，2012

张凯，刘立新. 加强法律体系建设 推进职业教育现代化——德国 2019 年《职业教育法》修订案述评[J]. 中国职业技术教育，2020(4): 5-15.

张继明. 知识生产模式变迁视角下大学治理模式的演进及其反思[J]. 江苏高教，2019(4): 3-11.

张烨. 德国本科层次的双元制职业教育窥探[J]. 教育理论与实践，2009(9): 27-29.

张源泉. 德国大学发展之轨迹[J]. 教育资料集刊，2010a(48): 199-224.

张源泉. 市场导向对德国高等教育之影响[J]. 当代教育研究，2010b(3): 49-89.

张源泉. 走出象牙塔——以德国双元制高等教育为例[J]. 教育实践与研究，2017, 30(1): 169-209.

张源泉，杨振昇. 德国如何培育高级应用型人才[J]. 教育政策论坛，2014, 17(3): 63-94.

张源泉，曾大千，黄志坚. 德国大学的最后碉堡？——应用科学大学博士学位授予权之争[J]. 当代教育研究季刊，2016(2): 1-37.

赵英伟，吴伟，王省书，等. 德国精英大学计划建设成效分析及启示[J]. 高等教育研究学报，2017(1): 46-52.

中华人民共和国驻德使馆教育处. 德国比勒费尔德应用科技大学——中国境内第一所境外

高 校 独 立 办 学 项 目 落 户 海 南 自 贸 港 [EB/OL]. [2020-08-14](2021-01-30). http://www.de-moe.org/article/ read/12014-20200814-5261.

中华人民共和国驻德使馆教育处. 中德高教合作概况[EB/OL]. (2021-01-30)[2022-03-20]. http://www.de- moe. org/article/read_one/1959.

周海霞. 德国应用科技大学（FH）获博士学位授予权之争议[J]. 外国教育研究，2014(10): 96-108.

周磊. 德国中小企业太彪悍 一千多家"隐形冠军"占据全球半壁江山[EB/OL]. (2015-12-18) [2020-09-22]. http://www.oushinet.com/news/europe/germany/20151218/215675.html.

周丽华，李守福. 企业自主与国家调控——德国"双元制"职业教育的社会文化及制度基础解析[J]. 比较教育研究，2004(10): 55-59.

邹晓平. 精英高等教育与大众高等教育：两个体系的解读[J]. 高等教育研究，2005(7): 11-16.

外文参考文献

Aebischer, P. Perspectives on emerging issues[R]. In: *Science Report: Towards 2030*. New York: UNESCO, 2015: 3-6.

Anonymous. *Die soziale Lage der Arbeiter während der Industrialisierung in Harburg*[EB/OL]. (2022-01-15)[2022-12-21]. http://harburg-geschichte.de/?page_id=78.

Australian Council of Professions. *What Is a Profession*[EB/OL]. (2018-08-09) [2020-08-15]. https://www.professions.org.au/what-is-a-professional/.

Autorengruppe Bildungsberichterstattung. *Bildung in Deutschland 2016*[EB/OL]. (2016-07-12) [2019-09-11]. https://www.bildungsbericht.de/de/bildungsberichte-seit-2006/bildungsbericht-2016/pdf-bildungsbericht-2016/bildungsbericht-2016.

Azubiyo. *Was ist ein Duales Studium?*[EB/OL]. (2018-05-01) [2019-03-24]. https://www.azubiyo. de/duales-studium.

Baethge, M. & Wolter, A. The German skill formation model in transition: From dual system of VET to higher education?[J]. *Journal for Labour Market Research*, 2015, 48(2): 97-112.

Baltes, K. *Ausbildungsunterschiede zwischen Universität und Fachhochschule: eine Fallstudie zum hochschultypspezifischen Studierendenhabitus im Fach Betriebswirtschaftslehre*[M]. Berlin: Nomos, 2010.

Barlösius, E. Leuchttürme der Wissenschaft[J]. *Leviathan*, 2008, 36(1): 149-169.

Bayerisches Staatsministerium für Wissenschaft und Kunst. *Hochschulreform*[EB/OL]. (2020-10-20) [2020-11-03]. https://www.stmwk.bayern.de/ministerium/hochschule-und-forschung/hochschulreform. html.

Becker, J. *Promovieren mit Fachhochschulabschluss?*[EB/OL]. (2016-03-26)[2021-02-06]. https://www.academics.de/ratgeber/promovieren-fh-fachhochschule.

Beckmann, J. *Anleitung zur Technologie, oder zur Kentniß der Handwerke, Fabriken und Manufacturen, vornehmlich derer, die mit der Landwirthschaft, Polizey und Cameralwissenschaft in nächster Verbindung stehn: Nebst Beyträgen zur Kunstgeschichte*[M]. [S.l.]: Vandenhoeck, 1780.

Berger, H. & Gundling, C. *Hochschulpolitik und Hochschulrecht: Am Beispiel des Landes Thüringen*[M]. Hamburg: Dr. Kovac, 2015.

Berger, P. L. & Luckmann, T. *Die gesellschaftliche Konstruktion der Wirklichkeit. Eine Theorie der Wissenssoziologie. Mit einer Einleitung zur deutschen Ausgabe von Helmuth Plessner. 3. Aufl. Übersetzt von Monika Plessner*[M]. Frankfurt am Main: Fischer Taschenbuch Verlag, 1972.

Binding, G. *Meister der Baukunst: Geschichte des Architekten und Ingenieurberufes*[M]. Darmstadt: Primus, 2004.

BMBF. *Mehr internationale Strahlkraft für Fachhochschulen*[EB/OL]. (2019-02-20) [2019-12-10]. https://www.bmbf.de/de/mehr-internationale-strahlkraft-fuer-fachhochschulen-7930.html.

Bohn, A., Kreykenbohm, G. & Moser, M. et al. *Modularisierung in Hochschulen: Handzeichung zur Modularisierung und Einführung von Bachelor- und Masterstudiengängen. Erste Erfahrungen und Empfehlungen aus dem BLK-Programm „Modularisierung"*[M]. Bonn: Bund-Länder-Kommission für Bildungsplanung und zur Forschungsförderung, 2002.

Bologna Process (Bologna Prozess). *The European Higher Education Area*[EB/OL]. (2010-09-01) [2019-04-28]. https://www.ond.vlaanderen.be/hogeronderwijs/bologna/896C.Hairston

Borchert, K. *Studenten und Absolventen der Fachhochschulen: eine Befragung von Absolventen Berliner Fachhochschulen und ihrer Vorgaengereinrichtungen zu Studienaufnahme, beruflichem Verbleib und Akzeptanz*[D]. Berlin: Freie Universität Berlin, 1989.

Borgwardt, A. *Zwischen Forschung und Praxis: Die Rolle der Fachhochschulen im Wissenschaftssystem*[M]. Berlin: Friedrich-Ebert-Stiftung, 2016.

Böhm, W. *Geschichte der Pädagogik: von Platon bis zur Gegenwart*[M]. München: CH Beck, 2004.

Braun, C. *Promotionsrecht für Fachhochschulen?*[D]. Bonn: Universität Bonn, 1994.

Brunner, W. & Koselleck, G. *Geschichtliche Grundbegriffe*[M]. Stuttgart: Ernst Klett, 1972.

Buchholz, G., Litzcke, S. & Linssen, R. Promotionsrecht-Wettbewerbsverzerrung zwischen Fachhochschulen und Universitäten-Teil 2[J]. *Die Neue Hochschule*, 2010(2): 62-65.

Bultmann, T. Die Eliten und die Massen: Kritik eines bildungspolitischen Stereotyps[J]. *Hochschule Ost*, 1999: 3-9.

Bundesagentur für Arbeit. *Ingenieurinnen und Ingenieure*[R]. Nürnberg: Bundesagentur für Arbeit Statistik/Arbeitsmarktberichterstattung, 2019.

Bundesverband mittelständische Wirtschaft (BVMW). *Der Mittelstand ist Garant für Stabilität und Fortschritt*[EB/OL]. (2019-07-20)[2020-09-23]. https://www.bvmw.de/themen/mittelstand/zahlen-fakten/.

Burgess, T. *The Shape of Higher Education*[M]. London: Cornmarket Press, 1972.

Cai, Y. & Etzkowitz, H. Theorizing the Triple Helix model: Past, present, and future[J]. *Triple Helix*, 2020, 1(aop): 1-38.

Carayannis, E. G. & Campbell, D. F. J. "Mode 3" and "Quadruple Helix": Toward a 21st century fractal innovation ecosystem[J]. *International Journal of Technology Management*, 2009, 46(3-4): 201-234.

Ckr. *Klage gegen hohes Lehrdeputat an Fachhochschulen*[EB/OL]. (2019-09-02)[2019-11-04]. https://www.forschung-und-lehre.de/recht/klage-gegen-hohes-lehrdeputat-an-fachhochschulen-2090/.

Clark, B. R. *Perspectives on Higher Education: Eight Disciplinary and Comparative Views*[M].

London: University of California Press, 1984.

CNRTL. *Définition de LIBÉRAL*[EB/OL]. (2017-10-23) [2020-08-15]. https://www.cnrtl.fr/lexicographie/lib%C3%A9ral.

Comenius, J. A. *Allgemeine Beratung über die Verbesserung der menschlichen Dinge.Ausgewählt, eingeleitet und übersetzt von Franz Hofmann*[M]. Trans. Komensky. Berlin: Volk und Wissen Volkseigener Verlag, 1970.

Creagh, E. *Nixon Seemed More Concerned Over Sputnik Than President*[EB/OL]. (1957-10-17) [2020-05-11]. https://surveillancevalley.com/content/citations/ed-creagh-nixon-seemed-more-concerned-over-sputnik-than-president-associated-press-17-october-1957.pdf.

Cukurova, M. , Bennett, J. & Abrahams, I. Students' knowledge acquisition and ability to apply knowledge into different science contexts in two different independent learning settings[J]. *Research in Science & Technological Education*, 2018, 36(1): 17-34.

DAAD & DZHW. *Integration von Flüchtlingen an deutschen Hochschulen: Erkenntnisse aus den Hochschulprogrammen für Flüchtlinge*[R]. Bonn/Hannver: Deutscher Akademischer Austauschdienst/ Deutsches Zentrum für Hochschul- und Wissenschaftsforschung GmbH, 2017-11.

Dahrendorf, R. *Bildung ist Bürgerrecht: Plädoyer für eine aktive Bildungspolitik*[M]. Hamburg: Christian Wegner Verlag, 1968.

Deborah, D. S. *U.S. Civilian Space Policy Priorities: Reflections 50 Years After Sputnik*[EB/OL]. (2009-02-02)[2020-05-13]. https://fas.org/sgp/crs/space/RL34263.pdf.

Der Tagesspiegel. *Berlin schafft Fachhochschulen ab*[EB/OL]. (2008-12-19)[2019-02-11]. http://www.tagesspiegel.de/wissen/umbenennung-berlin-schafft-fachhochschulen-ab/1400104.html.

Deutsche Forschungsgemeinschaft. *Liste der laufendenExzellenzcluster*[EB/OL]. (2019-02-09) [2020-07-27]. https://www.dfg.de/gefoerderte_projekte/programme_und_projekte/listen/index.jsp?id=EXS.

Deutsche Forschungsgemeinschaft. *Zahlen und Fakten:Förderentscheidungen in der Exzellenzinitiative und der Exzellenzstrategie*[EB/OL]. (2019-01-11) [2021-09-30]. https://www.dfg.de/dfg_magazin/forschungspolitik/exzellenzinitiative_und_exzellenzstrategie/zahlen_fakten/index.html.

DFG. *Erste Runde in der Exzellenzinitiative entschieden*[EB/OL]. (2006-10-13)[2019-01-15]. https://www.dfg.de/service/presse/pressemitteilungen/2006/pressemitteilung_nr_54/index.html.

DFG. *Hinweise zur Beteiligung von Wissenschaftlerinnen und Wissenschaftlern von Fachhochschulen an Graduiertenkollegs*[EB/OL]. (2014-10-07)[2019-02-10]. https://www.dfg.de/foerderung/info_wissenschaft/2014/info_wissenschaft_14_62/index.html.

DFG. *Förderatlas 2018*[R]. Bonn: Wiley-VCH Verlag GmbH, 2018.

DiMaggio, P. & Powell, W. *The New Institutionalism in Organizational Analysis*[M]. Chicago: The University of Chicago Press, 1991.

Dippelhofer, S. *Partizipation von Studierenden an Hochschulpolitik: Sekundäranalytische Befunde des 8. Konstanzer Studierendensurveys*[EB/OL]. (2022-12-28)[2023-10-28]. https://kops.uni-konstanz.de/bitstream/handle/123456789/11484/Heft41_Stud_HS_Politik.pdf;sequence=1.

Dreisbach, S. „*Auf schmaler Spur in die Sackgasse?*"[EB/OL]. (2017-07-30) [2019-03-30]. https://www.focus.de/wissen/campus/tid-17517/10-jahre-bologna-reform-auf-schmaler-spur-in-die-sackgasse_aid_488507.html.

Edel, K. O. Die Auswirkungen des Bologna-Prozesses und seiner Instrumentalisierung auf das akademische Qualifikationsniveau[J]. *Die Neue Hochschule*, 2005(2-3): 16-18.

Ell, R. *Exzellenzinitiative: Kleine Unis sagen großen den Kampf an*[EB/OL]. (2012-06-18) [2020-03-22]. https://www.ingenieur.de/karriere/bildung/studium/exzellenzinitiative-kleine-unis-sagen-grossen-kampf-an.

Eppings, V. Zur Schleichenden Angleichung der Hochschultypen: Auch ein Promotionsrecht für Fachhochschulen?[M]. In: *Hanau Peter et al. Wissenschaftsrecht im Umbruch: Gedächtnisschrift für Hartmut Krüger*. Berlin: Duncker & Humblot, 2001: 17-24..

European Commission. *European Education Area*[EB/OL]. (2020-09-30)[2020-11-02]. https://ec.europa.eu/education/education-in-the-eu/european-education-area_en.

Fach, W. „Unbedingte Universitäten"[M]. In: Bloch, R. et al. (Hrsg). *Making Excellence. Grundlagen, Praxis und Konsequenzen der Exzellenzinitiative*. Bielefeld: Bertelsmann, 2008: 37-44.

Fellinger, F. *Ausleseproblematik an Fachhochschulen: eine Studie über die Konstruktvalidität von Personalauswahlverfahren*[M]. Frankfurt/M: Peter Lang Verlag, 2003.

Fisher, K. *Uni-Ranking 2020: Alle Ergebnisse im Überblick*[EB/OL]. (2020-04-17)[2022-10-01]. https://www.wiwo.de/my/erfolg/hochschulranking-2020-uni-ranking-2020-alle-ergebnisse-im-ueberblick/25742798.html?ticket=ST-24469007-OyOyIYZdY0RFc1edJU6R-ap2.

Flämig, C. et al. *Handbuch des Wissenschaftsrechts*[M]. Berlin: Springer-Verlag, 2013.

Frank, A. et al. *Private Hochschulen-Entwicklungen im Spannungsfeld von akademischer und gesellschaftlicher Transformation*[R]. Essen: Edition Stiftverband, 2020.

Frankfurter Allgemeine Zeitung. *Hochschulen beklagen gravierende Mängel bei Abiturienten* [EB/OL]. (2019-06-18)[2020-10-11]. https://www.faz.net/aktuell/karriere-hochschule/campus/hochschulen-massive-maengel-bei-studierfaehigkeit-von-abiturienten-16242022.html.

Friedrich-Ebert-Stiftung. *10 Jahre nach Bologna: Ziele und Umsetzung der Studienstrukturreform*[M]. Bonn: Friedrich-Ebert-Stiftung, 2010.

Führ C. & Furck, L. *Handbuch der deutschen Bildungsgeschichte Band VI: 1945 bis zur Gegenwart. Erster Teilband Bundesrepublik Deutschland*[M]. München: Verlag C. H. Beck München, 1998.

Geiger, R. Warum brauchen Hochschulen Strategien?[J]. *Wissenschaftsmanagement*, 2011, 17(6): 44-48.

Gellert, C. Andersartig, aber gleichwertig. Anmerkungen zur Funktionsbestimmung von Fachhochschulen[J]. *Beiträge zur Hochschulforschung*, 1991(1): 1-25.

Ghisla, G. *Allgemeinbildung und Berufsmaturität*[C]. Kongress Luzern—Allgemeinbildung, 2004.

Gibbons, M. et al. *The New Production of Knowledge: The Dynamics of Science and Research in Contemporary Societies*[M]. London: Sage, 1994.

Gilcher-Holtey, I. *Die 68er Bewegung. Deutschland—Westeuropa—USA. 3. Auflage*[M]. München: Beck, 2001.

Gold, D. L. & Dienhart J. W. Business ethics in the corporate governance era: Domestic and international trends in transparency, regulation, and corporate governance[J]. *Business & Society Review*, 2010, 112(2):163-170.

Gonon P. *Ende oder Wandel der Beruflichkeit?—Beruf und Berufspädagogik im Wandel*[M].

Kompetenzentwicklung in der beruflichen Bildung. VS Verlag für Sozialwissenschaften, Wiesbaden, 2002.

Grabenströer, M. *Der Name Wiesbaden verschwindet*[EB/OL]. (2009-09-02)[2019-02-11]. http://www.fr.de/rhein-main/alle-gemeinden/wiesbaden/fachhochschule-der-name-wiesbaden-verschwindet-a-1079027.

Gude, J. & Schacht, A. *Hochschulen auf einen Blick-Ausgabe 2018*[R]. Berlin: Statistisches Bundesamt (Destatis), 2018.

Haas, R., Jeretin-Kopf, M. & Steinmann, R. et al. *Wie Industrie 4.0 Bildung, Arbeit und Technik beeinflusst*[EB/OL]. (2016-10-21)[2020-02-12]. https://www.steinbeis.de/de/publikationen/transfer-magazin/ausgabe-032016/wie-industrie-40-bildung-arbeit-und-technik-beeinflusst.html.

Habermas, J. *Zur Rekonstruktion des historischen Materialismus*[M]. Frankfurt am Main: Suhrkamp, 1976.

Hachmeister, C. D., Harde, M. E. & Langer, M. F. *Einflussfaktoren der Studienentscheidung*[M]. Eine empirische Studie von CHE und EINSTIEG (Arbeitspapier)/CHE, Centrum für Hochschulentwicklung, 2007.

Hagmann, H. *Entwicklungskonzepte der Fachhochschulen in Baden-Württemberg: Festschrift anlässlich des 60. Geburtstages von Prof. Dr. h.c. Dietmar von Hoyningen-Huen*[M]. Mannheim: Pylon Verlag, 2003.

Handel, K. *Die Umsetzung der Professorenbesoldungsreform in den Bundesländern*[M]. Bonn: CHE, 2005.

Handelsblatt. *Konferenz für Handwerk und Kleinunternehmen.Merkel verspricht Kleinunternehmen mehr Forschungsmitte*[EB/OL]. (2007-04-17) [2020-09-11]. https://www.handelsblatt.com/unternehmen/mittelstand/konferenz-fuer-handwerk-und-kleinunternehmen-merkel-verspricht-kleinunternehmen-mehr-forschungsmittel/2796462.html?ticket=ST-2708094-G4ehjCx1ex9V pmT47frG-ap2.

Hartmann, M. Die Exzellenzinitiative-ein Paradigmenwechsel in der deutschen Hochschulpolitik[J]. *Leviathan*, 2006, 34(4): 447-465.

Hartmann, M. Die Exzellenzinitiative und Ihre Folge[J]. *Leviathan*, 2010, 38: 369-387.

Haskins, C. H. *The Renaissance of the Twelfth Century*[M]. New York: World Publishing Company, 1957.

Heinz, W. R. *Arbeit, Beruf und Lebenslauf: eine Einführung in die berufliche Sozialisation*[M]. München: Beltz Juventa, 1995.

Henry-Huthmacher, C. & Borchard, M. *Eltern unter Druck: Selbstverständnisse, Befindlichkeiten und Bedürfnisse von Eltern in verschiedenen Lebenswelten*[M]. Stuttgart: Lucius & Lucius, 2008.

Helbig, M. *Zu stark für die Nische*[EB/OL]. (2019-06-10)[2019-08-11]. https://www.sueddeutsche.de/politik/50-jahre-fachhochschulen-zu-stark-fuer-die-nische-1.4481284.

Hermann, M., Pentek, T. & Otto, B. Design Principles for Industrie 4.0 Scenarios[C]. *Hawaii International Conference on System Sciences*. IEEE, 2016.

Hermann, S. *Hidden Champions:Aufbruch nach Globalia*[M]. Frankfurt/New York: Campus

Verlag, 2012.

Hernández, H. et al. *The 2017 EU Industrial R&D Investment Scoreboard*[EB/OL]. (2018-12-14) [2019-02-20]. http://iri.jrc.ec.europa.eu/documents/10180/79c21c6d-2cf3-4eed-9fab-20a15e7b8d50.

Heuser, M & König, M. Tabellarische Zusammenstellungen zur Geschichte des VDI. In: Karl-Heinz L. (Hrsg.): *Technik, Ingenieure und Gesellschaft–Geschichte des Vereins Deutscher Ingenieure 1856–1981*[M]. Düsseldorf: VDI-Verlag, 1981.

Hillmann, K. H. *Wörterbuch der Soziologie. 4.überarbeitete und ergänzte Auflage*[M]. Stuttgart: Kröner, 1994.

Hinde, J. *Modern Germany Encyclopedia of History, People and Culture 1871–1990: Vol. 2*[M]. New York: Garland Publishing, 1998.

Hochrinner, H. *Alles Unis oder was? Neue Namen für Fachhochschulen*[EB/OL]. (2010-05-17) [2019-02-11]. https://www.sueddeutsche.de/karriere/neue-namen-fuer-fachhochschulen-alles-unis-oder-was-1.383219.

Hochschul Barometer. *Hochschulentwicklung*[EB/OL]. (2019-03-20)[2020-11-20]. https://www.hochschul-barometer.de/2019/hochschulentwicklung.

Hochschulen für Angewandte Wissenschaften Baden-Württemberg. *Die Geschichte der Rektorenkonferenz*[EB/OL]. (2016-08-25)[2017-12-11]. https://www.hochschulen-bw.de/home/haw-bw/historie.html.

Hochschulrektorenkonferenz (Hrsg.). *Die Fachhochschulrektorenkonferenz (FRK) auf dem Wege zur Vereinigung mit der Hochschulrektorenkonferenz (HRK) 1972–1995: Entwicklungsgeschichte, Stellungnahmen undBeschlüsse, Positionsbestimmungen*[M]. Bonn: Hochschulrektorenkonferenz, 2010.

Hochschulrektorenkonferenz (Hrsg.). *Promotionen von Absolventinnen und Absolventen von Fachhochschulen und Hochschulen für Angewandte Wissenschaften und Promotionen in kooperativen Promotionsverfahren, HRK-Umfrage zu den Prüfungsjahren 2015, 2016 und 2017*[M]. Berlin: Hochschulrektorenkonferenz, 2019.

Hohendahl, P. U. Humboldt revisited: liberal education, university reform, and the opposition to the neoliberal university[J]. *New German Critique*, 2011, 38(2): 159-196.

Holuscha, E. *Das Prinzip Fachhochschule-Erflog oder Scheitern*[M]. Münster: Verlagshaus Monsenstein und Vannerdat OHG Münster, 2013.

Höneisen, B. *Wir wollen den zunehmenden Populismus thematisieren*[EB/OL]. (2018-08-20) [2020-10-11]. https://www.fhnews.ch/artikel/wir-wollen-den-zunehmenden-populismus-thematisieren.

Hoymann, T. *Der Streit um die Hochschulrahmengesetzgebung des Bundes. Politische Aushandlungsprozesse in der ersten großen und der sozialliberalen Koalition*[M]. Wiesbaden: VS-Verlag für Sozialwissenschaften, 2010.

HRG / Bundesministerium der Justiz und für Verbraucherschutz. *Hochschulrahmengesetz (1976)*[EB/OL]. (1976-01-26)[2020-11-09]. https://www.gesetze-im-internet.de/hrg/BJNR001850976.html#BJNR001850976BJNG000903310.

HRK. *Hochschulen in Zahlen 2018*[EB/OL]. (2019-02-10)[2019-10-10]. https://www.hrk.de/fileadmin/redaktion/hrk/02-Dokumente/02-06-Hochschulsystem/Statistik/2017-05-08_Final_ fuer_Homepage_2017.pdf.

Jarvis, P. *Professional Education*[M]. London: Routledge, 1983.

Kamm, E. *Vom Seminar zur Fachhochschule-neue Strukturen, bewährte Mythen: Fallrekonstruktion eines schulkulturellen Transformationsprozesses*[M]. Bern: Peter Lang, 2007.

Kant, I. *Über pädagogik: Vol. 57*[M]. Königsberg: Nicolovius, 1803.

Karbach, T. *Die Leistung stimmt, der Doktortitel ist das Ziel*[EB/OL]. (2013-11-09)[2018-02-16]. http://www.aachener-zeitung.de/news/hochschule/die-leistung-stimmt-der-doktortitel-ist-das-ziel-1.701411.

Kastner, A. & Eckl, M. *Mit einer Lehre an die Fachhochschule? Vorschläge für einen neuen Fördertopf*[EB/OL]. (2017-02-22)[2020-01-25]. https://awblog.at/foerdertopf-lehre-fh/.

Kaul, M. *Wir wollen unseren alten Dipl.-Ing. wieder haben*[EB/OL]. (2017-08-15)[2019-03-30]. https://www.spiegel.de/unispiegel/studium/0,1518,670764,00.html.

Kaune, J. *Umbenennung der FH sorgt für Verwirrung*[EB/OL]. (2012-01-06)[2019-02-12]. http://www.haz.de/Hannover/Aus-der-Stadt/Uebersicht/Umbenennung-der-FH-sorgt-fuer-Verwirrung.

Kehm, B. & Pasternack, P. The German "excellence initiative" and its role in restructuring the national higher education landscape[R]. In: Palfreyman, D. & Tapper, T. *Structuring Mass Higher Education: The Role of Elite Institutions* London: Routledge, 2009.

Kerr, C. et al. *Higher Education Cannot Escape History: Issues for the Twenty-first Century*[M]. New York: State University of New York Press, 1994.

Kerres, M. Fachhochschule, Universität? Die Hochschulwelt ordnet sich neu[J]. *Das Hochschulwesen*, 2006(4): 118-121.

Kiener, U. Die Fachhochschule als Missverständnis Reform, Identität, Selbstbeschreibung[J]. *Swiss Journal of Sociology*, 2013: 341-360.

Kinzel, H. Industry 4.0–Where does this leave the human factor?[J]. *Journal of Urban Culture Research*, 2017, 15: 70-83.

Kiosz, M. *Fachhochschulen in SH klagen: Neuen Studenten fehlt Allgemeinbildung*[EB/OL]. (2015-02-23)[2019-04-20]. https://www.shz.de/regionales/schleswig-holstein/politik/fachhochschulen-in-sh-klagen-neuen-studenten-fehlt-allgemeinbildung-id9035371.html.

Klafki, W. Allgemeinbildung heute[J]. *Pädagogische Welt*, 1993(3): 28.

Klopfleisch, M. *Grabstein-Symbole und ihre Bedeutung: Wofür stehen christliche Symbole und andere Zeichen auf Grabmälern?* [EB/OL]. (2020-07-15)[2022-07-10]. https://www.serafinum.de/ratgeber/grabstein-symbole-bedeutung.

Kluge, N., Neusel, A., & Oehler, C. et al. *Gesamthochschule Kassel 1971–1981. Rückblick auf das erste Jahrzehnt*[M]. Kassel: Johannes Stauda Verlag, 1981.

Klüver, J. *Gesamthochschulen–ein hochschulpolitisches Alibi? In:Gesamthochschule-Versäumte Chancen?* [M]. Wiesbaden: VS Verlag für Sozialwissenschaften, 1983.

KMK. *Bekanntmachung des Abkommens zwischen den Ländern der Bundesrepublik zur Vereinheitlichung auf dem Gebiet des Fachhochschulwesens* [EB/OL]. (1969-01-17)[2019-07-20]. https://recht.nrw.de/lmi/owa/br_bes_text?anw_nr=1&gld_nr=2&ugl_nr=2230&bes_id=2477&val=2477&ver=7&sg=1&aufgehoben=J&menu=1:1969-1-17.

KMK. *Grundlegende rechtliche Regelungen zu Hochschulen und anderen Einrichtungen des*

Tertiären Bereichs in der Bundesrepublik Deutschland[EB/OL]. (2020-12-30)[2021-02-06]. https://www.kmk.org/dokumentation-statistik/rechtsvorschriften-lehrplaene/uebersicht-hoch schulgesetze.html.

Kneer, G. Wissenssoziologie[M]. In: Kneer, G. & Schroer, M. (Hrsg.). *Handbuch Spezielle Soziologien*. Wiesbaden: VS Verlag für Sozialwissenschaften, 2010.

Knowles, C. *Germany 1945–1949: A Case Study in Post-conflict Reconstruction*[EB/OL]. (2014-01-29) [2019-04-05]. https://www.historyandpolicy.org/policy-papers/papers/germany-1945-1949-a-case-study-in-post-conflict-reconstruction.

Kohnhäuser, E. Die Exzellenzinitiative und die Fachhochschulen[J]. *Beiträge zur Hochschulforschung IHF*, 2009(1): 62-72.

KPMG Law. *Bedingtes Promotionsrecht für Fachhochschulen in NRW*[EB/OL]. (2019-09-09) [2020-04-16]. https://kpmg-law.de/mandanten-information/bedingtes-promotionsrecht-fuer-fachhochschulen-in-nrw/.

Kreis, G. *Gerechtigkeit für Europa. Eine Kritik der EU-Kritik*[M]. Basel: Schwabe Verlag, 2017.

Lambrecht, W. Deutsch-deutsche Reformdebatten vor „Bologna". Die „Bildungskatastrophe" der 1960er-Jahre[J] *Zeithistorische Forschungen/Studies in Contemporary History*, 2007(4): 472-477.

Lessing, H. Die zeitgenössischen Rezensionen von Wilhelm Diltheys „Einleitung in die Geisteswissenschaften" (1883 bis 1885) [R]. In: Von Frithjof Rodi. (Hrsg.). *Dilthey-Jahrbuch für Philosophie und Geschichte der Geisteswissenschaften: Band I*. Göttingen: Vandenhoeck & Ruprecht, 1983: 91-181.

Litty, T. *Die Fachhochschule im Licht der verfassungsrechtlichen Garantie der Wissenschaftsfreiheit*[M]. Bonn: Deutscher Hochschulverband, 2006.

Lowry, J. R. & Owens, B. D. Developing a positioning strategy for a university[J]. *Services Marketing Quarterly*, 2001, 22(4): 27-42.

Maier, T. *Scharfe Kritik der hessischen Unis an Stärkung der Fachhochschulen*[EB/OL]. (2015-07-16) [2019-02-13]. https://www.news4teachers.de/2015/07/scharfe-kritik-der-hessischen-unis-an-staerkung-der-fachhochschulen/.

Mayer, K. U. *Abschied von den Eliten*[R]. In: Herfried Münkler et al. *Deutschlands Eliten im Wandel*. Frankfurt am Main/New York: Campus Verlag, 2005.

Mayer, W. *Die Entstehung des Hochschultyps „Fachhochschule" im Land Nordrhein-Westfalen (1965–1971): Düsseldorfer Schriften zur neueren Landesgeschichte und zur Geschichte Nordrhein-Westfalens*[M]. Essen: Klartext Verlag, 1996.

Ministerial Conference Bologna. *The European Higher Education Area (EHEA)*[EB/OL]. (1999-06-18) [2019-05-11]. http://www.ehea.info/page-ministerial-conference-bologna-1999.

Ministerium des Innern des Landes Nordrhein-Westfalen. *Gesetz über die Hochschulen des Landes Nordrhein-Westfalen (Hochschulgesetz-HG)* [EB/OL]. (2022-12-28)[2023-12-20]. https://recht.nrw.de/lmi/owa/br_bes_detail?sg=0&menu=0&bes_id=28364&anw_nr=2&aufgehoben=N&det_id=593922.

Ministerium für Wirtschaft, Wissenschaft und Digitale Gesellschaft des Freistaats Thüringen. *Protokoll des Regionalforums Ilmenau des Thüringer Hochschuldialogs 2016*[C]. Ilmenau,

2016.

Mlynek, J. *Spitze geht nicht überall!*[EB/OL]. (2017-10-07) [2019-02-10]. https://www.zeit.de/ 2015/08/hochschule-pro-exellenzinitiative.

Moes, J. Was bedeutet die Exzellenzinitiative für die Nachwuchsförderung[J]. *GEW-Handbuch Promovieren mit Perspektive*, 2006: 65-83.

Mukherjee, J. *Nein zur Einheitshochschule*[EB/OL]. [2015-09-09](2019-06-12). http://www.forschungund-lehre.de/wordpress/?p=19318.

Neumann, A. *Die Exzellenzinitiative: Deutungsmacht und Wandel im Wissenschaftssystem*[M]. Marburg: Springer-Verlag, 2015.

Nida-Rümelin, J. Wozu braucht die Gesellschaft welche Eliten?[J]. *Beiträge zur Hochschulforschung*, 2004, 3: 6-21.

Nida-Rümelin, J. *Der Akademisierungswahn: zur Krise beruflicher und akademischer Bildung*[M]. Hamburg: Edition Körber-Stiftung, 2014.

Nugent, M. *The Transformation of the Student Career: University Study in Germany, the Netherlands, and Sweden*[M]. New York: Routledge, 2004.

Oliver, M. From openness to permeability: Reframing open education in terms of positive liberty in the enactment of academic practices[J]. *Learning, Media and Technology*, 2015, 40(3): 365-384.

Pahl, J. P. *Fachhochschule: von der Fachschule zur Hochschule für angewandte Wissenschaften*[M]. Bielefeld: WBV, 2018.

Perks, R. W. *Accounting and Society*[M]. London: Chapman & Hall, 1993.

Picht, G. *Die deutsche Bildungskatastrophe*[M]. Olten und Freiburg im Breisgau: Walter-Verlag, 1964: 7-8.

Präsidium der FH Lübeck. *Forderung nach einer Exzellenzinitiative für angewandte Forschung an Fachhochschulen*[EB/OL]. (2016-03-14)[2019-05-11]. https://www.th-luebeck.de/fileadmin/ media/01_Hochschule/01_Aktuelles/Pressemitteilungen/2016/2016-03-15/korr_Exzellenzini tiative_FH_Luebeck.pdf.

Preymann, S. & Sterrer, S. Konvergenz und Divergenz-die Positionierung von Fachhochschulen im österreichischen Hochschulraum[J]. *Zeitschrift für Hochschulentwicklung*, 2018, 13(3): 51-70.

Private Hochschule Göttingen. *Campusstudium General Management (BWL)*[EB/OL]. (2020-04-19) [2020-09-18]. https://www.pfh.de/studium/bwl/general-management-bachelor.html.

Ramm, M. & Multrus, F. *Studiensituation und studentische Orientierungen 12: Studierensurvey an Universitäten und Fachhochschulen*[R]. Berlin: BMBF, 2013.

Rebmann, K., Schlömer, T. & Tenfelde, W. *Berufs-und Wirtschaftspädagogik*[M]. Wisbaden: Gabler Verlag, 1998.

Reith, K. „*Wir wissen, dass wir dringend etwas tun müssen" Bundesbildungsministerin Johanna Wanka über die Nachwuchsförderung an Fachhochschulen*[EB/OL]. (2016-07-22) [2019-01-22]. https://www.bmbf.de/de/wir-wissen-dass-wir-dringend-etwas-tun-muessen-3155.html.

Ries, A. & Trout J. *Positioning: The Battle for Your Mind*[M]. New York: McGrawHill, 1981.

Roessler, I. & Duong, S. *Welche Missionen haben Hochschulen?: Third Mission als Leistung der Fachhochschulen für die und mit der Gesellschaft*[M]. Gütersloh: Centrum für Hochschulentwicklung GmbH, 2015.

Roger, L. *The History of Mathematics: A Brief Course*[M]. New York: John Wiley & Sons, Inc., 2005.

Rossmann, E. D. & Schulz, B. *Fachhochschulen deutlich stärker fördern*[EB/OL]. (2016-03-29) [2019-02-10]. https://www.deutschlandfunk.de/exzellenzfoerderprogramme-fachhochschulen-deutlich-staerker.680.de.html?dram:article_id=349658.

Rudnicka, J. *Kleine und mittlere Unternehmen (KMU) in Deutschland*[EB/OL]. (2020-09-21) [2020-10-11]. https://de.statista.com/themen/4137/kleine-und-mittlere-unternehmen-kmu-in-deutschland/.

Schlegel, M. *Professoren und Professorinnen an den Fachhochschulen in Niedersachsen-eine berufssoziologische empirische Untersuchung*[D]. Oldenburg: Universität Oldenburg, 2006.

Schmitz, W. *Die Professur verliert an Attraktivität in: VDI Nachrichten*[EB/OL]. (2019-07-09) [2020-02-09]. https://www.vdi-nachrichten.com/karriere/die-professur-verliert-an-attraktivitaet.

Seckelmann, M. H. Industrial engineering and the struggle for the protection of patents in Germany, 1856–1877[J]. *Quaderns d'història de l'enginyeria*, 2003(5): 234-240.

Segal, C. P. Gorgias and the psychology of the logos[J]. *Harvard Studies in Classical Philology*, 1962, 66: 99-155.

Sorbonne Joint Declaration. *Joint Declaration on Harmonisation of the Architecture of the European Higher Education System*[EB/OL]. (2010-04-28)[2019-11-02]. http://www.bologna-berlin2003.de/pdf/Sorbonne_declaration.pdf

SPD-Parteivorstand. *Unser Land gerecht erneuern*[R]. In: *Weimarer Leitlinien „Innovation"*. Berlin, 2004.

Spitzer, H., Höllmüller, H. & Hönig, B. (Hrsg.). *Soziallandschaften, Perspektiven Sozialer Arbeit als Profession und Disziplin*[M]. Wiesbaden: VS Verlag, 2011

Spöttl, G. Permeability between VET and higher education–A way of human resource development[J]. *European Journal of Training and Development*, 2013: 454-471.

Sprecht, F. & Greive, M. *Innovationskraft sinkt: Der deutsche Mittelstand verschläft die Zukunf* [EB/OL]. (2019-10-24)[2020-12-29]. https://www.handelsblatt.com/politik/deutschland/bertelsmann-studie-innovationskraft-sinkt-der-deutsche-mittelstand-verschlaeft-die-zukunft/25145334.html?ticket=ST-2748245-ljEvjfbwLKbkAS6gxt1g-ap2.

Statista. *Duale Studiengänge in Deutschland bis 2016*[EB/OL]. (2019-02-25)[2021-06-30]. https://de.statista.com/statistik/daten/studie/156968/umfrage/duale-studiengaenge-2004-bis-2009/.

Statistisches Bundesamt. *Bildung und Kultur: Private Hochschule*[EB/OL]. (2021-01-14) [2022-04-21]. https://www.destatis.de/DE/Themen/Gesellschaft-Umwelt/Bildung-Forschung-Kultur/Hochschulen/Publikationen/Downloads-Hochschulen/private-hochschulen-52131051 97004.pdf?_blob=publicationFile.

Stegmüller, W. *Aufsätze zu Kant und Wittgenstein*[M]. Darmstadt: Wissenschaftliche Buchgesellschaft, 1970.

Stein, G. *Kritische Pädagogik: Positionen und Kontroversen*[M]. Hamburg: Hoffmann und

Campe, 1979.

Stiftung AutoMuseum Volkeswagen. *Die Evolution der Marke*[EB/OL]. (2019-12-20)[2020-12-20]. https://www.automuseum-volkswagen.de/das-museum/ueber-uns.html.

Stine, D. U. S. *Civilian Space Policy Priorities: Reflections 50 Years After Sputnik*[EB/OL]. (2009-02-02)[2020-05-13]. https://fas.org/sgp/crs/space/RL34263.pdf.

Strohschneider, P. Über Voraussetzungen und Konzeption der Exzellenzinitiativel[J]. *Beiträge zur Hochschulforschung*, 2009(1), 8-24.

Studienausschuss für Hochschulreform. *Gutachten zur Hochschulreform*[M]. Hamburg: Studienausschuss für Hochschulreform, 1948.

Studieren.de. *Hochschulen in Deutschland*[EB/OL]. (2017-05-30)[2019-06-10]. https://studieren.de/hochschulliste.0.html.

Süß, D. *Die Firma*[EB/OL]. (2020-11-05)[2020-11-09]. https://www.sueddeutsche.de/meinung/reform-des-hochschulgesetzes-die-firma-1.5105986.

Technishe Hochschule Lübeck. *Fachhochschule will Technische Hochschulewerden*[EB/OL]. (2017-07-12)[2019-02-21]. https://www.fh-luebeck.de/hochschule/aktuelles/neuigkeiten/beitrag/2017-7-12-fachhochschule-will-technische-hochschule-werden.

Teichler, U. Struktur des Hochschulwesens und „Bedarf" an sozialer Ungleichheit [J]. *Mitteilungen aus der Arbeitsmarkt-und Berufsforschung*, 1974, 7(3): 197-209.

Teichler, U. *Hochschulstrukturen im Umbruch: eine Bilanz der Reformdynamik seit vier Jahrzehnten*[M]. Frankfurt am Main: Campus Verlag, 2005.

Teichler, U. Exzellenz und Differenzierung: Auf der Suche nach einer neuen Systemlogik[C]. In: Stefan Hornbostel et al. (Hrsg). *Exzellente Wissenschaft:das Problem, der Diskurs, das Program und die Folgen*. iFQ-Working Paper No.4, 2008.

Trepte S. & Verbeet M. (Hrsg.). *Allgemeinbildung in Deutschland: Erkenntnisse aus dem SPIEGEL-Studentenpisa-Test*[M]. Heidelberg: Vs Verlag, 2010.

Trout, J. "Positioning" is a game people play in today's me-too market place[J]. *Industrial Marketing*, 1969, 54(6): 51-55.

Trow, M. Problems in the transition from elite to mass higher education[C]. *Conference on Future Structures of Post-secondary Education*. Paris 26th-29th June, 1973: 63-81.

TU9–German Institutes of Technology. *Die Studienreform zur Erfolgsgeschichte machen–Abschlussgrad „Diplom-Ingenieur" ist Bologna-kompatibel!*[EB/OL]. (2019-06-11) [2017-08-01]. https://www.tu9.de/presse/3516.php.

UDE. *Offen im Denken: Über die Universität*[EB/OL]. (2021-01-20)[2021-03-11]. https://www.uni-due.de/de/universitaet/ueber_die_ude.php.

Ulbricht-Hopf, D., Oehler, C. & Nautz J. (Hrsg.) *ProfilBildung. Texte zu 25 Jahren Universität Gesamthochschule Kassel*[M]. Zürich: vdf-Hochschulverlag an der ETH–Zürich,1996.

Uloth, M. *Ergebnisse der Studieneingangsbefragung Fachbereich Architektur Bachelor WS 2016/2017*[R]. Dortmund: Fachhochschule Dortmund, 2016-09-02.

UNESCO. *International Standard Classification of Education (ISCED)*[EB/OL]. (2011-08-20) [2019-10-24]. http://uis.unesco.org/sites/default/files/documents/international-standard-classification-of-education-isced-2011-en.pdf.

Universität Kassel. *Chronik*[EB/OL]. (2020-04-11)[2020-06-19]. https://www.uni-kassel.de/uni/ universitaet/profil/chronik#accordion-collapse-17869.

Verband Hochschule und Wissenschaft. *Protokoll der HRK 2017*[C]. Berlin: Mitgliedergruppe der Fachhochschulen/Hochschulen für Angewandte Wissenschaften in der HRK, 2017-03-09.

Von der Heyde, M. et al. Hochschulentwicklung im Kontext der Digitalisierung-Bestandsaufnahme, Perspektiven, Thesen[J]. *INFORMATIK*, 2017.

Von Jagow, A. *Die Fachhochschulen proben den Aufstand*[EB/OL]. (2016-04-19)[2019-02-12]. https://www.wiwo.de/politik/deutschland/vorteile-fuer-unis-die-fachhochschulen-proben-den-aufstand/13465598.html.

Wahrig, G. *Wahrig Deutsches Wörterbuch*[M]. Bonn: Bertelsmann Lexikon Verlag, 1993.

Waldeyer, H. W. Das Recht der Fachhochschulen: Sonderdruck der erheblich erweiterten Neubearbeitung Mai 2000 aus: Hailbronner/Geis (Hg.) *Kommentar zum Hochschulrahmengesetz*[M]. Hamburg: v. Decker, 2000.

Weber, K., Tremel, P. & Andreas, B. Die Fachhochschulen in der Schweiz: Pfadabhängigkeit und Profilbildung[J]. *Swiss Political Science Review*, 2010, 16(4): 687-713.

Weber, M. *Wirtschaft und gesellschaft: Grundriss der verstehenden Soziologie*[M]. Tübingen: Mohr Siebeck, 2002.

Weeg, H. *20 Jahre Bologna-Prozess: Ziele noch nicht erreicht*[EB/OL]. (2019-04-26)[2020-02-02]. https://www.deutschlandfunk.de/20-jahre-bologna-prozess-ziele-noch-nicht-erreicht.680.de. html?dram:article_id=447293.

Wegweiser duales studium. *Exkurs: Triales Studium*[EB/OL]. (2020-01-25)[2021-07-22]. https://www. wegweiser-duales-studium.de/infos/triales-studium/.

Welt. *FH Lübeck fordert eigene Exzellenzinitiative*[EB/OL]. (2016-04-08) [2019-02-10]. https://www.welt.de/regionales/hamburg/article154147449/FH-Luebeck-fordert-eigene-Exze llenzinitiative.html.

Westdeutsche Rektorenkonferenz (Hrsg.). *Gesetze über die Fachhochschulen der Länder der Bundesrepublik Deutschland. Bonn-Bad Godesberg 1972 (Dokumente zur Hochschulreform XX/1972)*[EB/OL]. (2017-01-20)[2019-07-11]. https://www.worldcat.org/title/gesetze-uber-die-fachhochschulen-der-lander-der-bundesrepublik-sowie-errichtungsgesetze-fur-gesamthochsc hulen-in-nordrhein-westfalen-und-kassel/oclc/64531799.

Williams, G. L. The "marketization"of higher education: Reforms and potential reforms in higher education finance[M]. In Dill, D. & Sporn, B. (eds.). *Emerging Patterns of Social Demand and University Reform: Through a Glass Darkly*. Paris: IAU Press, 1995: 170-193.

Wilson, P. H. *Europe's Tragedy: A New History of the Thirty Years War*[M]. London: Penguin UK, 2009.

Wissenschaft vor Ort. *Bilder zu Geschichte und Gegenwart der TU Bergakademie Freiberg. 2. Auflage*[M]. Freiberg: [s.n.], 2007.

Wissenschaftsrat. *Empfehlungen zur Errichtung eines Fachbereichs Sozialwesen an einer Fachhochschule in Potsdam* (Drs. 97-91)[R]. Mainz, 1991.

Wissenschaftsrat. *Empfehlung zur endgültigen Aufnahme der Hochschulen in den neuen Ländern in die Anlage zum Hochschulbauförderungsgesetz (HBFG) (Drs. 1209-93)*[R]. Köln, 1993.

Wissenschaftsrat. *Empfehlungen zur Akkreditierung privater Hochschulen*[R]. Wissenschaftsrat 4419/00, Berlin, 2000.

Wissenschaftsrat. *Empfehlungen zur Doktorandenausbildung(Drs. L209/93)*[R]. Saarbrücken, 2002a.

Wissenschaftsrat. *Empfehlungen zur Entwicklung der Fachhochschulen(Drs. 5102/02)*[R]. Berlin, 2002b.

Wissenschaftsrat. *Empfehlungen zur Differenzierung der Hochschulen(Drs. 10387-10)*[R]. Lübeck, 2010a.

Wissenschaftsrat. *Empfehlungen zur Rolle der Fachhochschulen im Hochschulsystem*[R]. Berlin, 2010b.

Wollstein, T. *Sechs Irrtümer über Richtlinien und Normen*[EB/OL]. (2020-10-09)[2022-01-15]. https://blog.vdi.de/sechs-irrtuemer-ueber-richtlinien-und-normen.

Wolter, A. *Hochschulexpansion: Wachsende Teilhabe oder Akademisierungswahn?*[EB/OL]. (2015-01-29)[2020-03-29]. https://m.bpb.de/gesellschaft/bildung/zukunft-bildung/200104/teilhabe-oder-akademisierungswahn.

Wossidlo, P. R. *Praktikumskonzepte deutscher Hochschulen: Wissenschaft und Wirtschaft im Ausbildungsverbund*[M]. Bonn: Springer-Verlag, 2013.

Wrase, M. *Bildung als Bürgerrecht–Ralf Dahrendorf wiedergelesen*[EB/OL] (2019-07-19) [2020-05-20]. https://barblog.hypotheses.org/3041.

Würmseer, G. *Auf dem Weg zu neuen Hochschultypen*[M]. Berlin: VS Verlag für Sozialwissenschaften, 2010.

Württembergische Verwaltungs- und Wirtschafts-Akademier. Akademiegeschichte[EB/OL]. (2020-02-09) [2022-10-29]. https://www.w-vwa.de/vwa-entdecken/uber-die-vwa/akademiegeschichte.html.

网站及资料库

1. "编年史研究"（Zeithitorische Forschung）网站：https://zeithistorische-forschungen.de/
2. 德国大学校长联席会议网站：www.hrk.de
3. 德国高等教育与科学研究中心网站（Deutsches Zentrum für Hochschul- und Wissenschaftsforschung, DZHW）：https://www.dzhw.eu/
4. 德国《高等学校发展》（Hochschulentwicklung）杂志网站：https://his-he.de/publikationen/magazin-fuer-hochschulentwicklung/
5. 德国科学促进会网站：https://www.dfg.de/
6. 德国科学委员会网站：https://www.wissenschaftsrat.de/
7. 德国联邦教研部网站：https://www.bmbf.de/
8. 德国联邦统计局网站：https://www.destatis.de/
9. 德国"新型大学"（Die Neue Hochschule）杂志网站：https://www.hlb.de/die-neue-hochschule
10. 德国劳动力市场与职业研究院（Institut für Arbeitsmarkt- und Berufsforschung, IAB）网站：https://www.iab.de/de/ueberblick.aspx
11. 中华人民共和国驻德使馆教育处网站：http://www.de-moe.org/

12. Statista 在线统计数据门户（德语版）：https://de.statista.com/
13. 德国奥格斯堡市城市档案馆：https://www.augsburg.de/kultur/stadtarchiv-augsburg
14. 德国柏林市城市档案馆：https://landesarchiv-berlin.de/
15. 德国法务部网站法条索引库：https://www.gesetze-im-internet.de

附录 1　德国应用科学大学名录（2022 年度）①

序号	高校名称	性质	成立年份	博士授予权	学校主页
1	Fachhochschule Aachen	公立	1971	否	http://www.fh-aachen.de
2	Hochschule Aalen–Technik und Wirtschaft	公立	1962	否	http://www.hs-aalen.de
3	Hochschule Albstadt-Sigmaringen	公立	1971	否	http://www.hs-albsig.de
4	Ostbayerische Technische Hochschule Amberg-Weiden	公立	1994	否	http://www.oth-aw.de/
5	Hochschule Anhalt–Anhalt University of Applied Sciences	公立	1991	否	http://www.hs-anhalt.de
6	Hochschule für angewandte Wissenschaften Ansbach	公立	1996	否	http://www.hs-ansbach.de
7	Technische Hochschule Aschaffenburg	公立	1995	否	http://www.th-ab.de
8	Hochschule für angewandte Wissenschaften Augsburg–University of Applied Sciences	公立	1710	否	http://www.hs-augsburg.de/
9	accadis Hochschule Bad Homburg	私立	1980	否	http://www.accadis.com/contact.aspx
10	Internationale Hochschule Liebenzell (IHL)	私立	2011	否	http://www.ihl.eu
11	Akkon–Hochschule	私立	2009	否	http://www.akkon-hochschule.de
12	Alice Salomon Hochschule Berlin	公立	1971	否	http://www.ash-berlin.eu
13	bbw Hochschule	私立	2007	否	http://www.bbw-hochschule.de
14	Beuth Hochschule für Technik Berlin	公立	1971	否	http://www.beuth-hochschule.de
15	Berlin International University of Applied Sciences	私立	2014	否	http://www.berlin-international.de/
16	BSP Business School Berlin–Hochschule für Management GmbH	私立	2009	否	http://www.businessschool-berlin.de
17	CODE University of Applied Sciences	私立	2017	否	http://code.berlin/de/
18	DEKRA Hochschule für Medien	私立	2009	否	http://www.dekra-hochschule.de/kontakt

①来源：中华人民共和国驻德国使馆教育处网站 http://www.de-moe.org/，有关数据来源：德国大学校长联席会议 Hochschulkompass 数据库及各校官网，数据截至 2023 年 3 月。

续表

19	DHGS Deutsche Hochschule für Gesundheit und Sport	私立	2007	否	http://dhgs-hochschule.de
20	Evangelische Hochschule Berlin	教会	1904	否	http://www.eh-berlin.de
21	Touro College Berlin	私立	2003	否	http://www.touroberlin.de
22	Hochschule für angewandte Pädagogik	私立	2013	否	http://www.hsap.de
23	HMKW Hochschule für Medien, Kommunikation und Wirtschaft	私立	2008	否	http://www.hmkw.de
24	Hochschule für Technik und Wirtschaft Berlin	公立	1994	否	http://www.htw-berlin.de
25	Hochschule für Wirtschaft und Recht Berlin	公立	1971	否	http://www.hwr-berlin.de
26	Hochschule für Wirtschaft, Technik und Kultur (HWTK)	私立	2011	否	http://www.hwtk.de/
27	IB Hochschule für Gesundheit und Soziales	私立	2006	否	http://www.ib-hochschule.de
28	Katholische Hochschule für Sozialwesen Berlin (KHSB)–Staatlich anerkannte Fachhochschule für Sozialwesen	教会	1991	否	http://www.khsb-berlin.de
29	Mediadesign Hochschule für Design und Informatik	私立	2004	否	http://www.mediadesign.de
30	Medical School Berlin–Hochschule für Gesundheit und Medizin	私立	2012	否	http://www.medicalschool-berlin.de
31	Quadriga Hochschule Berlin	私立	2009	否	http://www.quadriga-hochschule.com
32	SRH Berlin University of Applied Sciences	私立	2002	否	http://www.srh-hochschule-berlin.de
33	Hochschule Biberach–Hochschule für Architektur und Bauwesen, Betriebswirtschaft und Biotechnologie	公立	1964	否	http://www.hochschule-biberach.de
34	Fachhochschule Bielefeld	公立	1971	否	http://www.fh-bielefeld.de
35	Fachhochschule der Diakonie	教会	2006	否	http://www.fh-diakonie.de
36	Fachhochschule des Mittelstands (FHM)	私立	2000	否	http://www.fh-mittelstand.de
37	Technische Hochschule Bingen	公立	1897	否	http://www.th-bingen.de
38	EBZ Business School–University of Applied Sciences	私立	2008	否	http://www.ebz-business-school.de/
39	Hochschule Bochum–University of Applied Sciences	公立	1971	否	http://www.hochschule-bochum.de
40	Hochschule für Gesundheit–University of Applied Sciences	公立	2009	否	http://www.hs-gesundheit.de
41	Evangelische Hochschule Rheinland-Westfalen-Lippe	教会	1971	否	http://www.evh-bochum.de
42	Technische Hochschule Georg Agricola	私立	1816	否	http://www.thga.de
43	Hochschule der Sparkassen-Finanzgruppe, University of Applied Sciences, Bonn GmbH	私立	2003	否	http://www.s-hochschule.de
44	Hochschule Bonn-Rhein-Sieg, University of Applied Sciences	公立	1995	否	http://www.h-brs.de

续表

45	Technische Hochschule Brandenburg	公立	1992	否	http://www.th-brandenburg.de
46	APOLLON Hochschule der Gesundheitswirtschaft	私立	2005	否	http://www.apollon-hochschule.de/red irect.php?i
47	Hochschule Bremen	公立	1982	否	http://www.hs-bremen.de
48	Hochschule Bremerhaven	公立	1975	否	http://www.hs-bremerhaven.de
49	Europäische Fachhochschule Rhein/Erft, European University of Applied Sciences	私立	2001	否	http://www.eufh.de
50	Hochschule 21	私立	2004	否	http://www.genialdual.de
51	Hochschule für angewandte Wissenschaften Coburg	公立	1814	否	http://www.hs-coburg.de
52	Evangelische Hochschule Darmstadt (staatlich anerkannt) Kirchliche Körperschaft des öffentlichen Rechts	教会	1971	否	http://www.eh-darmstadt.de
53	Wilhelm Büchner Hochschule–Private Fernhochschule Darmstadt	私立	1997	否	http://www.wb-fernstudium.de
54	Hochschule Darmstadt	公立	1876	是	http://www.h-da.de/
55	Technische Hochschule Deggendorf	公立	1994	否	http://www.th-deg.de
56	Fachhochschule Dortmund	公立	1890	否	http://www.fh-dortmund.de
57	International School of Management	私立	1990	否	http://www.ism.de
58	Evangelische Hochschule Dresden	教会	1991	否	http://www.ehs-dresden.de
59	Hochschule für Technik und Wirtschaft Dresden–University of Applied Sciences	公立	1992	否	http://www.htw-dresden.de
60	Fachhochschule Dresden	私立	2010	否	http://www.fh-dresden.eu
61	Fliedner Fachhochschule Düsseldorf	私立	2011	否	http://www.fliedner-fachhochschule.de
62	Hochschule Düsseldorf	公立	1971	否	http://www.hs-duesseldorf.de/
63	IST-Hochschule für Management	私立	2003	否	http://www.ist-hochschule.de
64	Hochschule für nachhaltige Entwicklung Eberswalde	公立	1830	否	http://www.hnee.de
65	Nordakademie–Staatlich anerkannte private Fachhochschule	私立	1992	否	http://www.nordakademie.de
66	Theologische Hochschule Elstal	教会	1880	否	http://www.th-elstal.de/
67	Hochschule Emden/Leer	公立	2009	否	http://www.hs-emden-leer.de/
68	Fachhochschule Erfurt	公立	1991	否	http://www.fh-erfurt.de
69	IUBH Internationale Hochschule	私立	1998	否	http://www.iubh-dualesstudium.de/
70	FOM Hochschule für Oekonomie & Management–University of Applied Sciences	私立	1993	否	http://www.fom.de
71	Hochschule Esslingen	公立	1868	否	http://www.hs-esslingen.de
72	Theologisches Seminar Ewersbach	教会	1912	否	http://th-ewersbach.de

续表

73	Hochschule Flensburg	公立	1886	否	http://www.hs-flensburg.de
74	Frankfurt University of Applied Sciences	公立	1971	是	http://www.frankfurt-university.de
75	Provadis School of International Management and Technology	私立	2003	否	http://www.provadis-hochschule.de/
76	Evangelische Hochschule Freiburg, staatlich anerkannte Hochschule der Evangelischen Landeskirche in Baden	教会	1972	否	http://www.eh-freiburg.de
77	Katholische Hochschule Freiburg, staatlich anerkannte Hochschule–Catholic University of Applied Sciences	教会	1911	否	http://www.kh-freiburg.de
78	Hochschule Fulda–University of Applied Sciences	公立	1974	是	http://www.hs-fulda.de
79	Wilhelm Löhe Hochschule für angewandte Wissenschaften	私立	2005	否	http://www.wlh-fuerth.de/home/
80	Hochschule Furtwangen–Informatik, Technik, Wirtschaft, Medien, Gesundheit	公立	1850	否	http://www.hs-furtwangen.de
81	SRH Hochschule für Gesundheit Gera	私立	2007	否	http://www.srh-gesundheitshochschule.de
82	Freie Theologische Hochschule Gießen	私立	1974	否	http://www.fthgiessen.de
83	PFH–Private Hochschule Göttingen	私立	1995	否	http://www.pfh.de
84	Hochschule der Deutschen Bundesbank	私立	1980	否	http://www.hochschule-bundesbank.de
85	EBC Hochschule–University of Applied Sciences	私立	2007	否	http://www.ebc-hochschule.de
86	Europäische Fernhochschule Hamburg	私立	2003	否	http://www.euro-fh.de
87	Evangelische Hochschule für Soziale Arbeit & Diakonie	教会	1971	否	http://www.ev-hochschule-hh.de
88	Hamburger Fern-Hochschule, gemeinnützige GmbH	私立	1997	否	http://www.hfh-fernstudium.de
89	Brand University of Applied Sciences	私立	2010	否	http://www.brand-university.de
90	Hochschule für Angewandte Wissenschaften Hamburg	公立	1970	否	http://www.haw-hamburg.de
91	HSBA Hamburg School of Business Administration	私立	2004	否	http://www.hsba.de
92	NBS Northern Business School University of Applied Sciences	私立	2007	否	http://www.nbs.de
93	SRH Hochschule Hamm	私立	2005	否	http://www.fh-hamm.de
94	Hochschule Hamm-Lippstadt	公立	2009	否	http://www.hshl.de
95	Fachhochschule für die Wirtschaft Hannover	私立	1996	否	http://www.fhdw-hannover.de/
96	Hochschule Hannover	公立	1971	否	http://www.hs-hannover.de
97	Leibniz-Fachhochschule	私立	1920	否	http://www.leibniz-fh.de
98	Hochschule Harz, Hochschule für angewandte Wissenschaften (FH)	公立	1991	否	http://www.hs-harz.de
99	SRH Hochschule Heidelberg–Staatlich anerkannte Fachhochschule	私立	1969	否	http://www.hochschule-heidelberg.de

续表

100	Hochschule Fresenius Heidelberg staatlich anerkannte Hochschule der Hochschule Fresenius für Internationales Management GmbH	私立	2012	否	http://www.hs-fresenius.de/standort/heidelberg/
101	Hochschule Heilbronn, Technik, Wirtschaft, Informatik	公立	1961	否	http://www.hs-heilbronn.de
102	German Graduate School of Management and Law gGmbH	私立	2006	否	http://www.ggs.de
103	Fachhochschule für Interkulturelle Theologie Hermannsburg	私立	2012	否	http://www.fh-hermannsburg.de/
104	Hessische Hochschule für Polizei und Verwaltung	公立	1980	否	http://www.hfpv.hessen.de
105	Hochschule für angewandte Wissenschaft und Kunst, Fachhochschule Hildesheim/Holzminden/Göttingen	公立	1971	否	http://www.hawk.de
106	Hochschule für Angewandte Wissenschaften Hof	公立	1994	否	http://www.hof-university.de
107	Hochschule Fresenius	私立	1848	否	http://www.campusleads.de
108	Technische Hochschule Ingolstadt	公立	1994	否	http://www.thi.de
109	Hochschule für Angewandte Wissenschaften Europa–Iserlohn, Berlin, Hamburg	私立	2000	否	http://www.ue-germany.com/
110	Hochschule für angewandtes Management	私立	2004	否	http://www.fham.de
111	Ernst-Abbe-Hochschule Jena University of Applied Sciences	公立	1991	否	http://www.eah-jena.de
112	Hochschule Kaiserslautern (University of Applied Sciences)	公立	1996	否	http://www.hs-kl.de
113	Hochschule Karlsruhe–Technik und Wirtschaft	公立	1878	否	http://www.hs-karlsruhe.de
114	Internationale Karlshochschule -staatlich anerkannte Fachhochschule der MAI Privathochschulen gGmbH, Karlsruhe	私立	2005	否	http://www.karlshochschule.de
115	CVJM-Hochschule Kassel	私立	2009	否	http://www.cvjm-hochschule.de/
116	Hochschule für angewandte Wissenschaften Kempten	公立	1977	否	http://www.hochschule-kempten.de
117	Fachhochschule Kiel	公立	1969	否	http://www.fh-kiel.de
118	Hochschule Koblenz	公立	1996	否	http://www.hs-koblenz.de
119	CBS International Business School–University of Applied Sciences	私立	1993	否	http://www.cbs.de
120	HSD Hochschule Döpfer	私立	2013	否	http://www.hs-doepfer.de
121	Rheinische Fachhochschule Köln	私立	1958	否	http://www.rfh-koeln.de
122	Technische Hochschule Köln	公立	1971	否	http://www.th-koeln.de
123	Allensbach Hochschule Konstanz, staatlich anerkannte Hochschule der Allensbach Hochschule GmbH	私立	1996	否	http://www.allensbach-hochschule.de/

续表

124	Hochschule Konstanz Technik, Wirtschaft und Gestaltung	公立	1906	否	http://www.htwg-konstanz.de
125	Hochschule Landshut -Hochschule für angewandte Wissenschaften	公立	1978	否	http://www.haw-landshut.de
126	Hochschule für Technik, Wirtschaft und Kultur Leipzig	公立	1992	否	http://www.htwk-leipzig.de
127	Technische Hochschule Lübeck	公立	1808	否	http://www.th-luebeck.de/
128	Evangelische Hochschule Ludwigsburg	教会	1999	否	http://www.eh-ludwigsburg.de/
129	Hochschule für Wirtschaft und Gesellschaft Ludwigshafen	公立	1965	否	http://www.hwg-lu.de
130	Hochschule Magdeburg-Stendal	公立	1991	否	http://www.h2.de
131	Hochschule Mainz	公立	1996	否	http://www.hs-mainz.de
132	Katholische Hochschule Mainz Catholic University of Applied Sciences	教会	1972	否	http://www.kh-mz.de/katholische-hochschule/
133	Hochschule Mannheim	公立	1898	否	http://www.hs-mannheim.de
134	Hochschule der Bundesagentur für Arbeit–Staatlich anerkannte Hochschule für angewandte Wissenschaft in Mannheim und Schwerin (University of Applied Labour Studies of the Federal Employment)	私立	2006	否	http://www.hdba.de/
135	Hochschule der Wirtschaft für Management	私立	2011	否	http://www.hdwm.de
136	Evangelische Hochschule Tabor	私立	1909	否	http://www.eh-tabor.de
137	Hochschule Merseburg	公立	1992	否	http://www.hs-merseburg.de
138	Technische Hochschule Mittelhessen–THM	公立	1971	否	http://www.thm.de
139	Hochschule Mittweida, University of Applied Sciences	公立	1867	否	http://www.hs-mittweida.de
140	Evangelische Hochschule Moritzburg	教会	1925	否	http://www.eh-moritzburg.de
141	Hochschule für angewandte Wissenschaften München	公立	1971	否	http://www.hm.edu
142	Hochschule der Bayerischen Wirtschaft für angewandte Wissenschaften–HDBW	私立	2012	否	http://www.hdbw-hochschule.de
143	Internationale Hochschule SDI München–Hochschule für angewandte Wissenschaften	私立	2007	否	http://www.sdi-muenchen.de/hochschule/
144	Katholische Stiftungshochschule für angewandte Wissenschaften München-Hochschule der Kirchlichen Stiftung des öffentlichen Rechts Katholische Bildungsstätten für Sozialberufe in	教会	1971	否	http://www.ksh-muenchen.de
145	Munich Business School -Staatlich anerkannte private Fachhochschule	私立	1991	否	http://www.munich-business-school.de
146	Fachhochschule Münster	公立	1971	否	http://www.fh-muenster.de/index.php
147	Hochschule Neubrandenburg–University of Applied Sciences	公立	1991	否	http://www.hs-nb.de

续表

148	Hochschule für angewandte Wissenschaften Neu-Ulm	公立	1994	否	http://www.hs-neu-ulm.de
149	Hochschule Niederrhein	公立	1971	否	http://www.hs-niederrhein.de
150	Kommunale Hochschule für Verwaltung in Niedersachsen	私立	2007	否	http://www.nsi-hsvn.de/index.php
151	Hochschule Nordhausen	公立	1997	否	http://www.hs-nordhausen.de
152	DIPLOMA Hochschule–Private Fachhochschule Nordhes	私立	1997	否	http://www.diploma.de
153	Katholische Hochschule Nordrhein-Westfalen–Catholic University of Applied Sciences	教会	1971	否	http://www.katho-nrw.de
154	Evangelische Hochschule für angewandte Wissenschaften	教会	1927	否	http://www.evhn.de/
155	Technische Hochschule Nürnberg Georg Simon Ohm	公立	1823	否	http://www.th-nuernberg.de/
156	Hochschule für Wirtschaft und Umwelt Nürtingen-Geisling	公立	1972	否	http://www.hfwu.de
157	Hochschule für Technik, Wirtschaft und Medien Offenburg	公立	1971	否	http://www.hs-offenburg.de
158	Hochschule Osnabrück	公立	1971	否	http://www.hs-osnabrueck.de
159	Hochschule Braunschweig/Wolfenbüttel, Ostfalia Hochsch	公立	1971	否	http://www.ostfalia.de
160	Technische Hochschule Ostwestfalen-Lippe	公立	1971	否	http://www.th-owl.de
161	Hochschule für Künste im Sozialen, Ottersberg	私立	1967	否	http://www.hks-ottersberg.de
162	Fachhochschule der Wirtschaft	私立	1993	否	http://www.fhdw.de/
163	Hochschule Pforzheim–Gestaltung, Technik, Wirtschaft und Recht	公立	1877	否	http://www.hs-pforzheim.de/
164	Fachhochschule Clara Hoffbauer Potsdam	私立	2016	否	http://www.fhchp.de/
165	Fachhochschule Potsdam	公立	1991	否	http://www.fh-potsdam.de
166	Fachhochschule für Sport und Management Potsdam	私立	2009	否	http://www.sportfh-esab.eu
167	XU Exponential University of Applied Sciences	私立	2018	否	http://xu-university.com
168	Hochschule Ravensburg-Weingarten	公立	1964	否	http://www.rwu.de
169	Ostbayerische Technische Hochschule Regensburg	公立	1971	否	http://www.oth-regensburg.de
170	Hochschule Reutlingen, Hochschule für Technik-Wirtschaft-Informatik-Design	公立	1855	否	http://www.reutlingen-university.de/
171	Theologische Hochschule Reutlingen–staatlich anerkannte Fachhochschule der Evangelisch-methodistischen Kirche	教会	1877	否	http://www.th-reutlingen.de
172	Hochschule RheinMain	公立	1971	是	http://www.hs-rm.de/de/

续表

173	Hochschule Rhein-Waal–University of Applied Sciences	公立	2009	否	http://www.hochschule-rhein-waal.de/
174	SRH Fernhochschule–The Mobile University	私立	1996	否	http://www.mobile-university.de
175	Technische Hochschule Rosenheim	公立	1971	否	http://www.th-rosenheim.de/
176	Hochschule für Forstwirtschaft Rottenburg	公立	1954	否	http://www.hs-rottenburg.de
177	Hochschule Ruhr West–University of Applied Sciences	公立	2009	否	http://www.hochschule-ruhr-west.de
178	Deutsche Hochschule für Prävention und Gesundheitsmanagement GmbH	私立	2001	否	http://www.dhfpg.de
179	Hochschule für Technik und Wirtschaft des Saarlandes	公立	1971	否	http://www.htwsaar.de
180	Duale Hochschule Schleswig-Holstein–staatlich anerkannte Hochschule für angewandte Wissenschaften in Tranferschaft der Wirtschaftsakademie Schleswig-Holstein	私立	2018	否	http://www.dhsh.de
181	Hochschule Schmalkalden	公立	1991	否	http://www.hs-schmalkalden.de
182	Hochschule für Gestaltung Schwäbisch Gmünd	公立	1909	否	http://www.hfg-gmuend.de
183	Hochschule Stralsund	公立	1991	否	http://www.hochschule-stralsund.de
184	AKAD Hochschule Stuttgart–staatlich anerkannt	私立	1959	否	http://www.akad.de
185	Hochschule für Technik Stuttgart	公立	1832	否	http://www.hft-stuttgart.de
186	Hochschule der Medien Stuttgart	公立	1903	否	http://www.hdm-stuttgart.de
187	Hochschule für Kommunikation und Gestaltung	私立	2013	否	http://www.hfk-bw.de
188	Hochschule Macromedia–staatlich anerkannte Hochschule für angewandte Wissenschaften der Macromedia GmbH	私立	2006	否	http://www.macromedia-fachhochschule.de/
189	media Akademie–Hochschule Stuttgart	私立	2015	否	http://www.media-hs.de
190	Merz Akademie Hochschule für Gestaltung, Kunst und Medien	私立	1985	否	http://www.merz-akademie.de
191	VWA-Hochschule für berufsbegleitendes Studium	私立	2013	否	http://www.vwa-hochschule.de
192	Fachhochschule Südwestfalen	公立	2002	否	http://www.fh-swf.de
193	Hochschule Trier–Trier University of Applied Sciences	公立	1971	否	http://www.hochschule-trier.de/
194	Technische Hochschule Ulm	公立	1960	否	http://www.hs-ulm.de
195	Private Hochschule für Wirtschaft und Technik Vechta/Diepholz	私立	1998	否	http://www.phwt.de
196	Fachhochschule Wedel	私立	1948	否	http://www.fh-wedel.de
197	Hochschule für angewandte Wissenschaften Weihenstephan-Triesdorf	公立	1971	否	http://www.hswt.de/

续表

198	Hochschule Weserbergland	私立	2010	否	http://www.hsw-hameln.de
199	Westfälische Hochschule Gelsenkirchen, Bocholt, Recklinghausen	公立	1992	否	http://www.w-hs.de
200	Fachhochschule Westküste, Hochschule für Wirtschaft und Technik	公立	1994	否	http://www.fh-westkueste.de
201	Technische Hochschule Wildau	公立	1991	否	http://www.th-wildau.de/
202	Jade Hochschule–Wilhelmshaven/ Oldenburg/Elsfleth	公立	2009	否	http://www.jade-hs.de
203	Hochschule Wismar–University of Applied Sciences: Technology, Business and Design	公立	1908	否	http://www.hs-wismar.de
204	Hochschule Worms, University of Applied Sciences	公立	1996	否	http://www.hs-worms.de
205	Hochschule für angewandte Wissenschaften Würzburg-Schweinfurt	公立	1971	否	http://www.fhws.de
206	Hochschule Zittau/Görlitz	公立	1992	否	http://www.hszg.de/
207	Westsächsische Hochschule Zwickau	公立	1897	否	http://www.fh-zwickau.de

附录 2　德国高等教育基本数据（2021 年度）①

一、高等学校规模

1. 高等学校总体数量：390 所，其中

   综合性大学：120 所

   应用科学大学：213 所

   艺术和音乐学院：57 所

2. 按照办学主体性质分类

   1）国立高校：240 所

   2）非国立、受国家承认的高校：150 所，其中

   私立高校：111 所

   教会高校：39 所

二、专业规模

1. 按学历层次分类

   合计 20079 个专业

   文凭（综合性大学）层次专业（Diplom, UNI）：124 个

   文科硕士层次专业（Magister）：39 个

   国家考试层次专业（Staatsprüfungen）：1246 个

   文凭（应用科学大学）层次专业（Diplom, FH）：55 个

   学士学位层次专业：9026 个

---

① 根据德国大学校长联席会议官网发布数据翻译：https://www.hrk.de/fileadmin/redaktion/hrk/
02-Dokumente/02-06-Hochschulsystem/Statistik/2020-10-01_HRK-Statistikfaltblatt_Hochschulen_
in_Zahlen_2020_Deutsch.pdf，有关数据截至 2021 年 10 月。

硕士学位层次专业：9452 个

其他层次专业：137 个

2. 按高校类型分类

综合性大学专业：12411 个

应用科学大学专业：6475 个

艺术、音乐学院专业：1193 个

三、学生规模

1. 学生总体规模：290 万人，其中

女生：143 万人

男生：147 万人

留学生占比：14.2%

2. 按学校类型分类

综合性大学学生人数：178 万人

应用科学大学学生人数：108 万人

艺术、音乐学院学生人数：36644 人

3. 学年新入学学生人数：507566 人，其中

女生：262652 人

男生：244914 人

毛入学率：56.2%

四、毕业生规模

1. 毕业生总人数：498675 人，其中

女生：254883 人

男生：243792 人

留学生占比：11.0%

2. 按学历层次分类

文凭（综合性大学）及相应的国家考试层次人数：29953

教师资格考试人数（包括文学学士 BA 和文学硕士 MA）：45460 人

文凭（应用科学大学）层次人数（Diplom, FH）：7217 人

学士学位人数：247247 人

硕士学位人数：140960 人

博士学位人数：27838 人，其中女性 12577 人，男性 15261 人

大学教席资格人数（Habi）：1529 人，其中女性 483 人，男性 1046 人

五、人事规模

高校雇员总数：719310 人

专业技术雇员总数：402152 人，其中

正式雇员：255605 人

一教授：48128 人

一讲师、助教：3715 人

一专职科研人员：193494 人

一其他教学人员：10268 人

兼职雇员：146547 人。

管理、技术及其他雇员：317158 人。

六、财政状况

1. 支出规模

高校合计（包括大学医院）：573 亿欧元，其中

综合性大学（不含大学医院）：223 亿欧元

大学医院：269 亿欧元

应用科学大学：74 亿欧元

艺术、音乐学院：7 亿欧元

高校运营支出：525 亿欧元

高校投资支出：48 亿欧元

2. 收入规模

高校合计：573 亿欧元，其中

高校管理收入（不含大学医院）：24 亿欧元

大学医院运营收入：193 亿欧元

高校基本资金收入：272 亿欧元

第三方资金：83 亿欧元

3. 第三方资金来源

德国研究协会（DFG）：28 亿欧元

联邦政府：23 亿欧元

州政府：1 亿欧元

欧盟：7 亿欧元

各类基金会：5 亿欧元

企业及相关领域：15 亿欧元

4. 基本资金规模

州政府：254 亿欧元

联邦政府：53 亿欧元

基本资金占国内生产总值比例：1.2%

生均基本资金支出（按照在校生人数）：8010 欧元

生均基本资金支出（按照毕业生人数）：29000 欧元

七、国际化

1. 在德留学生总数：302157 人，其中

中国：39871 人

印度：20562 人

奥地利：11495 人

俄罗斯：10439 人

2. 赴国外留学人数：139205 人，其中

奥地利：28670 人

荷兰：21858 人

英国：15745 人

瑞士：14558 人

美国：10042 人

中国：7814 人

八、国际比较

1. 高等教育毛入学率

英国：66%

法国：55%

俄罗斯：52%

日本：49%

德国：49%

意大利：43%

2. 第三阶段教育（高等教育）投入占国内生产总值百分比

美国：2.5%

加拿大：2.3%

英国：1.7%

日本：1.4%

法国：1.4%

德国：1.2%

俄罗斯：1.1%

意大利：0.9%

九、科研情况

1. 高校研发总投入：173 亿欧元

2. 第三方资金收入：83 亿欧元，其中

综合性大学（不含大学医院）：57 亿欧元

大学医院：19 亿欧元

应用科学大学：7 亿欧元

3. 教授人均第三方资金：180960 欧元，其中
   综合性大学（含大学医院）：310410 欧元
   综合性大学（不含大学医院）：266210 欧元
   应用科学大学：33510 欧元
   艺术、音乐学院：19530 欧元

附录3　调查问卷（纸质/网络）

Sehr geehrte Damen und Herren,
尊敬的女士（先生）：

Meine Forschungsarbeit fokussiert auf die Fachhochschulen in Deutschland. Daher lade ich Ihnen herzlich, folgende Umfrage auszufüllen. Ihre Antwort wird nur in meiner Forschung datenisiert sowie analysiert, aber nie zum anderen Zielen genutzt. Für Ihre Hilfe und Zusammenarbeit bedanke ich mich herzlich!

我的研究主题与德国的应用科学大学有关，因此诚挚地邀请您作为德国应用科学大学的知情者来填写这份调查问卷。您的回答将作为我论文中的数据并被进行分析，但不会用于其他任何目的。衷心感谢您的帮助和支持！

Eine Fachhochschule ist...

应用科学大学是……

1	regional 地区的	1	2	3	4	5	international 国际化的
2	profillos 非营利的	1	2	3	4	5	profiliert 营利的
3	Bologna-Verlierer 博洛尼亚失败者	1	2	3	4	5	Bologna-Gewinner 博洛尼亚赢家
4	traditionell 传统的	1	2	3	4	5	modern 现代的
5	auslaufmodell 落后模板	1	2	3	4	5	zukunftmodell 未来模板
6	studierende-orientiert 学生导向的	1	2	3	4	5	markt-orientiert 市场导向的
7	berufsorientiert 职业导向的	1	2	3	4	5	bildungsorientiert 教育导向的
8	schwerfällig 固守的	1	2	3	4	5	flexibel 灵活的
9	professionsbildungsanbieter 提供专业教育的	1	2	3	4	5	allgemeinebildungsanbieter 提供通识教育的
10	unattraktiv für abiturienten 对文理中学毕业生无吸引力	1	2	3	4	5	attraktiv für abiturienten 对文理中学毕业生有吸引力
11	(absolventen) werden ingenieur （毕业生）成为工程师	1	2	3	4	5	(absolventen) werden verwaltungskräfte （毕业生）成为管理者
12	unterrichtensaktiv 教学积极的	1	2	3	4	5	forschungsaktiv 科研积极的
13	promotionsunfähig 没有能力培养博士	1	2	3	4	5	promotionsfähig 有能力培养博士
14	eine allgemeine Hochschule 一所普通的高校	1	2	3	4	5	eine Hochschule voller Besonderheiten 一所完全不一样的高校
15	leistungsschwach (im verg. Uni) （与综合性大学比）竞争力弱	1	2	3	4	5	leistungsfähig (im verg. Uni) （与综合性大学比）竞争力强

Sie sind:　　Studierende　　Professor　　Rektor/President　　*Verwaltungskraft*

您是：学生/教授/校长/管理人员

Alter: /年龄：

Hochschule: /学校名称：

Fachgebiet:/专业：

Jahrgang/Seit wann an einer FH tätig: /入学（职）年份：

191

(Falls Sie Studierende sind), welche Hochschulzugangsberechtigung haben Sie?
如果您是学生，您持有哪种高校入学资格？

Abitur/普通高校入学资格

fachgebundene Hochschulreife/相关专业高校入学资格

Fachhochschulreife/应用科学大学入学资格

Sonstiges/其他入学资格

Online survey/网络问卷地址

https://docs.google.com/forms/d/e/1FAIpQLSeEZWctNZ54mSnHwQg-LlXZtBabC
KXOglUmCCJU5ffwVeZGcw/viewform?usp=pp_url&entry.2136660070=2&entry.
703966667=2&entry.666811226=2&entry.916668142=2&entry.1795055079=2&ent
ry.1616545769=3&entry.1264307749=2&entry.1821319498=2&entry.1914723942=
2&entry.284734389=2&entry.1504632121=2&entry.1439451678=3&entry.4042608
23=2&entry.1070338614=3&entry.1073222440=3

附录 4 访谈提纲

Mögliche Interviewten: Proffessoren, Rektoren, Leitungskräfte und Studierende

可能的采访对象：教授、校长、管理人员、学生

Forschungsthema ⟶ Kernfragen:

研究主题——核心问题：

Wie haben sich die Fachhochschulen nach dem Bologna Prozess entwickelt? Gibt es eine "Transmation" der FH wegen der Entwicklung?

Wie halten die FHer die Entwicklungen?

德国应用科学大学在"博洛尼亚进程"后经历了怎样的发展？这些发展是否意味着德国应用科学大学的"转型"？

与德国应用科学大学相关的人员（教授、校长、管理人员、学生）如何看待这些发展？

Interviewsfragen 采访问题

Leitefrage/Eingangsfrage 可以作为切入点问的问题

1. Was würden Sie den Bildungsauftrag und Bildungskonzept definieren? Hat sich in den vergangenen Jahren gewandelt? Wann genau? Warum? Wie?

您如何定义应用科学大学的教育使命？它是否已经发生了变化？何时？为什么？如何变化？

2. Wie unterscheiden Sie Universitätsbildung und FH-bildung? Welche Besonderheiten und Überlegenheiten gibt es in der FH-bildung? Was würde man sich als FH von einer Uni wünschen?

您如何区分综合性大学与应用科学大学的教育？应用科学大学的教育有何特殊

之处？作为应用科学大学对综合性大学有何期待？

3. Halten Sie Promotionsrecht oder Umbenanung nötig für jede FH? Warum? (Falls nicht, für welche FH ist es nötig? Gibt es auch verschiedene Katagotrien unter die FH? Außerhalb der Umbenanung und Promotionsrechtzuhaben gibt es noch andere Veränderungen?

您认为获取博士授予权或者更名对每所应用科学大学都有必要吗？为什么？如果没必要，那么对哪些应用科学大学是必要的？对应用科学大学是否也应该对其进行分类？除了更名和获得博士授予权之外还有其他什么变化吗？

4. Statusgedanken(Umfrage)

关于应用科学大学定位的理解（问卷形式）

5. Was sind die größten Herausforderungen für die FHs heute und was waren diesen bei der Gründung und vor dem Bologna Prozess?

对于当下的应用科学大学来说，最大的挑战是什么？在 FH 成立伊始以及在"博洛尼亚进程"之前最大的挑战是什么？

6. Welche sind die Erfolge und Miserfolge der FHs?

德国应用科学大学哪些方面是成功的，哪些方面是失败的？

7. Was sieht die FH der Zukunft aus?

德国应用科学大学的未来如何？

附录 5 相关译词、缩写对照表

原文	缩写	译文
Abitur	Abi	文理中学毕业考试
Akademisierung	—	（泛）学术化
Angewandte Forschung	—	应用型科研
Aufstufung	—	升格（发展）
Beruf	—	职业、志业
Berufsakademie	BA	职业学院
Bologna Prozess	—	"博洛尼亚进程"
Bundesministerium für Bildung und Forschung	BMBF	德国联邦教研部
Deutscher Akademischer Austauschdienst	DAAD	德国学术交流中心
Die Neue Hochschule	DNH	"新型大学"
Diversifiziertes Modell	DM	多样化模型
Einheitseinrichtung	—	趋近式发展
European Credit Transfer and Accumulation System	ECTS	欧洲学分认可系统
Exzellenzinitiative		卓越计划
Fachabitur	Fachabi	专门高校入学资格
Fachhochschule	FH	应用科学大学
Hochschule	HS	高等学校
Hochschule für angewandte Wissenschaften	HAW	应用型高校
Hochschulrektorenkonferenz	HRK	大学校长联席会议
Ingenieurschule	IS	工程师学校
Kasseler Modell	—	"卡塞尔模式"
Kulturministerkonferenz	KMK	各州文教部长联席会议
Massenhoschule	—	"大众大学"
Moderate Differenzierung	MD	温和分化
Modularisierung	—	模块化（教学）
Promotionsrecht	—	博士授予权
Studentenbewegung	—	学生运动
Studierbarkeit	—	（专业的）"可学性"
Technische Hochschule	TH	技术型高校
Technische Universität	TU	工业大学
Universität	Uni	综合性大学
University of Applied Sciences	UAS	应用科学大学（英文名）
Wissenschaftsrat	WR	德国科学委员会

后　记

我曾经无数次想象，在本书写就的时候，该如何回顾自己一走路来的历程，其间几多艰辛，自己又如何一一克服；也曾无数次在快要坚持不下去的时候告诉自己："想想后记怎么写！"继而重新有了些精神和力气……如今，真的待到这一刻，竟也如许多人一样，胸中那如风雷激荡的万语千言，已悄声静谧。窗外莺歌燕语，桃李绽放，仿佛冬日的严寒从未到来过此地。

本书的内容主要建立在本人在北京大学攻读博士学位期间完成的毕业论文及其余几个分项研究的基础之上，如本书第 2 章中"应用科学大学在中国"，第 5 章中"应用科学大学更名""争取博士授予权""应用科学大学与'卓越计划'"以及第 7 章"应用科学大学未来发展"这几部分的讨论均已作为专题论文发表在了《比较教育研究》《教育发展研究》《清华大学教育研究》等刊物上，感兴趣的读者可按照书中的参考文献索引自行查阅。当然，本书在内容上还存在一定的缺憾，一是由于写作完成时间（2021 年前后）与实际出版的间隔略长，部分可更新的数据在校稿过程中进行了替换，可能会造成某些数据在前后文的出入；二是受到疫情的影响，本书中的访谈部分未能按照原定计划进行，在一定程度上弱化了本文在实证研究上的质量和信度。对于其他未能避免的错漏与谬误，本人承担所有的文责，更期待读者同仁不吝赐教，有关意见请发电子邮箱：105045@zust.edu.cn。

本书的出版算是对本人博士学习阶段的一个告慰，那段既痛苦、又享受，既艰难、又充实的经历，已成为一道思想的钢印刻入我的生命。但不容否认的是，出版这本书自然也有职称评聘、报奖争项方面的庸俗考量。正如书中提到的观点，本人作为一位在地方应用型高校工作的教师，同样也面临"身份张力"。

首先，我要感谢我的导师陈洪捷教授。陈老师学涉广泛，既贯中西，又通古今，无论是为人，还是做学问，都深为我们景仰。他对我的指导，看似"散养""随性"，实则正如他极为推崇的波兰尼"默会的知识"一样，润物无声，时时刻刻影响着我。也正是得益于老师的高明指导，我的博士论文也出人意料地获得了"优秀论文"的褒奖。我记得有一次我去找他，看到他满眼的欢喜，师徒二人在他的办公室里从午后开始谈话，一直谈到最后一缕阳光从他背后沉下去，那一刻陈老师身上笼罩着一层神奇的光晕，散发出一种神性。每次与老师交流过后，我的心中总能解除掉一些疑虑和困惑，我将这个过程称为"心灵的充电"。在指导、感化之外，他知道我有时胆怯、腼腆，还特地为我创造出许多宝贵的机会。能在北大遇到这样的老师，是我今世的福分。

我还要感谢浙江科技大学德国国家研究中心的徐理勤女士，她既是多年来我业务上的领导，也是我在南大的系友。在我心目中，她"学姐"的身份要远远超过"领导"的身份。正是在她十几年来的支持和鼓励下，我才得以逐渐从行政岗位走向研究岗位，并相对顺利地完成论文。她是我生命中的又一位"贵人"。此外，本书的完成也得到了本人工作单位浙江科技大学的支持。正如我在本书的研究动机里所述，浙江科技大学正是一所与德国应用科学大学有着密切联系的地方应用型本科院校，就在本书行将付梓之时，它完成了从"学院"到"大学"的升格，这在学校的发展史中无疑是一件具有"划时代意义"的事，以上种种，给我在研究切入点和落脚点方面的思考提供了难得的视角。

游蠡博士为论文的修改和完善提供了宝贵的意见和帮助；德国方面的Heinrich Kill 教授、Anja Schneider 女士、Amy Pan 女士、Helmut Offermann 教授、Frank Pöhlau 教授等人为我论文写作期间的选题、访谈、调查等提供了种种便利。特别是 Offermann 教授，多年来一直定期给我发送研究资料。在此对他们几位表示衷心的感谢！此外，浙江大学出版社的张琛老师、诸葛勤老师在本书的组稿、编辑、审校和印刷过程中费心良多，谨此一并致谢。

最后，我要将本书送给我生命中最重要的两位女人：我的母亲张桂萍和我的女儿王蕺瑀。我的母亲是一位只有小学二年级文化程度的农村女性，她从小到大吃了许多苦，从我出生起到如今一直在我身边照顾我，她也许不知道教育的意义究竟几何，却始终坚定地支持我读书、在读书中找出路。有一日，她望着我头上的白发说："你小时候我就叫你使劲读书，使劲读书，没想到你一直读到了现在！"我女儿的文化层次不觉已经高过了我的母亲，她有时也会在电脑旁观读我的书稿，并建议我："要写得让人读得下去！"因为学业和写作的关系，我少了许多对她的陪伴和关心，只好在心里默默愧疚，并发誓更加爱她。我愿意用我从书本、学业中获得的一切，为她创造更美好的世界和未来。藙瑨，愿你永远保持童真，永远都有一颗赤子之心！